西平 直——[著]

# ライフサイクルの哲学

JN130525

東京大学出版会

Life Cycle Philosophy:
Defamiliarizing Perspectives
Tadashi NISHIHIRA
University of Tokyo Press, 2019
ISBN 978-4-13-051344-9

ライフサイクルの哲学／目　次

# 1　教育人間学の作法——リサーチバイオグラフィ（1）

## 1　「ディシプリンがない」ということ

現代ドイツの「教育人間学」を代表するCh.ブルフ氏と一度だけ同席した時のことである。ブルフ氏は「教育人間学にはディシプリンがない」と繰り返し強調しておられた。

「ディシプリンがない」とは、今思えば、「ディシプリンとして構築されてきた教育人間学 Pädagogische Anthropologie」に対して、それとは違うという立場表明であったのだろうが、私にはそのコンテクストが分からなかった。というより、私は「教育人間学」がディシプリンを持たないことに負い目を感じており、また周囲も「教育人間学」をディシプリンのないあやしげな研究領域と見ていたから、今更「ディシプリンがない」と強調されても、何ら驚かない、「そうです、僕らはそれで困っているのです」と答えた憶えがある。当然、ブルフ氏は、「困ることはない、それこそ大切な点である」と繰り返されるのだが、どちらも真剣であればこそ、傍から見たら随分滑稽なやりとりをしたことになる。

＊「ディシプリン」は、広義には「自らの行為をコントロールするための訓練方法、その能力、その規範」を意味し、狭義には、「大学における各学問分野の理念（カリキュラム・ポリシィ、ディプロマ・ポリシィなど）」

を意味する。M・フーコー「ディシプリン（規律訓練）」との関連は今後の課題とする。

では、ブルフ氏の云う「教育人間学にはディシプリンがない」とはどういうことなのか。氏の入門的なテクストはこの学問の原則を十項目、命題の形で列挙している。要点だけ見るならば、（以下すべて「教育人間学は」を主語として）、①歴史的制約を受ける、②教育の全能を前提にしない、③人間学批判を内在させる、④教育の諸概念を脱構築する、⑤リフレクティヴになる、⑥対立する諸言説から成り立つ、⑦多元的である（複雑性・国際性）、⑧人間を「完全なものにする」と「改善不可能」とのはざまに立つ、⑨美的人間形成、異文化間教育を重要な課題とする、⑩人間の「本質」から出発しない（Ch.ブルフ、二〇〇一、序章「歴史的教育人間学の基礎」）。

要点だけでは、味気ないのだが、例えば、時代的特殊性を考慮しない人間の「普遍的本質」を前提にしないという点など、何の異論もない。あるいは、教育の全能を前提にせず、対立する諸言説から成り立つというという点も、強く共感する。しかし、それらの命題が、きれいに落ち着いてしまっている点が気にかかる。当事者の実感に即してみれば、これらの命題はすべて深刻な葛藤として体験されるものではないか。例えば、「対立する諸言説から成り立つ」という命題は、当事者にとっては、内に葛藤を抱えたまま苦しみ続けることではないか。正解のない問いの周りをめぐり続けるばかりで、成果が積み重なってゆかない。ということは「アカデミック・チェーン」が成り立たない。

そうであれば、冒頭の「教育人間学にはディシプリンがない」という命題は、なおのこと、大きな困難を語っていたことになる。しかし問題にしたいのは学問方法論ではない。というより、この学問領域の議論は、（とりわけドイツ語圏で議論が開始された頃）、そうした学問方法論と同時並行的に進んでいたから、「ディシプリン」に関する理論的検討は、既に論じ尽くされた観がある（ゲルナー、一九七五）。

それに対して、本稿は、同じこの問題を「当事者の内側」から、内部観測的に辿り直す。「教育人間学にはディシプリンがない」という命題は、その領域を専門とする当事者にとって、いかなる恵みとして、またいかなる困難として体験されているのか。具体的には、私一個の歩みを事例としたケーススタディである。何をやりたいのか決められない学生の眼にはこの学問がどう見えたのか。関心が雑多に広がってゆく者にとってこの学問領域がいかに有り難く感じられたか。しかしその領域を次の世代に伝えるとなるといかに困難な問題が生じるか。立場によってまるで異なって体験されるこの学問領域の問題性を、いわば、自らの感覚を「リトマス試験紙」として使うことによって、観察する試みである。

以下見てゆくように、私はいくつかの研究室を渡り歩いてきた。教育学とは無縁の哲学専攻の研究室におり、縁あって教育研究に移り、教職課程の教員として仕事を開始し、その後、研究者養成を主要任務とする研究室に移った。さらに、教育人間学の伝統のなかった大学から、その伝統を有する人学に移ることによって、この学問領域に対する理解が大きく変容した。

＊「教育人間学」担当の教員として東京大学に着任した時、私の周囲はこの学問をエスタブリッシュされた学問領域とは見ていなかった。伝統もなくディシプリンもない。各自が勝手に「教育人間学」を自称しているだけと思われていた。というより私自身がそう考えていたと明確に自覚したのは、この学問領域が確かな講座として確立していた京都大学に移ってきてからのことである。京都大学に「教育人間学」の講座が設立されたのは一九六四年。以後、歴代の先生方（下程勇吉、上田閑照、蜂屋慶、和田修二、藤本浩之輔、矢野智司）によっ

て担当されてきた（『京都大学教育学部・四十年記念誌』一九八九年、『同・六十年史』二〇〇九年）。なお、日本の教育人間学の展開については『日本の教育人間学』（皇・矢野編、一九九九）。当時東京に居た私は、東京の「教育人間学」を紹介するよう命じられ、京都大学の伝統を知らないまま、勝田守一（寺崎弘昭氏担当）、大田堯（西平担当）、堀尾輝久（汐見稔幸氏担当）の名を加えていただいた。京都大学の教育哲学・教育人間学と東京大学の教育学講座は、それ以前、まったく交流がなかったのである。

その意味では、今の時点から回想された（新たに意味づけられた）「当事者の実感」には違いないのだが、それでもやはり、エリクソンが「訓練された（ディシプリンのある）主観性 disciplined subjectivity」と定式化した参与観察者の理念に導かれながら、出来る限り、当事者の切迫した視点に即して、教育人間学という不思議な学問領域について観察してみることにする。

＊本稿は個人的な回想を目的としない。しかしその根底に「教育人間学への感謝」がある。本来ならばどの講座にも属することができず路頭に迷ったはずの流れ者を受け入れてくれた教育人間学という学問共同体への感謝。少しばかりの釈明も含まれている。拙著『教育人間学のために』との関連でいえば、当時前提にしていた地平を、時間的にも空間的にも離れた所から問い直す試みということになる。

## 2 哲学研究と教育研究

「教育人間学」という言葉を最初に目にしたのは哲学の大学院の時、『存在と時間』と格闘していた頃である。おそらくオットー・ボルノーの名前と共に、ハイデガー哲学の周辺に位置する研究領域として出会ったのだろう。お世話になっていた研究室（東京都立大学哲学研究室）の徹底した研究者養成の雰囲気に馴染むことができず、哲学科の研究から離れる道を探していた私にとって、この領域がひとつの可能性に感じられたことは間違いない。哲学科の研究より言葉が柔らかく、問題の設定が「大粒」であるように感じられた。

＊もしこの時点で京都大学の教育学研究科に来ていたら、ドイツの教育人間学を追いかけ、あるいは、ハイデガー研究の延長上にボルノー哲学を研究していた。しかしその時点では、こうした学問状況も、ましてや京都の事情など知る由もなかった。

この哲学研究室の演習から受けた影響の深さについて私はいまだに判断することができない。その息詰まるような厳格さに馴染むことができずそこから逃げ出してきたには違いないのだが、しかし研究の「作法」については、結局、私はこの研究室で学んだ（仕込んでいただいた・インプリンティングされた）。例えば、そのひとつ、吉澤伝三郎先生の演習では、Kant, Kritik der Urteilskraft を読んだ。カント研究者が参加して行われた極めて専門性の高いものであり、初学者にはとうてい理解できるものではなかったにもかかわらず、私はそこから多くを学んだ。おそらく「テクストを厳密に読む」ということを身体動作の内に叩きこまれたことになる。

＊あるいはそれは、厳格なアカデミズムの雰囲気に初めて触れて圧倒され、後年それが（自らはその道を歩かなかった故に）一層純粋な形で理想化されているだけであるのかもしれないのだが、そこで体験された張り詰めた緊迫感のようなものが、研究の「作法」に影響を残したことは間違いない。後述する通り、後年、院生指

導の際にこの点で悩むことになる。他に、Heidegger, Sein und Zeit, Hegel, Theologishe Jugendschriften。修士論文はハイデガー研究であったにもかかわらず、若きヘーゲルの『初期神学論集』から大きな影響を受けた。原始キリスト教における教団の「自己疎外」の問題は、当時個人的に抱えていた問題と正確に重なり、異常な興奮を覚えた。キリスト教に関する諸問題についてはまだ語ることができずにいる（本書11章―2）。

その時期、何かの偶然で、教育学関連の雑誌に、ハイデガー研究を目にしたことがあった。その時、（そう言っては申し訳ないのだが）「物足りなさ」を感じた。テクストへの喰い込みが弱く論点の絞り込みが緩い。これでは哲学科の先生を納得させることはできないと、そう感じたその体験が、実は、その後の私の研究に大きな影を残すことになった。その若き日の生意気な目が、今度は、自分自身を射るからである。「教育畑でなされる哲学研究」に対するあの若き日の生意気な目。教育研究に移って以降、私は「哲学研究（哲学科にいてもできたであろう研究）」はしないことに決めてしまった。教育研究に移って以来、私が（問題意識からすれば当然研究対象となってよいはずの）ハイデガーやメルロ・ポンティなどを意識的に避けてきた背景にはそうした事情があった。言葉の本来の意味における「複雑に絡み合った情動（コンプレックス）」である。

ともあれ私は、教育人間学という学問に、伝統的な哲学研究の側から（オルタナティヴな研究スタイルとして）出会ったことになる。ということは、当然、哲学研究に対するアンビバレントとは反比例する仕方で、教育人間学に対しても極めてアンビバレントな思いを抱いていたことになる。

ところで、哲学専攻の修士論文を書きながら、「その先」を決めあぐねていた私は、異なる学問領域を広範に渉猟した。単に入門書を読み漁ったのではない。どの大学院に移るか、それぞれ「入試問題」を見て歩いたのである。そして驚いた。倫理学、宗教学、神学、心理学、教育学、社会学……、近接する領域に見えた学問領域の入試問題の色合いがそれぞれまったく違うのである。単に領域が違うのではない、求められているセンスが違う。ピンポイントで専門的な知識を重視する学科もあれば、ゆるやかな自由作文のような学科もある。今思えば、同じ講座でも、大学が異なればまったく違い、スタッフが変われば問題の質も変わって当然なのだが、それまで哲学研究室しか知らなかった若僧にとって、その世界の広がりは新鮮だった。

そして考えた。どうやら自分の関心はどこかひとつの講座とピタリと合致するわけではない。どこに進んでも一長一短、大きな違いはない。しかしどの講座に進むにしても、必修があり「自分が学びたいわけではない領域」も学ばなければならない。哲学科においてはカントのドイツ語が必修であったように、どの講座においても、必修としての基礎訓練がある。しかしその必修の比重には濃淡がある。必修に大半の時間を費やす講座もあれば、各自の関心に比重を置く（入試問題で言えば自由作文を重視する）講座もある。私は後者を探した。必修の縛りが弱い、問題関心の広がりを容認してくれそうな講座。ということは、その時既に（それとは知らずして）「ディシプリン」の問題について考え、ディシプリンが弱い居場所を探したことになる。

その結果、東京大学の教育学講座にたどり着いた。教育学を選択した経緯については、例えば、ヴァルドルフ教育との出会い（西平、二〇〇八―二〇〇九）や、青年心理学という父親の専門領域のことなど、別箇の考察を必要とするのだが、ともあれ「教育哲学・教育史」研究室（以下、通称に倣い「史哲」）の堀尾輝久先生のもとに居場所を与えていただくことになった。

今思えば、岩波講座『子どもの発達と教育』が刊行され、その教育学が様々な角度から批判を受け始めた時期に、私は（そうした状況をほとんど理解しないまま）、独り善がりに「発達」を考えていた。人間存在論をより具体的な位相において考え直す視点としての「発達」。子どもが大人になってゆくと同時に明日死ぬかも知れない生の在り方、あるいは、シュタイナーの人智学に倣って言えば「死後の発達」まで視野に入れたメタモルフォーゼ（本書14章―1）、要するに、人間存在論に対峙する「人間形成論（人間生成論）」の位相を考えていたことになる。

＊Roth, H. "Pädagogische Anthropologie" は、当時最も気になる存在であった。その方向に進まなかったのは、その研究地平に存在論的位相が見えなかったためである。また、森昭『教育人間学』も重要な存在であったが、生物学・発達心理学・社会思想史など学際的な視点をすべて万遍なく引き受ける勇気が私にはなかった。むしろ、同「人間形成原論」の断片的な命題から刺激を受けることが多かった。

当然、そうした「発達」の理解が、発達心理学に納まるはずはなく、また「発達を軸とした総合的人間の学」を構想しておられた堀尾先生の発達理解とも位相が異なっていた（本書7章―1）。他方、「反発達論」の発達批判や「発達＝有用性」の発達批判も、私の「発達」理解を覆すには至らなかったから、私はそうした議論に関わることなく、いわば雑多な発達理解を混在させながら、（哲学科では味わうことのなかった）人間研究の広がりを楽しんでいた。「子どもの発達と教育」という枠組みをまるで勝手な文脈に置き換え、あるいは、当時「子どもの発達」を旗印に研究を進めておられた先生方と同席しながら、実は問題意識がまるで共有できていなかったことになる。

＊堀尾ゼミでピアジェを読んだことがある。その時、堀尾先生は、Études sociologiques に即して「ピアジェの社会学」を語り、Psyche の logic と Socio の logic との同時成立を強調しておられた。実は後年、坂部恵先生の論考「人称《ペルソナ》的世界の論理学のための素描」が、まさにこの「ピアジェの社会学」を丁寧に論じたものであることを知って驚いた。しかし当時の私には堀尾ゼミと坂部ゼミを往復する視野の広がりがなかった。哲学研究ではない教育研究に固有の論理（ディシプリン）を知りたいとばかり考えていたのである。

ところで、当時の教育学講座（「史哲」）には「ジェネラリスト」の伝統があった。広い意味ではアカデミズムの「タコつぼ」批判ということになるのだろうが、具体的には、専門分化した知識で身を固めたテクノクラートに対して子どもの声を代弁できるジェネラリスト、あるいは、現実の教育現場のことを（子どもの成長も、その地域特有の経済状況も、新自由主義的なイデオロギーも）トータルに語る視点を備えたジェネラリストであった。私はそれを「ディシプリンを持たない」ことと重ねて理解した。実際には、このジェネラリストの理念は、教育の外から押し寄せる圧力に対して「子どもの権利」を守る（「教科書裁判」をめぐる運動に代表されるような）運動の論理から要請されたものであったのだが、私はこの場合も、そうした運動の論理とは別のところで、「ディシプリンを持たない」強みと弱みとして理解していた。

＊こうした教育学研究室と哲学研究室との雰囲気の違いが、「ディシプリン」に関する私のこだわりの原点であることは間違いない。隣接する（と考えていた）領域であったために、よけい、正反対に向かう学風は私の中に大きな葛藤をもたらした。

そうした中で博士論文を構想した。何をしても許される、しかし何の保証もない。その中で何を選びとるか。結果として私はエリクソンの思想研究に至りついた。エリクソンを「土俵」として設定することによって自らの収拾のつかない問題意識に一定の枠を設け、同時に教育研究の一環であると自らに言い聞かせ、また周囲からも理解を得ようとしたことになる。「エリクソン」の名は私にとって格好の「隠れ蓑」であった。

ということは、エリクソンの思想に出会って問題意識が生じたわけではなく、例えば『存在と時間』研究では果たされずにいた「思い」をエリクソンの言葉に託して（エリクソンのテクスト読解の形で）語ったということ、あるいは、学部時代の、もしくは受験勉強に馴染めなかった頃の、さらにそれ以前のまだ世界が不思議に満ちていた頃の、からだの内側に刻み込まれていた「思い」が、様々な刺激の中で潰され・熟し・発酵し、時を得て、というより、正確には制度に合わせる仕方で（職を得るための義務として）思想研究の装いをまとった論文として姿をとるに至ったということになる。

その時は、教育人間学を意識していたわけではなかった。しかしこうした暗中模索の研究を「受け入れてくれる」場として、「教育人間学」という名前にほのかな期待を抱いていたことは確かである。

＊哲学や心理学では満たされずより直接的に「人生の問題を考える哲学」を求めて教育人間学にたどり着く者もいる。そうした関心は、ある時期は西田哲学が、ある時期は実存思想が、そしてある時期には「精神世界」と名のつけられた傾向性が受け皿となってきた。ということは、教育人間学は、そうした思想と重なり合う点が大きいことになる。

3　論文とフィールド

博士論文を終えた後、私は「教職課程」の教師になった。「教師になる」という表現は正確にあの時期の実感を言い当てている。研究職に就くというより、実践現場に出て鍛え直される感覚であり、私はそれを求めそして恐れた（一度も非常勤の機会がなかった私は、ある日突然、学生から教師の側に、立場が逆転したことになる）。

講義は切迫した課題であった。多くの学生たちの前で（その眼差しに射すくめられながら）何を伝えるか。毎週訪れるこの切実な緊張感が、次第に私の中心課題の一つとなり、後年、世阿弥の伝書を読み直すモチーフとなった。講義がなぜある時は「うまくゆき」、ある時は「うまくゆかない」のか（世阿弥で言えば能の舞台がなぜある時は成就し、ある時は成就しないのか）。準備に時間を掛けても必ずしも「よい結果」がでるとは限らない。しかし準備しない方がよいかと云えば、そうでもない。ではいかなる準備をするのがよいか、と同時に、講義が「うまくゆく」とはどういうことか。「成果」は誰が判断するのか（能が「成就する」とはいかなることか）。

＊この時期の関心は、今から思うと、一種の「FD研究」である。例えば、田中毎実氏の一連の「大学教育」研究、とりわけ、「教える人たちの自省や自己認識と協働しようとする」臨床的研究に近いことを、自らの切実な課題として、模索していたことになる（田中、二〇一一など）。

私は、教壇に立つに際して、「聴く側にいた時に嫌だったスタイルの講義はしない」ことに決めた。そして私は講義を聴くことが好きではなかったから、結局、ここでも私はモデルを拒否してしまったことになる。知識の切り売りはしたくない。借りものではない自分にとって切実な問題を生きた言葉で伝える教師になりたい、と、それこそ、「新人教師に送る言葉」を地でゆくような理念に取り付かれていた。その思いが何に由来するのか、あるいはそこに、私の中の根深い「教育の物語」があり、「教師であること」への親和性が表われていることも予感しつつ、しかしここでは、こうしたすべての体験が一種の「参与観察」になっていたという点に目を留めたい。

当時の実感としては圧倒的に「参与」であり、当事者として現場の中でもがき続けていただけなのだが、後から思えば、その事態の観察（参与観察）が、思想研究を突き動かす原動力となっている。ということは、講義は、私にとって、「フィールド」（あるいは、パフォーマンス）の意味を持っていたことになる。現場に身を晒し、人と人とのつながりの中にからだごと入ってしまう体験。あるいは、間身体性の位相を生きてしまうという意味まで含めて「フィールドに立つ」感覚。そのフィールドの内側から立ち現れてくる言葉を待っていた。

そうした期待の延長上に、様々な合宿があり、「フィリピン・キャンプ」があった。しかも、学生たちにとってそうした体験が単なる一時的な「思い出」で終わってしまわぬように、「体験」を学生たちのからだの内側に根付かせたいと考えていた（森有正の用語でいえば「体験」に終わらせることなく「経験」として根付かせたいと考えていた。西平、二〇〇五）。いわば「ファシリテーター」の任務を追究していたことになる。

＊当時の勤務校（立教大学）は「エンカウンターグループ」など体験的なセラピーを先進的に輸入し、実験的なアイデアを許容する空気があった。また栗原彬先生の「仮面合宿」に参加して影響を受け、「竹内レッスン（竹内敏晴門下の「からだとことばのレッスン」）」に近づき、ディープエコロジーの流れに共感して多様なワークショップに加わった。アジアの旅もその頃であり、モンゴルやネパールを訪ね、金田卓也氏の「キッズゲルニカ」に共感し、バリ島、クレタ島、南インドの「クリシュナムルティ学校」などを旅した。なお、この時期を経て「プロテスタント教会」と「マルクス主義」から距離を取ることができた点、またその時期に集中して体験した「ヨーガ」については、別の考察を必要とする。

フィールドを歩き回っていた頃、私は自分が学問から離れてゆくと考えていた。学会にも行かず論文も書かなかった。しかし大学に勤務している限り「専門」が問われる。そこでまた「教育人間学」という切り札に頼った。〈学問から離れてゆくベクトルすら許容しつつ、学問の世界で市民権を得ている研究領域〉として、この看板を利用したのである。そしてまさにそのようにこの名が利用できてしまうということが、その後の私を苦しめるのだが、この時点では「教育人間学」をありがたく名乗っていた。

＊この時期の問題意識については、西平、一九九九。なお、この時期に、栗原彬先生から世織書房の伊藤晶宣氏を紹介され、伊藤氏の勧めによって森田尚人先生を中央大学に訪ねたのが「教育哲学」との初めての出会いである。東京大学教育学講座は教育哲学会と縁が薄かったこともあって、私には教育哲学との接点がなかった。森田先生は「学問から離れる」と言う初対面の私を叱りつけ、「教育思想史研究会」に出ることを強く命じた。そこで初めて田中毎実、矢野智司、今井康雄など、後年同僚となる方々と初めて出会うことになった。

さて、一度ここまで柔軟に（いい加減に）この名称を乱用してしまった者にとって、「教育人間学にはディシプリンがない」という命題は滑稽に映る。我が身の恥をさらすような、あるいは、精一杯開き直ってみせたような響きがする。しかも冒頭のブルフ氏の命題は、「②教育の全能を前提にしない」というのだが、学生たちと実験的な模索を続ける中で、「教育の全能」など考えるはずがない。「教育は本当に無力なのか」というのが私の問いであった。あるいは、「④教育の諸概念を脱構築する」という命題も、フィールドにおいては当然のこと。私は大混乱の渦中にいたのである。

ところでこの時期、「教職課程の教師」を任じつつ、教職関連の勉強をするわけではなく、仕事以外の時間は「自分にとって大切な本」を読んでいた。ましてフィールドに出て様々な人に会い、社会学も文学も神秘思想も東洋医学も、それこそ雑多な刺激を受け続ける中で、逆に、自らの内なる「最も強いこだわり」を掘り下げてみたいと思うようになった（正確にはそうした身勝手を自らに許してもよいと感じるようになった）。そして数年かけて、『魂のライフサイクル』という本が生まれた。

ということは、この本は、学会や大学における研究の延長上に生じたものではなく、むしろそこから遠ざかることによって初めて成り立った本である。にもかかわらず、それを散文的なエッセイとして語ることは、私の好みに合わなかった。学問に背を向けつつ、しかし語りのスタイルは厳密な思想研究にする。思想研究としての批判に耐えうる硬質な文体でなければならなかった（この意味において本稿は「思想研究」の論文ではない）。

ここで再び「教育人間学」が登場する。こうした身勝手な研究も「教育人間学」ならば許容してくれるのではないか。そう期待したわけではないのだが、しかしどこかにそうした甘えた気持ちがあったことは否めない。ディシプリンの強い研究領域であったならば「逸脱」のレッテルを張られるだろうが、「教育人間学」ならば許してもらえるのではないか。

教育人間学は、「③人間学批判を内在させる」、「⑥対立する諸言説から成り立つ」、「⑦多元的である」。そうした命題を私はこの文脈で（自分に都合よく）理解した。その守備範囲は伸縮自在、異質なものを包み込み、初めから異質なものの共存として成り立っている。もしその点が教育人間学のディシプリンであるなら、教育人間学は、「ディシプリンによる拘束を可能な限り小さくすることにより、異質が共存し変容し続けてゆくこと」をディシプリンとする、ということは、そのディシプリン自体による拘束も少ない、ということになる。

学会や大学とのつながりを問われずにすんでいたうちは、それでよかった。正確には、若い研究者の養成という仕事を引き受けなければ、それはそれでよかったのである。

## 4　論文を指導するということ

研究者養成を主要任務とする大学に連れ戻された時、事態は大きく変化した。次の世代に「伝える」という仕方であらためて自らの仕事が問い直され、それまで身勝手に（無責任に）使用してきた「教育人間学」に責任を負うはめになったのである。

次の世代を「育てる」。その場でも「指導は一切しない、各自勝手に暗中模索を続けよ」と、突き放す度量があれば見事なのだが、私にはできない。私は若い人たちに、自分と同じ暗中模索をさせてはいけないと考えたのである。

例えば、そのひとつ、院生指導に関わるまで、私は「先行研究」という言葉を知らなかった（耳にしても、それは歴史学や心理学のような堅実なディシプリンを持った領域の話であって、自分には関係ないと考えていた）。もちろん先行する研究を読まなかったわけではない。それどころか気になったものはすべて読んだ。例えばユング研究の際には、ユング関連の論文や研究書を手当たり次第に読む。検索の手順も手筈もない、出会ってしまった文献から初めて、芋づる式に読みまくり、混乱すると枠組みを作って整理し、また読みまくり、しばらくするとまた枠組みを作り直す……という仕方で、ともかく気になったものはすべて読んだ。そして、一仕事終えるとまたゼロ地点に連れ戻され、そのつど「本当は何をしたいのか分からない」という状態に陥り、その中で書物や会話の刺激に晒されてゆくといった、何とも要領の悪い暗中模索を、私は続けてきた。しかしそれを院生たちに求めるわけにはゆかなかった。

そうした頃、ある院生が、他の研究室の話を聞いてきた。その研究室では、先生の指示に従って資料を調べ、指導通りに書いてゆくと論文が出来上がり、学会でも認めてもらえる、実に羨ましい、というのである。むろんそうした「順調な道」を自ら拒否してきた人たちなのだが、それでもやはり羨ましい。少しはそうした「指導」があってもよいのではないかというのである。

教育人間学には「ディシプリン」がない。ということは、訓練法がなく、後継者養成のための規範がはっきりしない。ましてその守備範囲が伸縮自在であるなら、それは「何でもあり」とどこが違うのか。というより、自らそれを「何でもあり」と利用してきたツケが、我が身に降りかかってきたのである。

例えば、若い人たちが「何をしても許される」と主張する時、どう対応したらよいか。あるいは、その論文の出来が不十分と判断される場合、何を根拠に「不十分」と説得すればよいか。私一人の個人的な好みではない、論文としての判断基準を、何に基づいて提示するか。正直に言ってしまえば、文章に好き嫌いの激しい私は、論文の場合でも文章や文体に目を止めてしまう傾向があるから、よけいに、自己抑制が働く。文章の好みで論文を判断してはいけない。論文評価は「客観的に」、ということはこの場合、その学問に固有のディシプリンに即して判断されるべきである。とすれば「ディシプリンがない」ではすまされない。「教育人間学」が講座として存在している以上、その「ディシプリン」について、（書類上の「建前」とは別に）問い続ける必要がある。

＊困難は時代とともに増している。経営の論理の中で、明確なディシプリンを主張できない学問は吸収・合併・廃止されてゆく。常に自らの存在証明をアピールし続けなければならない。むろん「アカウンタビリティ（社会的説明責任）」の必要は理解した上で、しかしそれが過剰になる時、成果の見えやすい研究だけが特権的に有利になる。声高にアピールする者が得をし、競争原理に強い者が勝ち残る。そうした流れの中で、教育人間学はいかに自らの存在理由を示すことができるか。というより、むしろ、自らの存在理由を示すという仕方で、そうした流れそれ自体に「異議申し立て」を行うことができるか。

もしかすると、教育人間学は、実は暗黙のうちに、何らかのディシプリンを前提にしているのではないか。例えば、そのディシプリンを他の学問分野から流用している可能性。むろん丸ごとの借用ではなくて、例えば、論文評価の判断基準を借用している可能性はないか。

ここに「作法」という言葉が登場する。教育人間学には明確な「ディシプリン」はないが、何らかの「作法」はある。それは一律に要求されるわけではなく、極端に言えば、個々人の作法であってよいのだが、しかし「不作法」は困る。何らの作法も持たないまま自らの問題意識を表出させることは認められない。理想的にはその研究対象に最もふさわしい「作法」を通して表現することが望まれている。

つまり、教育人間学の「作法」は、他の学問分野と共有され、例えば、哲学研究の方法、歴史研究の手続き、フィールド研究の手筈と重なり合っているのだが、教育人間学の場合には、作法が複数あってよい。一つの作法に限定される必要はない。むしろ研究の展開の中で、異なる作法に移らざるを得なくなる場合がある。その研究課題に最もふさわしい「作法」を選び取ることが必要になる。

＊最も警戒したいのは、研究上の不徹底が「教育人間学」の名によってカモフラージュされてしまう危険である。教育史研究ならば史料不足と判断される研究も、教育人間学と名乗ることによって、一見それらしく見えてしまう危険。「教育人間学の視点から」という言葉が、研究上の詰めの甘さの言い訳として利用されてしまう可能性については、いくら警戒しても警戒しすぎることはないように思われる。

例えば、私の場合は「思想研究」を中心的な作法とするが、研究課題によってはフィールド研究に近い手続きをとることもある。特定の作法に縛られる必要はないが、何らかの作法に則る必要はある。あるいは、研究課題に最も適した作法を選び、むしろ、その作法に即した研究課題を設定することが求められる。そして、だからこそ、「作法」に関しては、同じ作法を共有する学問分野からの批判に耐えるものでなければならないということである。

## 5　教育人間学という居場所——その作法

教育人間学には明確なディシプリンがない。しかし何らか「居場所」を提供することはできる。〈ディシプリンの縛りの強い学問には馴染まない研究〉を受け入れる居場所。そう理解した上で、最後に二点、あらためて、問題を確認しておく。ひとつは、教育研究との関係、もうひとつは、作法について。

**教育との関係**

まず、教育研究との関係。教育人間学が「居場所」を提供すると語る時、具体的には、教育研究の一角に、居場所を提供することになる。しかし、あらためて、教育人間学は「教育研究」なのか。むしろ教育人間学は「教育を目指す物語」に回収されることを拒否しているのではないか。すべてを教育のための手段として見る教育研究への抵抗。「すべての話題を教育という目標のための手段として回収する大きな物語」から個々の話題を解き放つところに、教育人間学は成り立つのではないか。

教育人間学は「教育研究」のもとに寄り集まっていた様々な出来事を、教育の物語から切り離して吟味し直す。教育という目標に向かう中で理解されてきた有効性・有用性ではない。「ある目的のために役立つ」のではなくて、出来事それ自身のうちに含まれていた豊かな輝きを取り戻そうとする。例えば、教育のために有効であると理解されてきた「子どもとの会話」を、その有効性の文脈から解放し、ひとつの独立した出来事として受け取り直す。そこに内包されていた豊かな問題性を丁寧に味わい直そうとする（こうした視点については矢野智司氏の一連の仕事が重要である）。

しかし重要なのは、だからといって教育の出来事と関係を切るわけではないという点である。教育人間学はやはり実際的な教育の物語と「緊張関係」を持ち続ける。あるいはむしろ、その特有の緊張関係が保たれている場合にのみ教育人間学は生きて働く。その緊張関係を失ってしまえばバラバラになる。教育の物語から離れる瞬間が大切なのであって、完全に無関係であることが大切なのではない。

それは道草に似ている。道草が楽しいのは、逆説的だが、目標が定まっている時である。帰る家がない場合、道草は成り立たない。もちろん目標に縛られていては道草が成り立たないのだが、しかし目標がなくても道草は成り立たない。明確な目標があるからこそ、そこから少し離れた道草が、道草としての輝きを発揮する。教育人間学も同様に、実際的な教育の出来事から少し離れつつ、しかし教育の出来事との緊張関係を保つ場合にのみ輝きを発揮する。

ここに少し愉快な交錯が生じる。教育研究の内側から教育人間学に進んだ研究者は〈教育からの離脱〉を強調し、外から教育人間学にたどり着いた研究者は〈教育との関係（緊張関係）〉を意識する。

外から教育の議論に参加した者は、しばしば自らの実際的な問題と重ね、例えば、子育ての困難と重ねる仕方で、よりよい教育のための工夫を期待する。ということは、教育の物語の中に自ら進んで入り込むのだが、その事には気がつかない。というより、教育の物語の中でよりよい教育を求めることこそ、まさに教育の研究と感じる。それに対して、教育人間学は個々の話を、教育の物語から解き放そうとする。しかしそれでは、外から議論に加わった者には物足りない。「よりよい教育のための工夫」という実際的な問いに答えていないように感じられるからである。

しかし、実際的な問いに捲き込まれてしまうと見えなくなる側面がある。「よりよい教育のために」という目標に縛られてしまうと、個々の出来事の内に含まれていた豊かな可能性が見えなくなる。そこで教育人間学は少し距離を取る。

とはいえ、見てきたように、完全に切り離れてしまうわけではない。哲学科のカント研究が、教育の現場などとは無関係に、徹底してカントのドイツ語テクストに専念するのに対して、教育人間学の場合は、カントのテクストと教育の課題を両睨みにする。両者の間を往復し、その間の葛藤を引き受けようとする。ということは、カント研究の側から見ても不徹底、教育の現場から見ても不徹底、どちらの側からも中途半端と批判される危険と抱き合わせなのである。

つまり、外から教育人間学に参入する場合、話が三段階になっている。一、教育の問題に関心を持ち（教育の物語に捲き込まれ）、二、自らの関心が教育の物語に回収されていることを自覚し（回収されることを拒否し）、三、あらためて、教育の物語と対峙し、緊張関係を保ち続ける。その意味において、教育人間学は「特殊な二重性」の上に成り立っているのである。

## 作法

そう理解した上で、あらためて「作法」の問題に戻る。伝統に縛られるわけではなく、一律に規定された手続きに従う必要もないからこそ、よけい、自分なりの作法が必要になる。あるいは、「作法を持つ」ということにこだわりを持つ必要がある。

では一体、こうした「作法」をいかにして若い人たちに伝えることができるか。あるいは、「伝える」必要があるのか。手探りの中で自らに適した「作法」を見つけ出してゆくべきではないのか。

私個人の問題で言えば、私自身はその「作法」を哲学科のテクスト読解の中で刷りこまれた。ではそれと同じ訓練を繰り返すことがよいのか。しかし私自身はまさにそれだけでは満足できずに逃げ出してきたのであれば、哲学研究のテクスト読解だけでは足りない。あるいは、いずれそこから逃げ出す道を示しながら為されるべきなのか。さらにそのテクストは、哲学研究と同じ（カントやハイデガーの）テクストがよいのか、それとも、教育人間学にふさわしい古典的なテクストを見つけ出す必要があるのか。

まさに現在その渦中にあるそうした問いに何の解答も持ち合わせないのだが、しかしそうした問い自体も、教育人間学の守備範囲である。あるいは、そうした実践的な問いに「リフレクティヴ」に立ち返る視点がこの学問には不可避的に含まれている。

教育人間学にはディシプリンがない。それ故、〈ディシプリンの縛りの強い学問に馴染まない研究〉を受け入れ、居場所を提供することができる。しかし「不作法」では困る。各自自らに適した作法を身に付ける必要がある。とすれば、教育人間学は、教育の物語から距離を取りつつ、緊張関係を保ち続け、その中で自ら引き受けることになった研究対象に適した作法を探り当ててゆく、ゆるやかな「工房」ということになる。そして、制約の少ない工房であればこそ、各自の問題意識（モチベイション・内的促し）が明確でなければならず、あるいは、それらが必然的に宙吊りにされてしまう状況の中で、そのつど自らの歩みをリフレクティヴに問い続けてゆく柔軟さが必要となる。

ことさら逆説的に、教育人間学は「ディシプリンによる拘束をできる限り小さくしようとすることをディシプリンとする」と云ってみるならば、その逆説の内には、「ディシプリンがない」ことの困難を自覚的に引き受け、学問の継承にとって「ディシプリンとは何か」を問う、つまりは、人が最も創造的になるためにはいかなる準備が必要なのか（いかなる訓練・稽古・学習が人を最も創造的にするのか）という問いを、身をもって問い続けてゆくことが含まれているように思われる（本書10章）。

# コラム1　人生研究の諸相

「ライフサイクル研究」と題した学部の講義（半期）。ライフコース、ライフヒストリー、生涯発達など「人生」の断面を横並びにした講義の、以下、概略である。

1）エリクソンの理論から始める。ジェネレイショナル・サイクル、エピジェネティック・チャートの検討。しばしば八段階の個人発達モデルと理解されて終わるチャートの裏側にいかなる仕掛けが潜んでいるか。未完成に終わったもう一枚の「一覧表」を重ねる仕方で、その図表に秘められた深い知恵を見る（詳細は、鈴木・西平、二〇一四、あるいは、本書4章）。

2）生涯発達 Life span development。「加齢による変化」を純粋に抽出することがいかに難しいか（例えば「IQ測定」の「知能」の内容自体が時代によって変化してしまう）。縦断的研究に付随する様々な方法論的問題、あるいは、質的研究の問題にも触れる（「質的研究」は量的研究の認識論的問い直しを含む）。発達を延長しても人生にはならない。生涯発達は発達の守備範囲を拡大しただけではない、発達研究への認識論的な問い直しである（鈴木、二〇〇八、本書7章）。

3）ライフコース Life course 研究。コホート集団の生活史、歴史の中の発達 Historical embeddedness に注目する。その典型としてエルダー『大恐慌の子どもたち』を見る。大恐慌という社会変動がいかなるメカニズムを通じて子どもたちに影響を与えたか。この研究は「家族・家庭環境」を重視した。マクロな社会変動は家族というフィルターを通して子どもたちのライフコースに影響を与える。株の暴落が直接子どもに影響を与えるのではない。その影響が親たちを混乱させ（例えば、父親の権威が失墜し）、家族内の情緒的関係が変化することによって、子どものパーソナリティ発達に影響する（そのため、恐慌を思春期で経験した子どもより、幼児期に体験した子どものほうがより深刻な影響を受けていた）。

他の人生研究と比べる時、ライフコース研究は、大量の調査データに特徴がある。そこで条件の整った「先進国」に多い。実証的なデータをもとに政策立案の根拠となることを目指す点も特徴的である。特定世代（コホート集団）の生活史を、社会的地位の移行として描き、「キャリア形成」に注目し、その社会で期待される「平均的なタイムテーブル」との合致（適齢期に早すぎても・遅すぎても困難が多い）に注目する点も興味深い。

4）　ライフヒストリー Life history 研究。ひとりの人物への徹底した聴き取りである。或る人が自らの人生について語った口述の記録。あくまで「個人」を研究の焦点とする（ライフコース研究と対照的である）。しかも偉人や有名人ではない。従来の歴史学や政治研究が扱ってこなかった「名もない庶民」の歴史である。マイノリティへの関心も強い。

「被調査者（情報提供者・語り手）」への長時間に渡る濃密なインタビュー（「濃密な記述 thick description」ギアーツ）を基本とする。同時にそこに含まれる方法論的難問に対して自覚的である。回想される中で加工された過去、現在によって組織された過去の問題。しかも調査者の「編集（二次的加工）」が加わる。事例として中野卓編著『口述の生活史』（一九七七）を検討する。「奥のオバァサン」と呼ばれる一人のお婆さんの語り。「論文」なのか「資料」なのか。

5）　こうした方法論的議論から「ライフストーリー研究」が分かれる。ライフストーリー（life story）研究は、過去ではなく「現在」に注目する。「語るという行為 story-telling」への注目。「語り」は語り手一人の行為ではない。「語り手と聞き手」の共同行為である。聴き手がいなかったら思い出すこともない。あるいは、別の聴き手であったら違う色合いになっていた。そうした「語り手と調査者とが二人で創り上げてゆく」出来事を重視する。研究の焦点が「語り手」の過去から、「聞き取り」という現在に移っている。研究の目的は語り手の過去（研究対象の時系列的な生活史の再構成）ではない。語られた内容が「事実であるか想像上の事柄なのか」は大きな問題ではない。語りの生成プロセス（二人の共同制作過程）の中に立ち現われる、今現在のこの人を描き出そうとする。

「ナラティヴセラピー」における「語り直し」にも触れる。ドミナントなストーリーから漏れ落ちた体験を取り戻すための「オルタナティヴなストーリー」。「オルタナティヴなストーリー（新たに語り直すこと）」によって、自分の人生の異なる側面に光を当て、新たな意味を与えてゆく（逆にポストモダンの哲学はこうした「ストーリー」に抗う。むしろバラバラな断片のままに留めようとする。一貫したストーリーとして構成されてしまう前の、無数に産出される、非同一的な同時多様多面体を重視する）。

6）　「自伝（自分史）」の研究。フィリップ・ルジュンヌ（『自伝契約』）の自伝の定義を見る。「作者」と「語り手」と「登場人物」の同一性。自伝はその同一性を（暗黙裡の契約によって）読者に保証する。読者は自伝を読む場合、作者が作りごとではなく真実を語るという前提のもとに読む。自伝の作者はそれを読者に約束する（「自伝」の「序文・まえがき」に表われるという）。その「契約」の有無が自伝を他のディスクールから区別する。

「自分史」は庶民の自伝である（橋本義夫の「ふだん記運動」が源流とされる）。人生の節目や家族の死に際して、「ふりかえるため」「残すため」「伝えるため」に書き始められる庶民の自分史。一九八〇年代の日本では自分史教室が盛況となった。それは自分史の書き手を支え・支えられる親密さのコミュニティであり、（ジェンダー・人種・階級などの議論で）自らの物語を読んでもらうことが自己解放につながるという点も重視された。

こうした「自伝・自分史」研究を素材に「人生の経験を秩序づけるためのナラティヴ」を見る。一、それは自分に語って聞かせる物語である。語るという行為を通して初めて人生が「人生」として成り立つ（それに対してポストモダンは「一貫性」を拒否する。一つの固定した「私」を拒否し、脈絡なしに自己の複数性を描き続ける。例えば、ヴァレリー『カイエ』、ミシェル・レリス『ゲームの規則』）。二、自伝は読み手を必要とする。自分の物語を自分で納得するためには、他者によって承認される必要がある。そこで物語は他者を納得させるように制作されねばならない。しかし書くことそれ自体の快楽もある。過去の自己の想起に没入する自己完結的な行為（自己満足・自己陶酔）。三、自伝には虚偽・虚構・隠蔽が伴う。本人が書くから「オーセンティック（authentic, 真正、本物、信頼できる）」とは限らない。むしろ自伝は隠蔽する。あるいは、隠しているからこそ告白し、告白するから「内面」が自覚される。その意味において、内面（秘密、隠すべきもの）が「暴露される対象」として特権化する。自伝によって「内面」が成立したという議論につながる。

その先に「テクスト理論」が控えている。例えば「作者の死」（バルト、一九七九）。「作品」は作者 auteur の表現と理解されてきた。それに対して、「テクスト」の書き手 scripteur はテクストの意味を独占しない。「作者の意図」がテクストの唯一の正解ではない。テクストの意味は読み手 lecteur がテクストと共同して紡ぎだしてゆく。テクストは作者の支配に縛られず、そのつど読者に開かれている。自伝研究はライフサイクル研究に大きな問いを投げかける。

7）「個性化 Individuation」。ユング心理学（深層心理学）における「無意識の自己実現」の視点である。ある種の人格的成長プロセスには違いないが「無意識エネルギー」との関連が中心になる（本書7章―2）。このプロセスを「元型の自己展開」として読むこともできる（本書12章）。元型から見るとき、個性化は意識（自我）の機能ではない。無意識エネルギーが、人生の段階ごとに、その時期に必要な仕方で、自我に働きかける。そしてその時期に相応しい元型が「自動的に（人類に共通の生得的メカニズムによって）」布置される。多くの場合、自我の期待には反するが、心の全体のためには役立つ。ユングは「補足」と「補償」を区別する（補足 complement は自我の期待通りに役立つ。補償 compensation は、自我の期待には反するが、心の全体のためには役立つ）。元型の働きは、自我にとって補償として機能する。自分を主人公としない感覚（この点において個性化は稽古の視点と重なる）。「こころ」の組み換え体験、あるいは「身心変容」の出来事を解き明かすひとつの理論モデルである。

8）「人間形成 Bildung」。自己完成に向かう成長物語である。文学のモデルとしてゲーテ、哲学のモデルとしてヘーゲルを見る。教養小説 Bildungsroman は主人公の内的成長の軌跡である。その多くは、好奇心に満ち溢れた平凡で素朴な青年（原則として男性である）。人生のあらゆる経験を、自らを磨く機会として生かそうとする（形成衝動 Bildungtrieb）。例えば、ゲーテ『ヴィルヘルム・マイスター』。演劇によって人格の全面的な開花を願うヴィルヘルムは、過ちを繰り返しつつ、現実社会と向き合ってゆく。作者ゲーテは、すべての出来事を、主人公の自己形成のために用意する。主人公は反抗的ではない。大人との敵対ではなく、師を求めて歩き、素直に学び吸収する。社会の不正と闘うこともない。教養ある人々との出会いを求めて遍歴し、「教育される才能」を持っている。むしろ偶然の出会いがあり、迷いながら自らを形成してゆく。女性との出会いも大きい。人生の各段階で多様な女性と出会い、その遍歴が調和的完成につながる（ユング心理学における「元型としてのアニマ」を思い起させる）。不可解（と思われる）出来事が、実はすべて、最後になってみれば深い意味を持つ。混乱や失敗も後からみれば、すべて完成に役立っている。主人公の発展に即して順序良く配置された人々。分かってみればすべて最後には筋が通る。偶然の仕方で主人公の運命に介入しながら、実は、初めから一つの内的連関を持っていた。「目的論 Teleologie」の構図である（本書コラム6「合目的性」）。

なお、こうした「自己完成に向かう成長物語《ビルドゥングス・ロマン》」が、限定によって初めて「完成」する点は重要である。「人格の全面的開花」を願って多様な可能性を試すのだが、断念する時が来る。断念してひとつの職に就く（芸術家を断念して職につく。モーム『人間の絆』など）。ある時期までは許されるが、ある時期が来たら、自分を一面に限定し、他者のために生きなければならない。現実社会においてはすべての可能性を同時に開花させることはできない。そこで「諦念 Entsagen」が大切になる。自らの限界を洞察し畏敬の念をもつ。

以上、「人生」の断面を横並びにした。その統合が目的ではない。むしろ互いのズレに注目する。別々の文脈にあったものを、同じ土俵に持ち込んで対立させ、ズレの断面に「全体」を見る。「同じ出来事」が視点の違いによってこれほど多層的に見えてくる。

しかも研究者自身が変化する。研究の中で研究者のものの見方が変化する。研究対象から教えられ、ものの見方が豊かになることによって、同じ出来事が違って見えてくる。研究者自身も人生を生きている。その実生活の歩みが研究にいかなる影響を与えるか。そうした問題まで含めて、ライフサイクル研究の土俵を設定したいと思っているのである。

# 2　人生の初期条件

## 1　ライフサイクルと世代の継承

「ライフサイクル」という言葉を（今日使われている意味で）使い始めたのは、思想家E・H・エリクソンである。ではなぜ「サイクル」だったのか。

「〈サイクル〉という語は、一人の個人の人生に含まれる二つの傾向を表現するために用いられる。一方に、ひとつのまとまった経験として〈それ自身完結しようとする〉傾向。他方に、その個人が、強さも弱さも、そこから受け取りまたそれに与えるところの世代連鎖の一環を作ろうとする傾向である」(Erikson, 1986)。

ひとつは、死によって完了する個人の一生。一回きり、死において完結する、繰り返されることのない閉じた円環サイクル。もうひとつは、前の世代から受け継ぎ次の世代へと渡してゆく世代の連鎖。人は決してひとりでは誕生しない。脈々と受け継がれてゆく「いのちの連鎖」の中に生まれてくる。ライフサイクルという言葉は、こうした二重の意味を併せ持っているというのである。

試しに、ここで「ライフコース」や「ライフヒストリー」という言葉を思い起こしてみる。それらは個人の一生を語る。一人の個人が主人公になって個人史が展開し、その死によって完了する。それに対して、この「ライフサイクル」という言葉は世代の連鎖を含む。親の世代から次の世代へという関係性の中で人を見るのがライフサイクルの視点である。

しかしそれでは、親子関係・師弟関係のことかといえば、それとも違う。例えば子育ての話は、その子どもが大人になると終わってしまうが、ライフサイクルの視点は、子どもが大人になっても終わることはない。親から何を受け継ぎ、次の世代に何を手渡してゆくのか。その問いは何歳になってもそのつど新鮮である。つまり、ライフサイクルの視点は、「子どもから大人になり年老いてゆくひとりの人」を、少し遅れて（輪唱してゆくかのように）追いかけてゆく、同じく「子どもから大人になり年老いてゆくひとりの人」との関係において捉える視点であり、もちろん同じく、少し先を行く世代との関係を捉える視点でもある。

エリクソンに倣えば、「アインシュタインが好んで用いた喩えのひとつ、二台の走っている列車の互いに対する関係」。この場合は二台の列車どころか、一定の間隔をおいて追いかけながら走っている三台四台の列車の、互いが互いに対する関係を見ようとする。

＊「二台の走っている列車の互いに対する関係」は相対的であり、相関的である。同じ速度で走っている場合、互いに静止しているかに見えるが、実はどちらも動いている。そこで、どちらか一方が少し速度を変えただけで、互いに違う姿が見えてくる。例えば、行き詰まった親子関係において、どちらかが「少し速度を緩める」ことによって、事態が新たな展開を見せるのも、そのためである。

ではライフサイクルはどこまでいっても完結しないのか。その問いに対してもエリクソンは両面を示す。ライフサイクルの視点は、人の一生が「死によって完結する」側面と、「個人の死を越えてつながってゆく」側面と、その矛盾した両面を同時に捉える。ということは、人がひとりで生きる側面と、つながりの中で生きる側面と、その両側面を同時に捉えなくてはならない。

では、人は自分の人生を、どの程度、自分で決めることができるのか。確かに様々な条件に規定されている。にもかかわらず、完全に規定されているわけでもない。やはり自分で選ぶ余地が残されている。しかしその自由は、あくまで既に決定された条件の中でのみ成り立つ。すべてを白紙にしてゼロから決めることはできない。にもかかわらず、まったく決定されているわけではなく、やはり本人が自分で決めてゆく。この幾重にも入り組んだ「にもかかわらず（逆説・反転・循環）」のダイナミズムを、ライフサイクルの様々な場面において見てゆくことにする。

ところで、同じくエリクソンの造語に「ジェネラティヴィティ generativity」という言葉がある。定訳はまだない。というより、その訳語をめぐる試行錯誤が、この言葉の厚みを伝えている。

ある時期までは「生殖性」と訳されていた。しかし単に「子どもを産む」話ではない。ジェネラティヴィティは血のつながり（生殖）とは限らない。何らか創り出すこと、そして世話すること。作品を作り、後継者の世話をする。すべてジェネラティヴィティの問題になる。

「世代継承性」という訳もあった。確かに前の世代から受け継ぎ、次の世代に譲り渡す話である。しかし「保守的」な存続だけを問題にするのではない。ジェネラティヴィティは過去の遺産の継承でありつつ、他面では「新しく創り出す」ことである。元々この言葉は「動詞 generate（発生させ・作り出し・

動かし続ける）」の派生語「発電機 generator」と同類の言葉である。そこで「生成的 genarative」を生かして「生成継承性」という訳語も提案されているが、しかし「生成」「継承」という抽象度の高い漢字では意味がとりにくい。それならば、むしろ「次世代育成力」という言葉を借りた方が、ともかくも、その意味内容を伝える。

しかし「母性」とは違う。「世代出産性」という（アレント哲学との関連で森一郎氏によって考案された）訳語も「子どもを産む」点に限定しすぎる。ジェネラティヴィティは、例えば、先輩と後輩の関係においても用いられる。前の世代から受け継ぎ次の世代へと明け渡してゆく営み一般、あるいは、自ら生み出したものを世話し育てる営み一般である。

ここで注目したいのは、そうした「ジェネラティヴィティ」の形容詞形に「サイクル」をつけた「ジェネレイショナル・サイクル generational cycle」という言葉である。先に見た「ライフサイクルの二重性」の片方、世代の連鎖を強調した言葉である（本書4章・5章）。

どうやらエリクソンがこの言葉に託した原風景は、複数の歯車が噛み合って動く姿のようである（先の「走る列車」のイメージより、さらに直接的な連関である）。

「幼年期と成人期とが、歯車のように互いに噛み合って連動してゆく姿 The cogwheeling stages of childhood and adulthood」（エリクソン、一九七一）

片方だけが動くということはありえない。必ず連動する。そうした「育てる世代」と「育てられる世代」との連鎖を「ジェネレイショナル・サイクル」と呼んだのである。確かに二つの歯車の連動ならば、既に「教育」という言葉が語っていたことである。しかし、この言葉が本領を発揮するのは、いわば、

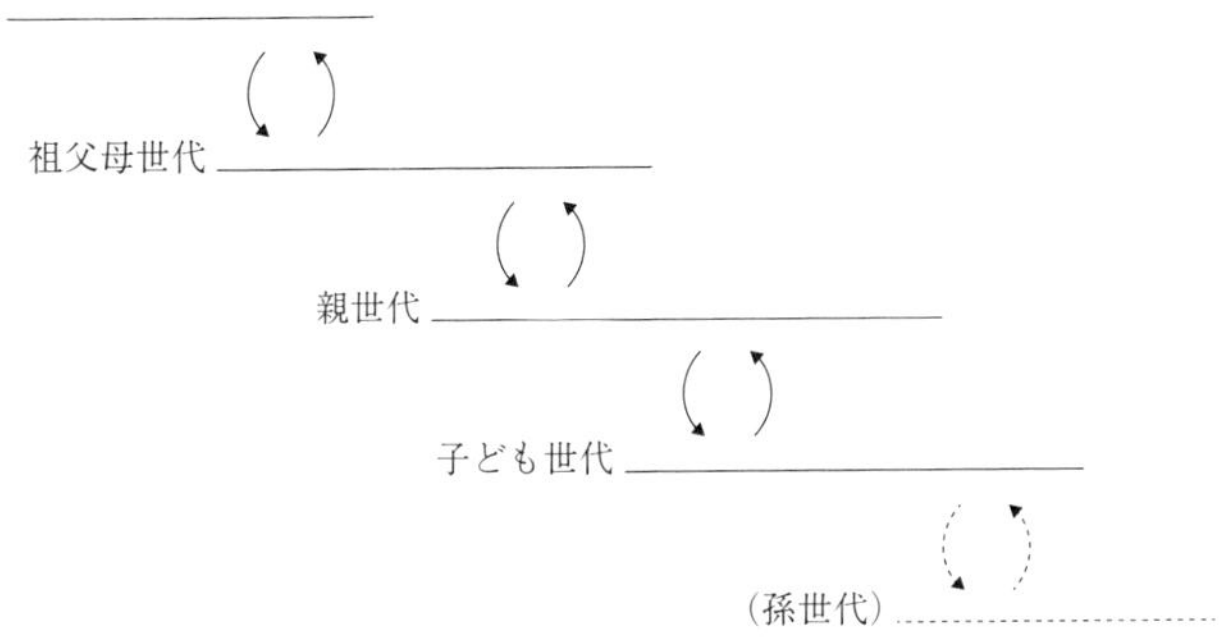


図1　ジェネレイショナル・サイクル（generational cycle）

歯車が三つも四つも重なり合って連動してゆく姿である。

たとえば、エリクソンが描き出すある老夫婦の会話。自分たちの子育てが正しかったのかどうか、それを確かめるために「今は親になっている自分の子どもたち」の子育てが順調に進んでいるかどうか、そこから話を始めている。そして、その話の中で、改めて自分たちの遠い昔の幼年時代を思い出し、自分たちを育てた親の話をする（エリクソン、一九九七）。

つまり四つの世代が重なっている。「孫の世代」「子どもの世代」「自分たちの世代」「その親の世代」。その四つの世代の歯車が、互いに噛み合い、連動してゆく。ひとつの歯車が動けば、必ずすべてがつながって動く。それがジェネレイショナル・サイクルなのである（図1）。

個人の人生（ライフサイクル）は、その大きな世代のつながり（ジェネレイショナル・サイクル）の中で進んでいる。ということは、「子育て」も、単に二つの世代の間の出来事ではなくなってくる。親が子を育てるという出来事の中に、既に、その親（祖父母）世代との関係が深い影響を与えている。

＊ジェネレイショナル・サイクルの要点は、次世代の育成が「次の世

代がそのまた次の世代を育てることができるようになること」まで含むという点である。次世代育成は、次の世代を子どもから大人に成長させるだけでは完了しない。次世代（第二世代）が、そのまた次の世代（第三世代）を育てることができて初めて、ひとつのサイクルとして完了する。もし、次世代（第二世代）がその次の世代（第三世代）への継承を拒否するなら、それは親の世代（第一世代）の問題でもあったことになる。しかし、この世代育成は、必ずしも決められた伝統の繰り返しではない。むしろそこには、新たな視点による変容が含まれる。新しく作り変えられながら、しかし受け継いでゆく。受け継ぎながら、変わってゆく。ならば、何を変えるべきなのか、そして何は変えてはいけないのか。その問いは、あらためて私たちに現在の状況を問い直させることになる（本書4章）。

たとえば、悲しい現実として「虐待の連鎖」が語られる。子どもの時期に親から虐待された人たちは、自分が親になったとき、やはり同じことを自分の子どもに繰り返してしまうという、しばしば誇張して語られる話。必ず繰り返されるわけではない。にもかかわらず、そうした話が伝わりやすいのは、私たちがそうした循環性（ジェネレイショナル・サイクル）を、身をもって感じているからなのだろう。

しかし重要なのは、私たちが必ずしもその連動に縛られているわけではないという点である。子どもの頃、親から虐待された経験がある、だからこそ、自分は決して自分の子どもにはそれを繰り返さないという人が、たくさん存在する。では人はいかなるときに、負の遺産を自分の代で断ち切ることができるのか。あるいは、いかなる条件のとき、負の遺産を肯定的な力へと練り直すことができるのか。

エリクソンの有名なライフサイクル図表（エピジェネティック・チャート）は、実は、すべてこの問いと格闘した痕跡として読むことができる。あるいは、人生の荒波にもまれながら、少しでもこうした問いを整理して考えるための海図（チャート）である（鈴木・西平、二〇一四）。

むろん問題は、単に親から与えられた負の遺産だけではない。例えば、信頼した友人から裏切られる。悔しさと憎しみに打ち震えながら、にもかかわらず、復讐するのではなく「赦《ゆる》す」。そして肯定的な関係を作り直してゆく。その可能性が人には残されているのかどうか。

あるいは、異なる民族間の暴力の応酬。それを自分たちの代で断ち切る可能性はあるのか。もしそれが可能であるとしたら、いかなる条件が求められているのか。

エリクソンはその条件の一つを個人の心理的な基盤に見たということである。とりわけ、幼年時代の体験。幼年期の負の遺産に、意識しないまま、振り回されてしまう危険。たとえば、裏切られるという体験が負の遺産によって増幅される時、人は、手のつけようのない巨大な憎しみへと走り出す。その憎しみを消すことはできないとしても、せめて何ができるか。人には何が残されているのか。

過去の体験によって規定されている、にもかかわらず、何ができるか。「にもかかわらず赦す」ということが可能なのか。私たちに残されている「自由」が問われているということである。

## 2　やる気・挫折・生きがい——自発性はいつ生じるか

ところで、子どもの教育をめぐる議論は、そのつど最後には、子ども自身の内側に生じる自発的なやる気に至りつく。この「やる気」さえあれば話は簡単、大人は余計な心配などしないほうがいい。逆に、この「やる気」がない場合、大人がどんなに努力してみても空回りになる。つまり、「やる気」を外側から生じさせることはできない、にもかかわらず、この「やる気」なしには教育は成り立たない。

教育という営みを問い続けた教育研究者・大田堯氏も、繰り返しその点を強調していた。「教える・導く」といった大人からの働きかけによっては子ども自身の内側に「自発性」を育てることができない（大田、一九九〇）。大人の側がいくら努力しても、もし子どもたちの内側に「やる気」が育っていなかったら、すべて空回りになる。しかし、その「やる気」を（外から）大人が植えつけることはできない。「やる気」は子どもの内側から「自発的」に育つしかない。

それは教育という営みのアポリアである。では大人は待つしかないのか。そうではない。子どもの内側にそうした「やる気」が育ちやすい条件を整えることはできる。その時、大切なのは、子どもたちが「自分で選び取る」ことである。ところが選ぶためには、迷う余地が残されていなければならない。すでに決まっていたのでは、迷うことができない。しかし迷う余地が残されているとは、間違う可能性を持つということでもある。間違う可能性がある中で、初めて自分で選ぶことが可能になる。

そこで「問いと答えの間を大切にする」。迷うことができるのは、問いと答えの合間だけである。もしその「間」がなかったら迷うことができず、自分で選ぶこともできない。ということは、子どもたちには失敗や回り道の機会が必要になる。迷いながら自分で選ぶ。失敗しても、でももう一度、やってみる。そうした経験の積み重ねが子どもの内側に「やる気」を育てるというのである。

では、あらためて、子どもが自分で選ぶために、大人は何をするのがよいのか。何もせずに放任しておくことが子どものために一番よいことなのか。ここに「大人の働きかけ」と「子どもの自発性」をめぐる微妙な逆説・反転・循環が現れる。

確かに、大人の働きかけが子どもの自発性をつぶす危険はある。しかし逆に、働きかけなければ、必ず子どもの自発性が発揮されるというわけでもない。むしろ子どもたちは何らかの刺激を必要とする。いわば、自分の内側に「やる気」を惹き起こしてくれる外からの刺激。動物行動学に倣えば、ある種の「リリーサー（解発刺激）」である。子どもの内側に生得的に備わっている「やる気」を開始させるきっかけ。

重要なのは、この「やる気」があくまで子どもの内側から自発的に生じてくる、にもかかわらず、その自発性は、ひとりでは目覚めることができないという点である。子どもは、生得的な自発性を発揮することができる条件を、外から与えられなければならない。あるいは、込み入った言い方をすれば、「自分で選んだ」と実感できる機会を、外から提供してもらう必要がある。

ではこの場合、大人はどのように働きかけるのか。例えば、常に「控える」用意をしている。子どもからの求めに応えつつ、しかし、働きかけを控えたほうがよいと判断される場合は、いつでも手を引く。そうした慎重さが、子どもの「やる気」を引き出す繊細な働きかけには必要になる。

やる気は、子ども自身の内側からしか沸き起こらない。にもかかわらず、やる気は「ひとりでに」は生じない。何らか大人から（仲間たちから）の働きかけを必要とする。しかし、働きかけが強すぎると、子どもの内に芽生えたやる気をつぶしてしまう。だからこそ、然るべき時に、勘所を押さえた、繊細な「働きかけ＝やり取り」が求められることになる。

ところで、こうした「やる気」の強調は一つの人間観の現われである。指示を待つのでなく自分から積極的に動き出し、周囲の言いなりになるのではなく自分で考え主体的に判断する。自分で自分の道を切り開いてゆく「主体」の感覚。

ところが、人生の旅路には、そうした主体の感覚が徹底的に打ちのめされる時がある。例えば「挫折」という体験。病が襲い、事故に遭う。目標を目指して駆け上ってきた今までの自分が通用しなくなる。自分に自信がなくなり、自分を受け入れることができなくなる。そして、目標に向かって努力することそれ自体に疑いが生じる。一体こんなに努力して頑張ることに何の意味があるのか。

名著『生きがいについて』（神谷、一九六六）は、この問題を「生きがいの喪失」という言葉に乗せて柔らかく描きとった。生きてゆく意味が見えず、将来という時間感覚さえ喪失した状態。むろん、そう簡単にまとめることなど許されない、そのつど一回限りの、切実な体験なのだが、しかしここで目を留めてみたいのは、そうした状態から再び「やり直そう」とする場面である。「やり直す」という出来事を「あくまでも人格形成の一過程として」理解してみると、何らかの「心のくみかえ」として理解されるというのである。

たとえば、「人格組織の中心」が移行し、「全人格の重心のありか」が根底から覆る。ということは、たとえ新しく生まれ変わったようにみえるとしても、実は「以前から人格の内部に潜んでいたもの」が表に現われてきたということである。それまで「従属的な地位」にあったものが、突如として「最優位にのしあがり」人格の中心的な位置に現われてくる。

「以前大切だと思っていたことが大切でなくなり、人が大したことだと思わないことが大事になってくる。これは外側から来た教えによることではなく、また禁欲や精進の結果でもなく、すっかり変わってしまった心の世界に生きるひとから、自然に流れ出てくるものと思われる。」

そうした心の出来事を神谷は「心のくみかえ」と呼ぶ。ちなみに、神谷は「くみかえ」とひらがなを使っているのだが、もしそれを「組み換え」という漢字で理解すれば、心の「構成部分」の再編成という意味になり、他方「汲み替え」という漢字で理解すれば、湧き水が次々と新たに湧き上がってくるイメージになる。

そしてその二つのイメージが、宗教の世界で語られる「自力」と「他力」の問題と重なってゆく。心の構成要素を自分で組み換え「自らの力で苦闘して光を勝ち取った」と感じる人もあれば、むしろ、「まったく他者の力によって光を与えられた」と新たな水に汲み替えられた体験をする人もいる。

「しかし、じっさいの人間の心の体験としては、自力と他力はしばしば微妙に、密接にからみあっているのではないであろうか。これは、のちにみるように、ひとが自己を深く掘りさげれば、そこに結局みいだされるものは大いなる他者とでも表現するほかないものであるところからくるのかも知れない。」（同書、二三七頁）

ではその「大いなる他者」とはどういうことか。神谷はどうやらある種の「使命感」を考えていたようである。「自己の生が何か大きなものに、天に、神に、宇宙に、人生に必要とされている」。「心のくみかえ」には、そうした意味での「使命感」が伴うというのである。

重要なのは、その使命感が、内発的に生じるという点である。使命感は外から必要に迫られて生じた義務感ではない。あくまで自己の内面から、自発的に沸き起こってきたものである。しかし個人の内面に閉じてしまうのではない。むしろ反対に、閉じていた自己が打ち破られ、自分が何らか「大いなる他者」から必要とされていることを自覚する。それは「聞き従う」体験である、と同時に、自ら「選び取る」体験である。

そうした意味において、自力と他力は密接に絡み合っている。あるいは、反転しあう関係にある。自分の力に徹し自己を掘り下げると、自己を越えた何らかの支え（慈悲・恩寵）を感じざるをえなくなり、逆に、徹底して聞き従う従順に生きる時、自己の内側に内発的な決意を感じざるをえないことになる。

## 3　即興劇モデル――自己創出性と時間的全体

しかし、人の人生はそれほど計画的ではない。決意して目的意識的に努力することはむしろ稀であって、よく言えば創造的に、悪く言えば場当たり的に、周囲にあわせながら、そのつど変化してゆく。あるいは、そもそも生命の営みが、そういうものである。だからこそ、予測できない出来事にも対応することが可能になる。生命科学の立場から生命の営みについて考察を深めた清水博氏は、そうした生命の傾向を「自己創出性」と名づけ、その根拠を「自己不完結性」に求めている。

「……生命システムの普遍的な特徴の一つは環境への創造的な適応性をもっていることにあります。これはシステムが自己創出のために活用できる無限定な自由度を内部にもっていること、つまり自己不完結性をもっていることに起因するものです。」（清水、一九九三）

この「自己不完結性」とは、最初から完全に決定されているわけではないということ。未だ確定されていない自由な部分が残っている。その自由な部分が残っているからこそ、予測し得ない事態に、その場に応じて（リアルタイムに創造的に）適応することができる。

しかし、それは言い換えれば「不完全」ということである。予測しうるすべての状況に対して（機械のように）完全に対応できるプログラムを備えているわけではないということである。しかし逆説的に、だからこそ予測し得ない事態に直面しても機能停止に陥らない。すべてが決まっているわけではないからこそ、逆に、新しい事態に直面しても、柔軟に対応する可能性が残される。ということは、そこには間違う可能性が含まれているということである。完成したプログラムを備えているわけではないとは、間違う可能性があるということ。間違う可能性があるからこそ創造的である。

興味深いことに、清水氏はそうした創造的適応の典型として「即興劇」をモデルに選んでいる。即興劇においては、役者たちは何を演じるべきか、決まっていない。役者は無限な役柄の可能性に開かれている。しかし一人では何を演じたらよいのか決められない。役者たちは、劇の進行に合わせ、周囲（相手）とのやり取りの中で、演じるべきことを、そのつど決めてゆく。そのプロセスがまさに自己創出の出来事である。

ここは少し丁寧に考える。即興劇の役者には、あらかじめ決められた役柄がない。そのつど新たに「周囲との関係」の中で役割を創ってゆく。しかし思い通りになるとは限らない。周囲がどう反応してくれるか、その反応によって影響されてしまうからである。しかし逆に、周囲によって決まってしまうというわけでもない。むしろ周囲の反応に働きかけ、周囲を変えてゆくこともできる。周囲を変えながら、しかし周囲によって変えられてゆく。そうした流動的で柔軟な「やりとり」が、いい流れを作る。即興劇の即興性を最も生き生きさせる。

同じことが、「劇の筋」との関係においても見られる。即興劇の筋はあらかじめ決まっているわけではない。そのつど現在進行形で創られてゆく。では役者は自分勝手に動けばよいかといえば、そうではない。役者たちがそれぞれ勝手に動いたら「やりとり」にならない。そして互いのやりとりができなければ、筋が展開しない。ということは、即興劇が最もいい流れになるのは、役者全員が劇の筋を（そのつど変化しつつしかし全体としてひとつの方向へと向かってゆくその場の流れを）共有した時である。

言い換えれば、それは、個々の役者が自分自身の内側に劇の全体を織り込んでいるということである。個々の役者が、それぞれ、関係性の全体を見渡している。見渡しながら、その全体の中で、自分の位置を相対化して見ることができる。あるいは、そのつど変化してゆく流動的な展開の中に自分の動きを響かせることができる。そうした状態の「個」を清水氏は「関係子」と呼ぶ。「個（関係子）」とも表現されるこの「個」は、関係性の全体を見渡すことができ、劇全体の流れを捉えているというのである。

＊「自分の内側に関係性の全体を織り込む」という点は、華厳哲学の「縁起」を念頭におく（西平、二〇一六）。

ここで再び立ち止まる。いったい「全体」とはどういうことなのか。話を単純にするために「空間的全体」と「時間的全体」を区別してみる。

まず「空間的全体」とは、さしあたり、登場するすべての役者相互の関係性と理解される。「個（関係子）」は、役者相互の関係性の全体を自分の内側に織り込んでいる。だから場の全体を見ることができ、場の空気をつかむことができる。そして、その空間的全体の中で自分の役割を把握する。

しかし、その「全体」に観客は含まれないのか。舞台設備や会場はどうか。あるいはその日の天気は含まれないのか。そう思ってみれば、この「空間的全体」の範囲をどう設定するかによって、「役者個人（関係子）」の厚みが違ってくる。観客や会場の雰囲気までも関係性の全体として自分の内側に織り込み、その空間的全体の中で、然るべき自分の役割を心得てゆく役者。そうした役者こそ、即興劇の即興性を、最も生き生きと発揮することになるのだろう。

＊世阿弥の「離見の見」、フロイトの「平等に漂う注意」、あるいは、アリストテレス「フロネシス」など、身体感覚と結びついた実践的な智慧との関連は課題である（さしあたり、西平、二〇〇九、二〇一四）。

もうひとつは「時間的全体」である。あらかじめ固定された筋ではない。むしろ即興的な展開の中で、そのつど変化してゆく。

ではいったいその筋の「全体」とはどういうことか。たとえば、その開始時点はいつか。仮に舞台の開始時点を考えたとしても、役者たちは本当にゼロ状態から出発するのか。むしろ何らかの初期条件の上に舞台に登場するのではないか。たとえばそれはその役者の日々の生活であり、あるいはその人の幼年時代の体験であったりもする。そして実は、即興劇のような「とっさの機転」が要求される場面においては、そうした過去の経験の蓄積が、直接的に、芝居に現われてくる。いわば、その人の生き様が、直接に反映する（反映してしまう）ということである。

ということは、自由な自己創出が最大限発揮される（即興性の高い）場面においてこそ、逆説的に、初期条件（過去の蓄積）の影響が最も大きく現れるということである。にもかかわらず、役者は初期条件に拘束されるわけではない。影響されつつ、しかしその影響をひねり直すことができる。あるいは、はみ出すことができる。原因—結果の因果法則をはみ出す「あそび（自由の幅）」が残されているということである。

ところが、その「幅」が、劇の進行に伴って減少してゆく。劇が進行し役者の役柄が決まってゆく、ということは、その「幅（自由度）」が減少してゆく。開始時点において最大限の広がりを持っていたその「幅」は、劇の進行と引き換えに徐々に減少し、劇の終了時点において、最小限になる（「なくなる」と言わないのは、舞台の終了時点をいつと考えるべきかという問題が残っているためである）。

＊神谷のいう「使命感」は、人生における「時間的全体」の中で、今現在の自分の位置を確認することではないか。単なる将来への時間的展望だけではない。過去を含み、現在を含み、しかも直線的な時間だけでなく、そのつど重層的に積み重なり、循環的に入り組んだ時間的全体。「生きがい」も「やる気」もそうした時間体験として理解され直す必要があると思われる。

さて、問題は人の人生であった。即興劇は人生における「自由」に光を当てた。人生は決められていない。私たちは人生という白紙のノートに、そのつど新しい物語を書き付けてゆく。そうした「自由な創造性」に光を当てたモデルであった。

ところがそうした即興性は、むしろその即興性の自由を成り立たせる前提を浮き彫りにした。即興性が高まれば高まるほど、実は、その役者がそれまでに自分の内側に蓄積してきたものに影響されてしまう。つまり、即興劇の舞台が開始される以前の「来歴」や「人生経験」といった初期条件が問われてしまう。

ということは、同様に人生の問いも、人生の「初期条件」へと押し戻される。いったい、私たちの人生は、どれだけの初期条件の上に開始されるのか。

私たちはこの世に生を受けたとき、どれだけの「運命」を背負ってきたか。

## 4　運命——人生の「初期条件」

この問いが「科学的」であるかどうかは、今は、問わない。「科学」の中身を吟味する余裕がないからである。しかし少なくともその初期条件を「ゼロ（白紙状態）」と見ることがひとつの仮説にすぎないことは認めてもよいだろう。では、どれだけの初期条件を背負ってくるのか。たとえば、「遺伝子情報」。たとえば、「家庭環境」。

しかし人類は繰り返し第三の契機に目を向けてきた。「魂の継続」という視点。前世なり、過去世なり、あるいは「カルマ」という仕方で、名称も思想的背景も様々ながら、人類は断続的に、そうした個人の魂の継続を考え続けてきた。この世に生を受ける「以前」があり、その延長として、今回の人生が開始されたとする思想地平（西平、一九九七、本書14章）。

プラトンの『国家』を思い出す。政治学の古典としても、教育論の古典としても知られたこのテクストの最終章は、まさに、こうした「魂の継続」の報告である。報告は「死後の魂」の話として始まる。若者「エル」は、戦死した後、野辺送りの薪の上で生き返り、「あの世で見てきたさまざまの事柄」を語る（プラトン、一九七六）。

「その魂は、身体を離れたのち、他の多くの魂とともに道を進んで行って……」と始まるその記述は、まず、生前の罪業の裁きを語る。死後の魂は、過ぎし生涯の悪行に応じて刑罰を受ける。あるいは、その善行に応じて報いを受ける。しかもそれぞれ「十倍分」の報いを受ける。人の一生を百年としてみれ

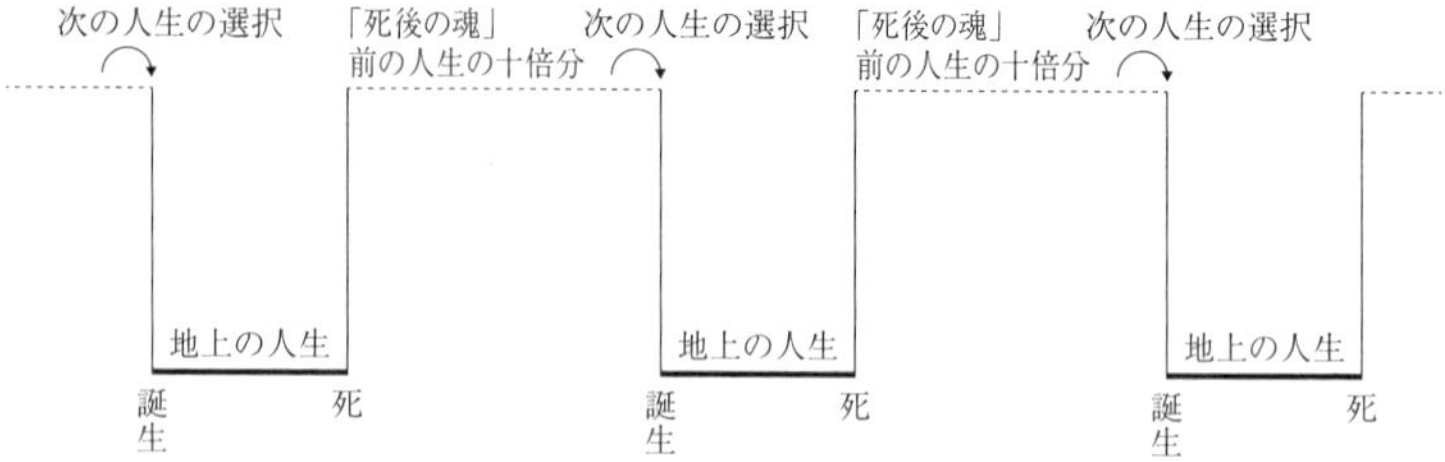


図2　プラトン『国家』「第十巻」

注：プラトン（1979，744頁）の図に加筆.

ば、千年間の長きに渡って刑罰を受け、あるいは報いを受けるというのである（図2）。

因果応報思想との相違など問題は多いのだが（本書14章—3）、当面する文脈にとって興味深いのは、その次の場面、「魂たちが次に生まれ変わるべき生涯の選択をする」という場面である。乙女神ラケシスはこう告げる。「命はかなき魂たちよ、ここに、死すべき族がたどる、死に終るべき、いまひとたびの周期が始まる」。

魂たちは、前回の人生の報いを果たし終えた後、あらためて次の人生を開始するに際して、各自の運命を選び取るというのである。重要なのは、与えられるのではなく、自ら選び取るという点である。ではいかなる状況において、いかなる選択肢の中から、選ぶことになるのか。

魂たちの前には「ありとあらゆる種類の生涯の見本」が並べられる。「あらゆる動物の生涯があったし、人間の生涯も、あらゆるものがそろっていた」。乞食の生涯、独裁僭主の生涯、途中で滅びる生涯、貧乏や追放の生涯。むろん男も女も、あらゆる選択肢が並べられている。その中から、魂たちは、順に、自らの手で選び取ってゆくというのである。

さらにプラトンは面白い報告を付け加える。その選択が「前世における習慣によって左右される」と言うのである。「まことに、エルの語ったところによれば、どのようにしてそれぞれの魂が自らの生を選んだかは、見ておくだけの値打ちのある光景であった。それは、哀れみを覚えるような、そして笑い出したくなるような、そして驚かされるような観物だったのである。というのは、その選択はまずたいていの場合、前世における習慣によって左右されたからだ。」(『国家』七五四頁)

魂たちは(私たち人間は)、次の人生の運命を自ら選び取る。与えられるのでもなければ、すでに決められているのでもない。自らの手で、多くの選択肢の中から、選び取る。しかし、にもかかわらず(あるいは、だからこそ)、その選択は、前世における習慣によって左右されてしまう。決定されるわけではないが、しかし影響される。つまりこの場合も、白紙状態から開始されるわけではなくて、すでにある初期条件の上に選択するというのである。

人生の初期条件を求めてプラトンの報告に行き着いた私たちは、まさにその初期条件が語られる場面の中で、すでに、「それ以前」の影響に押し返されてしまうのである。むろん、話は無限に後退してゆく。どこまで戻ってみても、その開始時点にたどり着くことはできない。常に既に、「それ以前」に影響されつつ、しかし完全に決定されるわけでもなく、影響されつつ自分で選ぶという仕方で、開始するということである。

さて、プラトンによれば、そうした選択の後、魂たちは「忘却(レーテー)の野」を通り、「放念(アメレース)」の川の水を飲み、一切のことを忘れ去った後に、「あたかも流星が飛んで行くように、かなたこなたへ新たな誕生のために」運び去られてゆく。政治論・正義論の古典テクスト『国家』の最終巻に納められたこうしたエルの物語の中で、いったいプラトンは私たちに何を伝えようとしたのか。そして、プラトン研究の膨大な蓄積にもかかわらず、この物語だけが、ほとんど常に学問的な検討対象から外されてしまうという事実は、何を語るのか。

少なくとも私たちは、プラトンが書き残した三つの点は、記憶に留めておくことにしたい。①人生が開始される前に、人は自らの運命を自らの手で選び取っている。②多くの選択肢（あらゆる種類の生涯の見本）の中からひとつを選択している。③しかしその選択は、それ以前の習慣によって影響されている。

運命は、あらかじめ決められていたわけではない。私たちが自分の手で選び取ったのである。にもかかわらず、無条件に選択したわけではない。与えられた選択肢の中から選び取ったのである。あるいは、自由に選び取ったつもりでも、実は「それ以前」の経験に影響されている。縛られているわけではないが、影響される。影響されるが、しかし決められているわけではない。やはり選び取ってゆく。そのつど自分で選び取ってゆく。

この幾重にも入り組んだ「にもかかわらず」のダイナミズムが、ライフサイクルの形をかたどっているように思われる。

## 3　タイムスパンを長くとる・短くとる

教育は時間が掛かる、急いては事を仕損じる。植物を育てるに似て育つ側の摂理に合わせて時間を掛けないことには、実を結ばない。私たちはこうした話を何度も聴いてきた。にもかかわらず、実社会における教育は「急ぐ」話ばかりである。早く成果を出すこと、早くアピールすること。タイムスパンを短くとって、その枠内で、効率的に成果を出すこと。なかには、子どもの教育を「情報のインストール」のように考える人もいて、技術革新によって「インストール時間」を短縮してきたのだから、子どもの教育も効率的な技術を開発すべしという。

本章は教育を「ライフサイクル」の地平で考えようとする。人の一生という長いタイムスパンの中で考えようとする。しかし短いタイムスパンも大切にする。効率よく成績を上げるという発想と（葛藤しながらも）付き合おうとする。タイムスパンを長くとると同時に、タイムスパンを短くとる。その両者の狭間に生じる葛藤を引き受けようとする。

どちらが子どものためになるのか、その問いに答えを出したいのではない、むしろその問いを「問い」として設定すること、それを目標とする。タイムスパンを長くとった時の子どもの幸せと、短くとった時の子どもの幸せと、その両者の違いを確認しつつ、何とか折り合いをつけようとする。

しかし本章はその問題を一般論としては論じない。むしろ具体的な場面に話を限定する。私が約四十年間（距離を取りつつ）関わり続けてきた特殊な学校、「シュタイナー学校」と呼ばれる学校である。その紹介ではない。ましてその宣伝や推奨ではない。そうではなくて、私がその学校を訪ねるたびに感じてきた疑問や批判を踏み台にして、〈タイムスパンを長くとった時の子どもの幸せ〉と〈短くとった時の子どもの幸せ〉の違いを確認する。そして何が子どものためになるのか、どうすることが子どもの幸せになるのか、その問いを、問いとして設定しようとする。

私を刺激し続ける「その教育」。以後「シュタイナー」の名は出さない。毎回その創始者の名が登場することに食傷気味であると共に、本章の考察の中心が「シュタイナーの思想とその教育」ではなく、あくまで私が出会ってきた具体的な「その学校」、あるいは「そこで出会った人たち」であり、そこで感じた疑問に焦点をあてようとするためである。

＊シュタイナー教育に関する参考文献は多い。実践的な報告も充実しているが、教育研究者による本格的な研究も続いている。私自身のこの学校との関わりについては、京田辺シュタイナー学校における授業の体験も含めて書いたことがある（西平、二〇〇八―二〇〇九）。

## 1　時間をかける――子どもたちが活躍するための仕掛け

大学のクラスでこの学校の話をすると、多くの学生たちは「楽しそう」と書き、でも「こんなことしていて大丈夫なのか」と続ける。私も同じだった。最初にこの学校の話を聴いた時、まるで遊んでいるように感じた。

例えば（といって例を挙げ始めると長くなるので一つだけ）、私たちが馴染んだ算数の授業は「5＋7＝　」「6＋6＝　」という計算問題に答えを探すことであった。ひとつの正解に素早くたどり着く練習。それに対して、この学校の子どもたちは「12＝　」「12＝　」「12＝　」という課題を与えられ、「12＝1＋2＋9」、「12＝1＋3＋8」……と、たくさんの組み合わせを考えてゆく。ひとつの正解を求めるのとは逆に、たくさんの組み合わせを探し出し、たくさんの可能性に開かれてゆく。

しかも違った色で書くから、子どもたちのノートはカラフルな数字の色模様になる。「数で遊んでいる」という以外の言葉を私は思いつかなかった。もちろん数学教育の理論としてはたくさんの議論が必要なのだろうが、ここで問題にしたいのは、こうやって時間を掛けることの意味である。

計算問題に正解を出すだけなら効率が悪い。「ドリル練習」を繰り返す方が短時間で効率よく習得できるはずである。にもかかわらず、なぜこの学校ではこれほど時間を掛けるのか。計算問題に答えを出すだけではない、それ以外の何を期待しているのか。

そうした疑問が積み重なって例の問いになる。「受験は大丈夫なのか」。ゆっくり時間を掛けるのは賛成だが、現実には試験がある、評価され振り分けられることに対応できるのか。

この学校には試験がない。試験（ペーパーテスト）で測定できる能力を目指すのではない。試験などでは測ることのできない「本当に自分の中に入れたもの」を大切にする。仮にそれらを「基礎・基本・土台」と理解してみれば、基礎が身に付いていると、試験問題には（いずれ）対応できるようになると考えるのである。「数の法則」という土台の感覚が身に付いていれば、計算問題は、時が来れば、対応できるようになる。それに対して、急場しのぎに「基礎・基本・土台」を身に付けることはできない。

ある学生の喩えを借りれば、「大人のピアノレッスン」ではなく、「基礎からしっかり時間をかけたレッスン」に近い。大人のピアノはともかく曲を弾くことが目的であり、いわば即戦力を求めるのに対して、「基礎からしっかり」のレッスンは「指を置く・音を聴く」から始まって基本の繰り返しにたっぷり時間を掛ける。そしてその学生の経験では、基本の繰り返しは大変だったが、それがあったからこそ後の豊かな「表現」が可能になる。

この学校も同じではないか。様々な話を総合すると、およそ次のように考えられている。第一に、この学校では子どもたちの「内側」が重視される。子どもたちが「内側を働かせる」こと。例えば、「感情と共に」、「からだを通して」、あるいは、「驚くこと」、「不思議と感じること」。そうした内側の動きなしに知識だけが増えてゆくことをこの学校は警戒する。それでは本当の意味で「身に付いた」ことにならないと考えるのである。

それに対してある学生は反論した。この学校は子どもたちから「一夜漬け」の試験勉強の機会を奪っている。試験前の緊張感の中で無理やり「詰め込む」ことも大切ではないか。確かにその側面は否めない。しかし私の理解では、この学校は一夜漬けの機会を犠牲にしてでも、「そうした勉強方法に慣れてしまう弊害」を警戒している。試験に対応する勉強に慣れてしまうと、内側から学ぶセンスが育たない。内側を働かせながら新しい知識を自分のからだに馴染ませてゆく感覚が麻痺してしまう。いわば、「学ぶことを学ぶ」感覚が麻痺してしまう。それを警戒するために、ゆっくり時間を掛ける。自分で試しながら、「手ごたえ」をもって身に付けてゆく機会を大切にしているように思われるのである。

第二に、この学校は、「知識ができてゆくプロセスを体験する」時間を大切にする。正確には、出来上がった知識の習得と、知識ができてゆくプロセスの体験とを、同じ比重で大切にしている。当然、プロセスを学ぶためには時間が掛かる。しかも時間は限られているから、たくさんの知識を学ぶことはできない。その代わり、量は少なくても、習得した知識に関しては、その知識ができてゆくプロセスまで含めて身に付けている。体験を通して納得している、あるいは、法則が感覚として身に付き、からだで憶えている（「型が身に付いている」との関連は後述）。そしてそれ故に「ゼロから出発する自信」があるという。たとえ今はわからなくても、順に積み重ねてゆけば、出来るようになる。試行錯誤しながら答えを探り当ててゆくトレーニングを積み重ねていることになる。

## 「内側」とはどういうことか

しかし「内側」とは何か。実は、この「内側」は「個人の内に限定された内側」ではない。この教育が語る「内側」は「外側」と強いつながりを持っている。「内側」を大切にするとは、閉鎖的に閉じこもることではなくて、まったく逆に、「外側」と響き合うことなのである。

確かにこの教育は、内側が空虚になることを警戒する。外からの評価ばかりを気にして、ひたすら情報を取り込むことは危険である、ますます「内側」が枯渇してしまう。しかしだからと言って「外界」を遮断し、内に閉じこもるのではない。それでは「内と外」が響き合わない。「内と外が響き合うこと」が大切なのであって、そのために、内も大切、外も大切、両方とも大切にする。

しかし〈内に向かうこと〉と〈外に向かうこと〉は逆方向である。ということは、この教育は、二つの逆ベクトルが交差する出来事を大切にしていることになる。そこで次のように語られる。「内を知りたいなら外を見なさい。外を知りたいなら内を見なさい」。

内側は大切なのだが、内側だけ見ていても見えてこない。むしろ外に出てゆくことによって初めて内側が見えてくる。逆に、外側を見るためには、内に入ることが必要になる。その「往復」、あるいは、両者の響き合い。

その最たる場面が「攪拌《かくはん》」と呼ばれるプロセスである。例えば、洗濯機が途中で反転する。反転することによって、よじれ・もつれ・絡み合い、それによって摩擦が生じる。洗濯機の場合は、それによって互いが互いの汚れを落とすことになるのだが、一般化すれば「エネルギーが加わる」ということである。同じ方向に進んでいるだけならば摩擦が生じない（馴れ合いになる）、エネルギーが生じない。反対方向に逆転するという「渦」が生じる時、最もエネルギーが加わる。教育の場面においても「渦」が生じる時、子どもたちは最も成長すると考えるのである。

ところがその場合、「内側」が育っていなかったら、渦は生じない。外から流れ込んでくるだけでは攪拌が生じない。外からの流れと、内からの流れと、その両者が対流を起こし、初めて渦になる。

むろんそれはしばしば「葛藤」として体験されるのだが、しかしただ葛藤を生じさせたいのではない。教師たちは子どもたちの「内側」が動き出すのを待ち、然るべき時を見計らって「外側」から流れを与える。そして然るべき間隔を置いて「内側」が新たに動き出し、「渦」が沸き起こるのを待つ。

授業で言えば、子どもたちは、新しい知識（外側）を取り入れる機会と、自分の内側を動かす機会と、その両方を（時に応じてバランスよく）必要とする。「食べること」と「咀嚼すること」に喩えて言えば、食べるとは外側の知識を取り込むこと。たくさん「口の中に入れる」だけなら、咀嚼の時間など必要ない。それに対して、この教育は「咀嚼」を重視する。傍から見たら「休んでいる」だけに見えるのだが、からだの内側では、その時間にこそ、栄養素がからだに染み渡ってゆく。

加えてもう一つ「味わう」ことが大切にされている。ただ食べるのではなく、味わう。味わって食べる。それは「楽しむ」ということでもあるのだろう。味わいながら食べてこそ、初めて「本当の意味で自分の中に入れる」と考える。あるいは、味わいながら食べなかったら本当の意味では身に付かないと考えるのである。

食べること、咀嚼すること、そして、味わうこと。この学校の先生たちは、そうした意味において「本当の意味で自分の中に入れる」ことを大切にしている。子どもたちが、学んだことを「本当の意味で身に付けること」を望んでいるのである。

＊シュタイナー教育では、「芸術として体験すると子どもたちは論理的に考え始め、論理的に考え始めると、それは論理的な力になる」と語られる。

### 「仕掛け」と活躍する機会

ところで、誤解されると困るのだが、この学校は「フリースクール」ではない。子どもたちの好奇心を優先し「勉強したいこと」を自分で決めるのではない。カリキュラムは教師が作る。教師がその年齢で学ぶべきことを注意深く選んで子どもたちに提供する。そして「一斉授業」である。先生が説明し子どもたちはじっと聴く。宿題もある。行事も多い。

実はそうした話を聴いて失望する人も多いのだという。のみならず、時には「教師中心」と批判され、「子どもの自主性」を抑圧していると批判されることもあるという。しかしこの学校は、「最初からすべてを子どもたちに任せる」ことはしない。むしろ、それぞれの年齢の子どもたちが考え・感じ始めるために相応しい「仕掛け」を教師が用意する。子どもたちが自発的に動き出したくなるように、教師の側から、働きかける。最初から子どもの自発性に任せるのではない。子どもたちが自発性を発揮したくなるような機会を設定するのである。

私はそれを「仕掛け」と理解する。「仕掛け」という言葉が馴染まないなら「働きかけのアート」である。この教育が「教育は芸術である」と語る場合、その「芸術」はこうした意味における「アート（artificial に近い人為的な）」と理解されなければならない。働きかけのアート、しかも、子どもたちが自発性を発揮したくなるような、ということは、然るべき時に、然るべき仕方で、この状況において最も適切な道をそのつど探り当てながら実践されるアート（わざ）なのである。

### 「演劇体験」の事例

そうした「仕掛け」の一つに「演劇」がある。この学校では八年生（初等部終了）と十二年生（高等部修了）に「卒業演劇」を行う。クラス全員で一つの演劇を作り上げることになっている。「やりたくない」は通用しない。全員がやらなければならない。その代り、台本も舞台設定も、すべて子どもたちに任される。衣装も、音響も、クラス全員で決めてゆく。大変な時間と労力をかけて、みんなで作ってゆく。

むろん、そうした仕組みを強制的と批判することは可能である。しかしこの学校は譲らない。この年齢でクラス全員が一つの目標に向かうことを必要不可欠と考える。そしてこれまでの経験の蓄積から、それが子どもたちのためになると考えている（もし「子どものため」という言い方が大人の傲慢に聞こえるならば、「時に適って美しい」と考えている）。

そうした意味において、この演劇体験は、この学校の象徴である。やらなくてもよいのではない、必ずやる。むろんすべての生徒が喜んで始めるわけではない。逃げ腰の子もいれば、怖じ気づく子もいる。しかしそれを越えてゆく。この体験は人生のこの段階に必要である。この学校はそう考えてみんなで応援する。小さな子どもたちは期待して待ち、大人たちはハラハラしながら見守る。

＊安易に「通過儀礼」という言葉を使いたくはないのだが、一人では「わたる」ことのできない若者に、周囲がその機会を用意し、逃げ先を示しつつ、後戻りを禁じるという点、あるいは、その出来事を年下の者たちが毎年見上げながら、いずれやってくる自分の時を待つという点など、その関連は丁寧に検討される必要がある。

約一年を掛けたそうした体験の中で彼らが何を体験しているのか。外から見ただけでは分からない。しかしその演劇が終わると彼らは「変わる」。（私が知っているのは十二年生だけなのだが）とにかく「変わる」。人によってその変化は違うのだろうが、私の印象では、大仕事を終えた後の、ある種の諦めを内に秘めた達成感。逃げ腰だった生徒が、仲間から批判され「ヤケッパチになって」稽古に取り組み、猛然と舞台を務め終えた後の立ち姿。

そうした意味で、彼らには「活躍する場」が用意されている。そしてそれを自分で演じ切ってゆく、ゆかねばならない。もしこの演劇体験を作り事の「仮の体験（フィクション）」などと考えたら、それはまったく違う。演劇体験がいかに真剣勝負であるか。舞台を間近に控えた彼らがどれほど真剣な顔になるか。失敗したら立ち直れないかもしれない、その恐怖と闘いながら、日常生活よりも何倍も濃密な時間を体験する。

この学校はそうした「活躍する機会」を「仕掛け」として用意する。その代わり、それを演じ切るかどうか、それは子どもたちに任せている。

## 2 言葉を大切にする——型の思想との対話

この学校はしばしば「芸術的」と形容される。芸術を大切にする学校、知識より芸術的な体験を重視する学校。確かに誤解ではないのだが、しかしそれは一面にすぎない。実はこの学校は驚くほど「言葉」を大切にしている。もしこの学校を「言葉」より「体験」を重視する教育と理解するなら、今度は、完全な誤解である。

確かにこの学校は芸術的な雰囲気をもっている。教室は色彩に満ち学校は音楽に包まれ、子どもたちには毎日様々な場面で自らを表現する機会が与えられている。しかも言葉による授業ではない、木工や手芸の体験学習、農業やパン作りの実地体験と、言語の学習より体験による学習に注目が集まりがちなのである。

ところがこの学校の原点は、むしろ「言語学習」である。しかし（逆説的なのだが）言語だけが大切なのではない。あるいは、言語も大切、体験も大切などという簡単な話でもない。この学校が〈言語は大切〉という時、それは、逆説に逆説を重ねた重層的ダイナミズムの上に初めて成り立つことである。

言葉を大切にするのだが、しかし言葉だけを大切にするのではない、むしろこの学校は、〈言葉にならない深み〉を大切にする。語り得ぬもの、言葉になる前の実際的な体験。そうした原体験こそが、言葉に先立つと考えている。

しかしその原体験だけが大切なのではない。むしろ原体験に留まることなく、言語を学び、言語によって表現する、その重要性を強調する。

ということは、逆説を際立たせてみれば、〈言葉にならない深み〉を大切にするために〈言葉〉を大切にし、逆に、〈言葉〉を大切にするために〈言葉にならない深み〉を大切にする。

例えば、この学校では、新しい言葉（知識）を学び始めるに際して、しばしば実際の体験を並行させる。あるいは、低学年ではお話を聴く。知識の説明を聞く前に、お話（物語・ストーリー）に耳を傾ける。悪い王様がいて、たくさんの馬を持っているのに貧しい少年が大切にしていた馬を奪ってしまう……。そうした話に耳を傾け、その話の中で「王様」という文字を習う。

文字だけを情報として学ぶのではない。子どもたちは、そのお話に彩られた心の揺れの中で、言葉に出会う。そしてお話の中で言葉を学ぶ。いわば、〈言葉が出来てゆく瞬間〉に立ち会う（「知識ができてゆくプロセスを体験する」）。

しかし言葉の内にその体験のすべてが納まるわけではない。言葉はいわば氷山の一角である。体験の厚み全体から見れば、その表面が、少しばかり固まったにすぎない。

ということは、この学校は、子どもたちに言葉を学ばせながら、同時に言葉の背後に〈言葉によってはすくい取ることの出来ない体験の厚み〉を予感させていることになる。言葉がすべてなのではない。その背後に、言葉に納まりきらない、たくさんの体験が潜んでいる。言葉として固まってしまう前の、柔らかい流体的な体験の位相。

この学校が、そうした柔らかい流体的な位相を大切にしていることは間違いない。しかしそれはこの学校の半面に過ぎない。この学校は、同じだけ、言葉を重視する。知識や理論を重視している。

例えば、悪い王様の話から「王様」という言葉を学んだ子どもたちは、今度は「悪い王様」だけが「王様」なのではないことも教えてもらう。優しい王様も「王様」である。日照りに苦しむ人々のために自分の倉庫に溜めておいたすべての小麦を分け与えたやさしい王様も、「王様」という。

では「王様」とはどういうことか、その定義は何かと低学年のクラスで語られることはないのだろうが、話が向かってゆく先はそういうことである。言葉を習うとは、定義を明確にすること（言語哲学で言えば「意味分節単位」を明確に規定してゆくことである）。

こうしてこの学校は、言葉や知識を大切にすると同時に、言葉や知識だけを大切にする危険を常に警戒している。言葉は大切である、しかし言葉がすべてではない。知識は大切である、しかし知識がすべてではない。そのことを、この学校は、子どもたちに、体験的に（情報としてではなく、身体感覚の位相において）伝えようとしている。

### 「型」の思想との対話

ところで、そうした発想は、日本の伝統的な稽古、とりわけ「型」の思想に似ているのではないか。

この学校を訪ねると、子どもたちが先生の話にじっと耳を傾けている場面に出くわす。子どもたちは、次に何が始まるのか待ち構えるように、じっと見ている（それだけ先生たちが工夫を凝らしているということである）。むろんその集中が持続するわけではないのだが、ところどころに、そうした、集中の高まった、教室の空気の密度が一挙に濃くなったような瞬間が用意されている。

子どもたちが、真剣な顔をして、先生の動きを真似ようとする場面に出会った時、私は「型の稽古」を感じた。この学校の子どもたちは、繰り返し、文化の「型」を学んでいる。先生の示す模範に倣って体を使い、絵の具を使い、粘土を使い、楽器を使い、文化の「型」を習得している。

むろん「型」の定義から始まって話は簡単ではないのだが、しかし最も基本的な構図として、この学校では先生が模範を示す。子どもたちは教師から与えられた「内容」を学ぶ。型の稽古においても同様である。子どもたちは与えられた「型」を習得する。「型」は子どもたちの内側から出てこない。外から（師匠から・伝統から）既に決められたものとして、子どもたちに課される。ということは、この場面に限ってみれば、「型」は、子どもの自由な動きを制限し、「型に入れる」働きをしている。

ところが、型がそのまま「押し付けられた規範」に留まる限り、型を身に付けたことにはならない。型の稽古は、子どもたちが型を「自らの内側からの動き」として体験することを目指している。そこで反復が大切になる。繰り返すことによって型を身に付け、型が身に付いた時、その動きは、身体の内側から自然に生じるように体験される。その時、型は自然な動きを押しとどめない。むしろ内側からの動きを促し、いわば「水路づけ」のように、自然な流れを助ける働きをする。

つまり型は、習い始めにおいては、自由な動きを制約する規範として機能するのだが、習得された後、には、むしろ身体の内側からの動きを促進する機能として体験される（本書10章―2）。

この学校も同様である。子どもたちは先生の話を聴く。その内容は教師が決める（学習指導要領によって決められているのではない、教師がそのクラスの子どもたちを見ながら決める）。子どもたちが自発的に決めるわけではない。教師は用意した内容が子どもたちの「身に付く」ことを願う。型の稽古において、子どもが型を身に付け「自らの内側からの動き」として体験することを目指したように、この学校でも、学んだことを子どもたちが「自らの内側からの動き」として体験することを目指している。子どもたちが自分の思いを表現したいと思った時、その表現を内側から支える「型」となることを願っている。

日本の伝統は「型なし」を嫌う。「型」がないまま自分の思いを表出しようとしても、内側から湧き起るエネルギーに振り回されるだけである。それでは「道」を進むことにならない。

＊型の稽古における「師匠」とこの学校における「教師」とを比べてみると、「師匠」は「伝統」に規定され自由に型の中身を変更することは想定されないのに対して、この学校の教師は、子どもとの関係性の中で、ゆるやかにその内容や順序を変更することが可能であり、その柔軟性が期待されているように思われる。

## 「器」と「曲」

ところで、世阿弥の思想の中に、「器」と「曲」という言葉がある（西平、二〇〇九）。

「器」は、現代日本語の「基礎・基本・土台」に対応する。世阿弥は「器の上に芸を盛る」という。器が小さいと、いかに稽古を積んでも、その芸の「器量」は小さい。

興味深いことに、世阿弥は、芸を習い始めた後には、この「器」を大きくすることはできないという。

芸を習い始めると小細工や器用な技に目が向いてしまい、土台となる「器」を大きくすることができない。必ず芸を習い始める前に、器を大きくすべしというのである。

「早期教育」批判に似ている。早くから花を咲かせてしまうと後々芸が伸びない。世阿弥はこの点を繰り返し強調した。しかしこれは裏から見れば、然るべき時に然るべき教育を行うことへの勧めでもある。世阿弥は自由放任など勧めない。むしろその時代（中世日本）においては例外的に、意図的・計画的に次世代育成を構想した。その世阿弥が、芸を習う前に「器」を大きくすべきことを説き、芸を習い始めてしまうと「器」を大きくすることができないと警告したのである。

この点もこの学校の指針と重なる。この学校も子どもたちが先を急ぐことを警戒する。早くから文字が読めるようになり、すぐに答えが分かってしまうと、それによって素通りしてしまうことがある。世阿弥で言えば「器」を広げる機会を失ってしまうと警戒するのである。

もうひとつの「曲」という言葉は、「節《ふし》」と対になって用いられる。世阿弥によれば「曲」は習うことができない。習うことができるのは「節」のみである。舞台において最も大切なのは「曲（固有の雰囲気・趣き）」であるのだが、師匠はその「曲」を教えることができない。なぜなら「曲」は「節」のように分節化する（例えば「楽譜」に書き写す）ことができないからである。名人の独特の雰囲気は教授不可能・伝達不可能であり、学ぶ側から言えば、師匠は一番大切なことを教えてくれないことになる。

その代わり、弟子たちは「節」を習うことができる。そして「節」を習い極める時（本当の意味で身に付けた時）、曲が、おのずから香り出す。世阿弥はこの「おのずから」を強調する。直接ねらってはいけない。「節」の稽古を積み重ねた後に（正確には、節を習得し、そこから離れる時に）、あくまで間接的に、おのずから香り出す。意図的に表現するのではない、恵みのように「おのずから」香り立つ。それが「曲」の位相である（本書10章―2）。

ということは、稽古を強調した世阿弥は、同時に、稽古の限界を見極めていたということである。稽古の及ばぬ地平。習うことも教えることもできない、ただ稽古を極めた者の内側から、おのずから、生じてくるという仕方でのみ「香り出す」。

この教育もそうした限界を認識している。そして、その限界を超えた位相を大切にしている。特定領域（特定の技芸）の話ではない。子どもたちがどの領域に進んでゆこうと、それぞれの領域における「曲」を大切にすることを願う。しかし最初から「曲」を求めることはしない。伝達可能な「節」をゆっくり丁寧に学びつつ、しかもそれがすべてであると思い誤ることがないよう、その先へと向かう眼を育てようとしている。

この教育の目標は「自由」である。「自由への教育」である。しかしそれは「自由な教育」ではない。初めから「自由に（やりたいことを好き勝手に）」させるのではない。むしろ繰り返し「型」を学ぶ。それは最終的に「型」が身に付いた時に、その内側から「曲」が、おのずから、香り立つことを願うためである。最も自由に（自在に）、最もその人らしい「曲」。しかし決して初めからそれを狙うことはない。そうした意味まで含めて、この教育は、型の思想と似たところを持つように思われるのである。

**言葉を大切にする――言葉がすべてではない**

「言葉」の問題に戻る。この教育における「言葉」は、型の思想における「型」に近いのではないか。

重要なのは、型の習得が最終目的ではないという点である。むしろ（見てきたように）、その型を越え出ることが求められている。あるいは、その学習は「脱学習 unlearn」を含んでいる。型に束縛されない、いわば、型から離れやすいような型の習得。型に入ることによって固定してしまうことのない工夫を含んでいるということである（本書7章、コラム3「脱学習」）。

言葉を大切にするのだが、しかし言葉だけを重視するのではない。この学校は、〈言葉にならない深み〉を大切にする。語り得ぬもの、言葉になる前の実際的な体験を大切にする。

にもかかわらず（あるいは、だからこそ）、言語の学習を大切にする。言語を大切にするために体験を大切にし、体験を大切にするために言語を大切にする。あるいは、実際の体験の中から言葉が出てくる場面に立ち会わせる。〈言葉が出来てゆく瞬間〉（知識ができてゆくプロセス）を体験する。体験が「言葉になる」。しかしその体験のすべてではない。体験の厚み全体から見れば、言葉は、いわば、その一角に過ぎない。

ということは、この学校は、子どもたちに言語を学ばせながら、同時に、言葉の背後に目を向けさせていることになる。言葉の背後に〈言葉によってはすくい取ることの出来ない体験の厚み〉を感じ取る感性。「節」を習得しながら、そのつど「節」に納まりきらない「曲」が生じてくることを待つセンス。少なくとも、「節」がすべてであると思い誤ることがないように、先生たちは細心の工夫を凝らしていることになる。

ここでタイムスパンの話を重ねてみれば、タイムスパンを短くとった時には〈言葉〉が大切な成果となり、タイムスパンを長くとった時には〈言葉によってはすくい取ることの出来なかった体験の厚み〉

が大切な意味を持つ。そしてその両者をワンセットに考えるとは、この学校が、タイムスパンを短くとることと長くとることを切り離して考えないということを示しているように思われるのである。

＊当然ながら「曲」を「ペーパーテスト」で測定することはできない。「節」の先に「曲」があるなどという「厄介な」感覚を身に付けたこの学校の子どもたちは、「節」だけを評価する「ペーパーテスト」には馴染みにくい。昨今のＡＯ入試が「節」だけではないその周辺、例えば「曲」の潜在性（開花可能性）にも視野を広げたことは、この学校の生徒たちにとっては朗報である。しかし当事者（この学校の生徒たち）にとっては、現在の日本の大学入試、とりわけセンター試験は、立ちはだかる巨大な壁である。

## 3　教育の「成果」を問うということ——卒業生調査をめぐって

ところで、この学校の卒業生たちは、その後、どういう生き方をしているのか。これも私を悩ませ続けてきた課題である。ある学生は「こうした特殊な学校を卒業した人たちは社会に適応できるのか」と質問した。別の学生は「この教育は、卒業生の人生に、どういう影響を与えているのか」と尋ねた。

むろん話はこの学校に限らない。すべての学校について問われてよいのだが、とりわけこうした「特殊」な学校の場合、この問題が鮮明に浮き彫りになってくるということである。

まず簡単に「統計調査」を見ておく。欧米を中心に、この学校の卒業生に関する大規模な調査が実施されているのである。その内の三件の調査について今井重孝氏が紹介しておられるから、それを参考に「客観的なデータ」を少しだけ見る（今井、二〇一〇）。

（一）北米で行われた調査（二〇〇四年）は、二七校のシュタイナー学校から、二七七六名の卒業生に関する進路情報を得て実施された。卒業生の進学先は特定の大学に偏らず多様である。リベラルアーツが多い。専攻は、芸術・人文学（39.8%）、社会科学・行動科学（29.9%）、生命科学（9.9%）、物理・数学（2.8%）、エンジニアリング（1.8%）など。興味深いことに、この調査には、こうした卒業生を指導した大学教員のコメントが付いていて、それによると、彼ら（卒業生たち）は、「時代の変化に左右されることが少ない」、「人々に対して心を砕く」、「自分なりの価値観を持ちユニークな発言をする」。また「動物実験に際して、動物に苦痛がないか気に留めていた」という記述も紹介されている。大学教員の側から見たこの学校の卒業生の特徴ということになる。

職業選択で特徴的なのは、大学に進学せずそのまま就職した卒業生の九割近くが、現在の仕事に満足している点である。日本で言えば「高卒」の就職者のほとんどが現在の仕事に誇りを持っていることになる。この学校から受けた影響については「創造的能力」、「言語的表現」、「学習への愛」、「他者に見解を述べる力」、「自信」などの項目が上位を占めている。学校生活を回想する欄は、表現は多様であっても「感謝」や「尊敬」が中心であり、それは、学校に批判的なコメントを述べた卒業生の場合にも、共通しているという。

（二）ドイツ語圏で実施された調査を見ると、卒業生の職業先は、教師（15.5%）、エンジニア（10.5%）、精神科学と自然科学の職業（10.1%）、その他の健康関連の職業（9.2%）、医師・薬剤師（8.2%）、芸術家（7.7%）など。職業選択において重視した点は「自分の傾向性に適した職業、職場の雰囲気」、「自分の責任で仕事ができる」、「自分の業績が認められる」など。逆に、重視しなかったのは、「一般的に尊敬されている仕事」、「収入」、「昇進の見込み」などであったという。

また、この学校の最も評価すべき点として卒業生が挙げたのは、「公立学校で失敗する生徒もこの学校では授業を受けている」という項目であり、その他、「エポック授業」、「八年間担任一貫制」などが評価されている。また、「自分は教師から真剣に扱われた（84.5%）」、「学校で教師から認めてもらっていた（82.7%）」などと回想する卒業生が多い。

（三）スウェーデンの調査（二〇〇二年から三年間）については、市民道徳能力について公立学校の生徒と比較するという特徴的な項目のみ見る。それによると、この学校の生徒たちは、公立学校の生徒と比較して「より社会的責任を感じ」、「人種差別主義などを制限する方法について考え」、「肯定的な自己イメージを持つ」と共に、「人間の尊厳・平等を重要と感じている」などの結果が得られたという。

以上、三件の調査を整理しながら、今井氏は、この教育（欧米のシュタイナー学校）について、次のような特徴を指摘している。一、大学への準備教育としては優れた成果を上げている。二、職業選択においては、（給与や世間的評価より）自分のやりがいや興味を優先させる傾向がある。三、理系に進む者が少ないわけではない。四、自己信頼感が強い。五、共感や思いやりが強い。六、学校生活に良い思い出を持っている。七、自分の子どもにも同じ教育を受けさせたいと思っている。

肯定的評価に偏していると聞こえてしまうと困るのだが、実は、こうした傾向は、私自身が行った聞き取り調査の印象と、かなりの程度、重なっていたのである。

＊私の調査（後述）においてもこの学校の体験を完全に「否定」する卒業生に出会うことはなかった。唯一、父親の転勤に伴い二年間だけこの学校に通い、再び公立学校に戻ってきた八年生が、「あの学校は遊んでばかり

いる」と言い、あの学校で勉強したことは何の役にも立たないと語っていた。公立学校の授業とは内容があまりに違うため、公立学校に戻ってきて苦労している最中であった。

## 卒業生へのインタビュー調査――その挫折

私も卒業生の調査を行ったことがある。当時はまだ日本に「卒業生」がいなかったからドイツや米国を訪ね歩いた。とても面白い経験ではあったのだが、私は途中で研究を断念してしまった。彼らが話してくれなかったのではない。人の「生き方」を聴くということの「深さ」や「恐ろしさ」を感じ、安易に聴かせてもらえると思い込んでいた我が身の愚かさを痛感して、調査を続けられなくなってしまったのである。この点は「聞き取り調査」という研究手法の根幹にもかかわる問題であるから、少し立ち入って報告しておくことにする。

私は「客観的データ（質問紙などによる量的研究）」では満足できなかった。単なる「データ」ではない、具体的なひとりひとりの内面の位相においてこの教育がどれほど深く影響しているのか（いないのか）、それを直接、感じとってみたいと思ったのである。そして数人の卒業生に出会い、話を聴くことができた。

その一人、南ドイツ（ボーデン湖畔の街コンスタンツ）で紹介されたカタリーナという卒業生は、五か月の長女を抱きながら、ゆっくりと静かなドイツ語で話をしてくれた。

幼稚園から高校卒業までずっとシュタイナー教育だった。両親はこの教育のことを何も知らないまま、友人の勧めに従って幼稚園を選んだのだという。学校を卒業してから一年間海外を旅した後、五年間

「からだの治療（Physiotheraphie）」の仕事をしていた。今は結婚し、子育てが楽しくて仕方がない。

学校の話もしてくれたが、話はやはり赤ちゃんのことになる。ふと思い出したようにこんな話をしてくれた。彼女は自宅出産を選んだ。事前に何回か助産婦さんから講習を受ける。その初日一〇分ほど話をしていたら、突然、助産婦さんが「あなたはヴァルドルフ学校（シュタイナー学校）の出身か」と聞く。「どうして分かるのか」と問い返したら、「私も行っていたから」と笑ったというのである。なぜ分かるのか、何が違うのか、何が共有されているのか。カタリーナも、どうしてだろう、不思議なのだけど、と笑った。

彼女の夫の父親によると、この学校の人たちは「ausgeglichner《アウスゲグリヒナー》」と感じられるという。辞書によると「円満な・動じない・バランスのとれた」とある。それは一般的な評価と考えてよいかという問いに、彼女は肩をすくめ、何とも言えない、でも、私はあの学校で「Lebensweisheit《レーベンスヴァイスハイト》（生活の知恵・人生の智恵・生きた賢さ）」を学んだと答えた。それに続けて、でも「アントロポゾーフ（シュタイナーの思想を生きる人たち）」の中には、自分たちだけが絶対に正しいと主張する人もいて残念だとも付け加えた。

メモによると、彼女の語りには「Leben（生・人生・生活）」という言葉が繰り返し登場している。あるいは、「lebendig《レベンディッヒ》生きて働く・生き生きしている」と形を変えながら、「trocken《トロッケン》乾いた・干からびた」という言葉に抵抗するように使われた。たとえば、化学肥料で量産された野菜を「プラスチックな野菜」と呼び、それは干からびているという。「今はこの赤ちゃんが、何が本当のLebenであるか教えてくれる」とも語った。

それを聞きながら私は「エコロジー」の流れを思い出した。シュタイナー教育に関わりのある層と、エコロジーに関心をもつ社会層は重なっているのではないか。その問いに、彼女は、身近な人たちで言えばたしかに重なっていると答えながら、今まで気がつかなかった、と不思議そうな顔をした。あるいは、彼女の育ったフライブルクという大学町全体が、そうしたオルタナティヴな（市場経済優先とは異なる）価値観を共有していたのかもしれない。「子どもたちを大切にすること」は「地球を大切にすること」。そのためには、今の大人の生活スタイルを変えてゆく必要がある。しかしそれが現代社会の主流ではないことはよく知っている。

彼女は同級生たちの話をしながら、私たちに共通しているのは「Industrie《インドゥストリー》 Nicht《ニヒト》」と笑った。日本の社会でいえば、「（サラリーマンとして）就職することを望まない」とか、「経済効率優先の産業社会の論理に巻き込まれたくない」とか、いわゆる社会のメインストリームから外れているということである。

こうした話を聴きながら、私は話題を「学校の影響」というところに戻すことができずにいた。正確には、戻したくなかった。「卒業生は社会に適応できるのか」などという問いがまるで浅薄に感じられた。そしてこの人の「生き方」を調査の一つの「サンプル」にすることがとても失礼なことに感じられたのである。

＊この教育が長いタイムスパンのもとに構想されているならば、かなり年配の卒業生たちを調査しなければ、本当の意味でその「成果」の全体像は見えてこないはずである。最終的には「縦断的研究」が必要になる。ひとりの卒業生について数十年間、調査し続ける、あるいは、せめて老年期に入った卒業生に「回想」してもらう課題。カタリーナともそうした話をした。

調査の挫折の中で

もう一人、思い出すのは、ホノルルで出会ったクリスティンという卒業生である。私は「企業人」や「ビジネスマン」の卒業生の話を聴きたいと思い、やっとのことで紹介してもらえたのがこの女性だった。東南アジアの孤児たちを北米の家庭に養子縁組させる「会社」という。話を聞くと限りなくボランティアに近いのだが、彼女はビジネスと言って譲らなかった。

彼女は、忙しい仕事の合間をとって、一時間だけ、私をオフィスに招いてくれた。自分はずっとシュタイナー学校にいたから他の学校のことは分からない、だから他の学校と比べてこの教育の特徴を語ることはできない。そう前置きしながら、実務家らしい口調で、テキパキと、いろいろな話を聞かせてくれた。

あの学校は子どもたちに「なんでもやればできる」という自信を与える。それが徒《あだ》となって自信過剰に陥り、まじめな努力を怠る危険もある。彼女自身は大学に進んだ時、周囲への適応困難を感じた。その時は「他のみんなが知っている秘密を自分だけ知らない」と不安を感じていた。

自分の受けた教育が「みんなと違う」という意味かと尋ねると、それはすでに子どもの頃から気が付いていたという。そうではなくて、自分が育ってきた環境は狭かったのではないかという不安、それまで守られ過ぎていたのかもしれないという漠然とした疑問……、と、そう語りながら彼女は早口になったり、突然止まったり、「実務家らしからぬ」話し方になった。

そして思い出したようにこんな話をしてくれた。現代のアメリカ人は三つの特徴を持っている。「fast 急ぎ過ぎる」、「superficial うわべを大事にする」、「material 物質中心である」。急いで先に進むことばかり考え、ゆっくり丁寧に味わうことがない。表面的なことにばかり目を向けて、その奥にある大切なことを見ようとしない。目に見える物質的なものばかり大事にして、精神的・霊的なことには関心がない（material, not spiritual）。

それに対して、シュタイナー教育は正反対である。量は少なくても、一つ一つ丁寧にゆっくり味わうこと。目に見える結果だけが大切なのではなくて、結果に至るまでに徐々に内側に積み重なってゆくことが大事であること。

そうした話に私は惹き込まれていった。共感するとか、同意するとか、そんなレベルではなくて、異国の地でこうした話を聞いている自分が不思議に感じられるといったらよいのか、話の中に包まれてしまって、オフィスごと（シャガールの絵のように）宙に浮いてしまったような意識状態だった。この人は生きている。こうした思いを内に秘めながら現実社会から逃げるのでもなく、しかし巻き込まれるのでもなく、現実社会との葛藤を我が身に引き受けながら、生きている。

そう思いながら話を聞いていたら、聞き取り調査のことはどうでもよくなってきた。こういう人に会う。こうやって生きている一つの魂に出会う。出会うことによって、自分もひとつの魂であったことを思い出す。それ以上何が必要なのだろう。地上を旅する感覚を取り戻すその出会いの瞬間のほかに、何が必要なのだろう。そう思ったら胸が熱くなってきて、言葉が出なくなった。せっかくの機会なのにという思いが消えたわけではなかったのだが、この満ち足りた沈黙を壊して手に入れる情報にどんな意味があるのだろうかと、そんなことを感じながら、礼を言ってオフィスを出た。

それが転機だった。私はそれを最後に「卒業生調査」を諦めてしまった。研究として成り立たない、というより、研究にしたくなくなってしまったのである。こうした出会いの相手を「研究対象」とすることに言い様のない違和感を覚えてしまったということである。

もちろん、フィールドで調査をしている人たちは、みんなこの葛藤に引き裂かれながら仕事を続けている。その葛藤を理由に研究を放棄したのでは研究者として失格である。今はそう思うのだが、あの時はそうした自分を受け入れることができなかったのである。

こうして私の卒業生調査は中断されてしまった。したがって私には語る資格がないのだが、調査を深めてゆくといかなる問題に巻き込まれるかという、その困難はよく分かる。

この教育が働きかけている深み（どこか内面でゆっくり時間をかけて育んでゆく位相）に触れようとする場合、卒業生たちも初めから「正解」を持っているわけではない。むしろ「語る」中で初めて姿を現す。「聴き手」がいて始めて「答え」が現れるということである。あるいは、聞き手との共同作業の中で初めて「答え」が誕生する。

ということは、言い換えれば、「調査者」が試されるということである。質問がどれだけ深いところを見ているか、その目が話の深さを決めてしまう。深い目には深い姿が現われ、浅い目には浅い姿しか映らない。正確には、二人の共同作業をうまく深めてゆかれるかどうか、それが鍵になる。この学校の卒業生調査は、そうした方法論的困難を鮮明に私たちに突き付けている。

この学校の卒業生たちはどういう生き方をしているのか。教育の「成果」を尋ねるこの問いは、簡単に答えを得ることができないどころか、私たちに大変困難な課題を自覚させることになってしまうのである。

＊中断に至ったもう一つの要因は、「学校からの影響」と「親からの影響」を区別することが困難という点である。卒業生の話を聴いていると確かに特有の「ものの見方」が見えてくる。しかしそれは〈この学校〉から学んだことなのか、それとも、〈この学校に子どもを通わせることを願った親〉から学んだことなのか。もし親の影響の方が強いとしたら、別の学校で学んだとしても、この親の下で育つ限り、やはり今と同じような「ものの見方」をしていたのではないか。卒業生を「学校教育の成果」と見てよいものか、疑わしくなってしまったのである。

## 問い返される難問――結びにかえて

この学校（シュタイナー学校）を訪ねるたびに感じてきた疑問、あるいは、この学校から逆に問い返されてしまう問い。それらの問いをめぐって、学生たちと議論していると、ますます話が混乱し、答えが出せなくなる代わりに、教育という営みの根元的な問題に直面することになる。

例えば、この学校の「特殊性」について議論したときのこと。その「特殊」の中身もさることながら、むしろ「ふつう」とは何かという問いに私たちは押し返されてしまった。

卒業生調査で言えば、こうした調査が行われるのはこの学校が「特殊」であるためである。「ふつう」の学校の場合にはその教育の影響など問われることはない。むしろ公立学校は「特徴を持たない」ことに意味がある。特別な教育を施すのではない、全国どこでも通用する「ふつう」の教育。親たちも、子どもの将来に大きな影響を与えてほしいなどとは期待していない。「まあそこそこ」、次のステップに進むのに支障がなければ、それで満足なのではないか。

ここで意見が分かれる。それは違う、やはり個々の学校は明確な指針を持ち、個性を持つべきだ。いや、特別な理念を持たないからこそ安心して子どもを預けることができるのではないか。

では一体「ふつう」とは何か。何ら特別な理念もなく「ふつう」に子どもを教育するとはどういうことか。それは結局、時流に流され、世間の評価に従うということなのか。

そう思ってみれば、学校を選ぶのは親である。子どもではない。ということは、親（保護者）が何を期待するか、子どもは親の選択に従うしかないことになる。親があの学校（シュタイナー学校）を選んだ（選んでしまった・選んでくれた）子どもは、気が付いた時には、その「特殊」な道を歩くしかない。いずれどこかの時点で、本当にこれが「自分の道」なのか迷い始め、あらためて拒否する（あるいは選び直す）時が来るのだろうが、さしあたりは、親の選択に従うしかない。極論すれば、親の勝手な願望を押し付けられて「特殊」な道を歩んでいるだけではないか。

しかしそれを言うなら「ふつう」の学校も同じではないか。ただ「ふつう」の学校の場合は、その関係性（暴力性）が見えにくい。実は、「ふつう」の場合も、時流に流された「ふつう」の道を歩くように、親が押し付けているのではないか。

では一体、「押し付け」ではない教育は可能なのか。それともすべての教育は何らかの意味で「押し付け」なのか。とすれば、これは「パターナリズム」の問題である。「強い立場にある者」が「弱い立場にある者」の利益になるように（たとえ相手の意志に反しても）相手の行動に介入する構図。では、「強い hard パターナリズム」と「弱い soft パターナリズム」の区別は、教育の場合にも有効か。自己決定する能力があるにもかかわらず介入するのと、自己決定する能力がないから介入することの違い。しかし相手が子どもの場合、「自己決定する能力」があるか（ないか）、誰がいかに判断したらよいか。あるいは、大人が「物言わぬ子ども（インファンス）」に成り代わって代弁するということは、いかなる条件が揃う時、許されることなのか。私たちはそうした問いに押し返されてしまうのである。

もう一つ、授業の成果をめぐる議論を思い出す。この学校は大切なテーマについてはゆっくり時間を掛けるのだが、その分「情報量」は限られる。いわば、広く全体を網羅することはしない代わりに、重要なポイントだけは深く身に付けさせようとする。

具体的には、「ふつう」の学校の高校三年生とこの学校の十二年生を比べた場合、受験科目の「知識」としては、この学校の生徒たちの学んだ「量」は少ない。その代わり、彼らの「知識」は、その内側を伴っている。単なる知識ではない。内側を働かせ、その知識ができてゆくプロセスを体験し、からだを通して、身に付けている（図3）。

そうした話を確認したうえで、学生たちは考え始める。「内側」とは何か。本当に「内側」に意味があるのか、あるいは、本当にそれが育っていると言えるのか。試験で測ることのできる知識は、結果がはっきり目に見える。それに対して、こうした「内側」の場合は、その成果がなかなか見

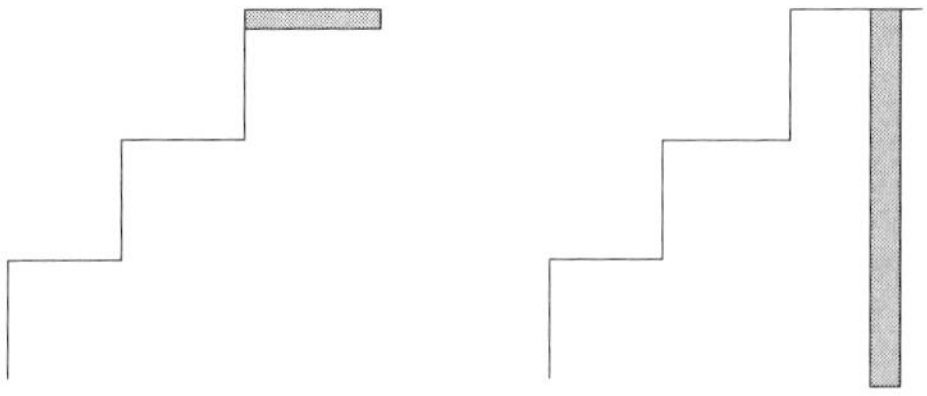


図3　学びの成果の「質」の違い

えない。本当に育っているのかどうか、何の保証もないではないか。

しかもその成果は後になって現れるという。本当にそんなことが言えるのか。たとえ先人たちが経験則として、「内側」を耕すと後々伸びると語ったとしても、時代も状況も違う中で、それを信じてよいのか。

しかしそうなると、教育の成果は、いつ、どうやって、測ればよいか。すぐに成果が出る領域だけが教育の仕事なのか。むしろ教育は先を見越した営みではないのか。現在の課題に即座に対応してゆく政治や経済とは違って、十年先の将来を見越して、将来世代のために基礎体力を育てる課題を背負うのが、教育の仕事ではないのか。

しかしそれでは説明責任が果たせない。今現在の困難に答えよという周囲からの圧力が強まる中では、やはり即戦力として、その仕事の成果を出す必要があるのではないか。いや、それを始めたら、相手の土俵に乗ってしまう。そんなことはない、相手の土俵に乗りつつ、その土俵の「外」を示すことに意味がある。

こうして私たちは同じ問いに連れ戻される。タイムスパンを長くとるのか、短くとるのか。いや、その両者を併せ持ち、あるいは、その葛藤を抱え続けるのか。

教育人間学はこうした葛藤を抱え続ける営みでありたいと考えているのである。

## 4　ジェネレイショナル・ケア

E・H・エリクソンは、その晩年に「ジェネレイショナル・サイクル generational cycle」という言葉を用いた。世代から世代へと継続してゆく大きなサイクル。「いのちのバトンリレー」のように、親からもらった生命を次の代に手渡してゆく。そのリレーの中に〈子どもを育てる〉営みがあり〈親を介護する〉営みがあり、そしていずれは自分自身が〈介護される〉営みがある（図1、本書33頁）。

そう思ってみれば、このサイクルは「ケアのサイクル」でもある。「ケアすること」と「ケアされること」が循環する。そこで（エリクソンの言葉ではないのだが）「ジェネレイショナル・ケア」と言い換えてみると、大きなフィールドが広がる。「教育・しつけ・子育て」と語られてきた問題群と「介護・看取り・供養」と語られてきた問題群が、ひとつの大きな流れとなる。世代から世代へと受け継いでゆくケアの営み、あるいは、異世代間のケアのサイクルである。

### 世代と世代が歯車のように噛み合っている

少しだけエリクソンの用語法を確認しておく。彼は「ジェネレイショナル・サイクル」を主題とした論文の中で「エピジェネテック・チャート」について語り、チャートでは「世代と世代の関係を描き出すことができなかった」と告白している。

「私たちの図式は、世代間の噛み合わせによって成り立つ周期的な更新を描き出すことが出来ない。Yet, our pattern cannot illustrate yet the cyclical renewal which must mark the interlocking of the generations.」（Erikson, 1980, p. 214）

興味深いのは the interlocking of the generations という表現である。世代と世代が歯車のように噛み合っている。しかも二世代間の問題ではない。祖父母の世代、孫の世代、子どもの世代、それらすべてが、今現在も、歯車のように噛み合い連動し合っている。

ということは、裏から言えば、個体の発達とは、複雑に噛み合った歯車の中からひとつの歯車を取り出し、直線的に引き延ばした姿ということになる。チャートは、そうした個体の発達を描き出すことには成功したが、しかし世代と世代との関係性を描き出すことはできなかったと、正直に（正確に）告白していたのである。

もう一点、「周期的な更新、the cyclical renewal サイクルによってリニューアルする」という言葉も興味深い。世代が交代することによって初めてリニューアルされる。単に次の世代に手渡すのではない。次に伝えることによって新しい力を得る。例えば、家族に新しいメンバーが加わることによって家族がリニューアルし、あるいは、世代が交代することによって共同体に新たな活力が生まれる（交代するごとに刷新され・再生する）。

エリクソンの「ジェネラティヴィティ generativity」という言葉は「生殖性」「世代継承性」「世代産出性」など、多様な訳語とともに紹介されてきたが、成人期という、ライフサイクルにおける特定の時期に特徴的な課題を意味する（本章31頁）。

それに対して、この「ジェネレイショナル・サイクル」は成人期に限らない。話の広がりは、「ジェネレイショナル・サイクル」の方が、「ジェネラティヴィティ」より格段に大きい。「ジェネレイショナル・サイクル」という大きな織物の中に個人のライフサイクルが埋め込まれており、そのライフサイクルのある特定の時期に「ジェネラティヴィティの危機」が現れるという関係なのである。

ジェネラティヴィティは次世代を生み育てる課題である。エリクソンは「育てる」場面と「手放す」場面に区別する。まず、育てる場面について、エリクソンはこう問う。子どもの頃に親から愛されたことのない人は、大人になってからジェネラティヴィティを獲得することが困難になるか。あるいは、子どもの頃、虐待やネグレクトなど多様な逆境体験を過ごしてきた人が、しかし必ずしも大人になってから同じことを繰り返すわけではないとしたら、いかなる条件が伴う時、人はジェネラティヴィティを獲得することができるのか。

つまり、エリクソンが追求したのは、「否定的な過去」を肯定的に練り直し「肯定的な遺産」を次の世代に手渡してゆく可能性である。例えば「虐待の世代連鎖」と語られる関係性を自らの代で断ち切る可能性が人には残されているのか。

＊虐待を受けた経験はその後の人生にいかなる結果をもたらすか。アリス・ミラーの一連の著作はその問題を「抑圧・反復強迫・代償」など精神分析の用語によって印象的に描き出した。例えば、幼児期に理解されないま

ま受け入れた体験は、成長した後、強迫的に反復される。抑圧された情動は、表に出ないまま心の奥に潜み、いずれ復讐する時を待ち続け、自分より弱い対象を見つけると衝動的に現われる。子どもたちに振るわれた暴力は、いつか戻ってきて、社会に襲い掛かる。そうした洞察は、一側面を誇張しすぎたきらいはあるものの、「否定的な過去」のもつ不気味な（無意識的な）力動に私たちの目を向けさせるものである（ミラー、一九八五、ロフタス・ケッチャム、二〇〇〇、ヌーバー、一九九七）。

エリクソンは個人の内にはその可能性を認めなかった。人はいくら努力しても、自分一人では「否定的な過去」を肯定的に練り直すことができない。その代わり、誰かが助けてくれる場合、可能性がある。傍らに寄り添い続けてくれる人、じっと話を聴いてくれる人、事態を理解してくれる人。

ライフサイクルの視点から見て興味深いのは、そうした「重要な意味を持つ他者」が、人生の各ステージによって異なるという点である。例えば、乳児期には、母親的に世話をしてくれる人が決定的に重要になる。恋人がいなくても赤ちゃんは困らない。ところが年頃になると、母親より、恋人が重要になる。恋人が話し相手になってくれることが「否定的な過去」を肯定的に練り直す助けとなる。むろん母親の重要性は生涯変わらないのだが、いわば、その上に積み重なってゆくように、人生のステージごとに異なる人との「つながり・やりとり」が重要になる。

では、それぞれの人生ステージにおいていかなる「他者」と出会うことができる場合に、人は「否定的な過去」を肯定的に練り直し「肯定的な遺産」を次の世代に手渡すことができるのか。エリクソンはその問題を追究し続けた（本章34頁）。

ところが、他方でエリクソンは、そうした「育てる」課題より「手放す」課題を、より困難と考えていた。自分が手塩にかけてきた次の世代を手放す課題。それは我が子の独立を見送る親の子離れであり、苦労して創作した作品が自分の手から離れ一人で歩き始めることを見守る作者の課題である。産み育ててきたものを手放すこと、あるいは、新しい関係を創り上げてゆくこと。

しかしそれは、ただ次世代に任せることは意味しない。変わることがよいとは限らない。変えてはいけないことがある。先代から守り継いできた重要な教えは、たとえ時代が新しくなろうとも、変えてはいけない。たとえ次世代と対立することになっても、変えてはいけないことは、やはり変えてはいけない。では何を変えるべきか、何は変えてはいけないのか。

米国の神学者ラインホルト・ニーバーの祈りを思い出す。「神よ、変えてはいけないものは、それをそのまま受け入れる穏やかな心を与えたまえ。変えるべきものについては、それを変える勇気を与えたまえ。そして、変えてはいけないものと変えるべきものとを区別する賢さを、私たちに与えたまえ」。

人は次世代との関係の中で多様な葛藤を体験する。その問題をエリクソンは人生のステージごとに提示した。しかし個人だけ見ていたのでは足りない、ジェネレイショナル・サイクルの中で異なる世代との関係性を見る必要があると語ったのである。

### 「介護する―介護される」の連鎖

さて、エリクソンが語ったのは、「次世代を育てる」という側面である。ところが、ジェネレイショナル・サイクルという視点から見ると、そこにはもうひとつ別の側面、「前世代との関係」がある。ケアで言えば、「子ども世代へのケア」に対して「親世代へのケア」である。

発達心理学の鯨岡峻氏は人の発達を次のように定義した。「育てられる者から育てる者へ、看取る者から看取られる者へ」（鯨岡、二〇〇四）。

まず、人は「育てられる者」として人生を開始し、成長して、今度は「育てる者」になる。その後、今度は先行する親世代を「看取る者」になる。この「看取る」という言葉を「親の世代のケア」一般と理解し「介護」と言い換えてみれば、育ててくれた親を、今度はこちらが介護するという循環（立場の入れ替わり）である。

そしてその先に今度は自分が「介護される者」になる。とすれば、そこには、介護することから介護されることへの循環（立場の入れ替わり）がある。

こうした流れを、現役世代の責任という観点から見れば、現役世代は、子ども世代へのケア（育てる仕事）と、親世代へのケア（介護する仕事）という二つの課題を同時に背負っていることになる（図4）。

### 現役世代が負担する二つのケア

現役世代は「育てるケア」と「介護するケア」を担当する。しかし時間や労力に限りがあり、両方のバランスが崩れる時、（究極的には）どちらを優先するべきなのか。

他の生物たちには「先行世代（親）のケア」がない。他の生物たちの多くは次世代の養育が終わると寿命を終える（老年期がない）。人類だけが、例外的に、次世代の養育を終えた後にも長い老年期を過ごすようになってきた（それを可能にしてきた）。医療技術が「進歩」し平均寿命が延びたことによって、ま

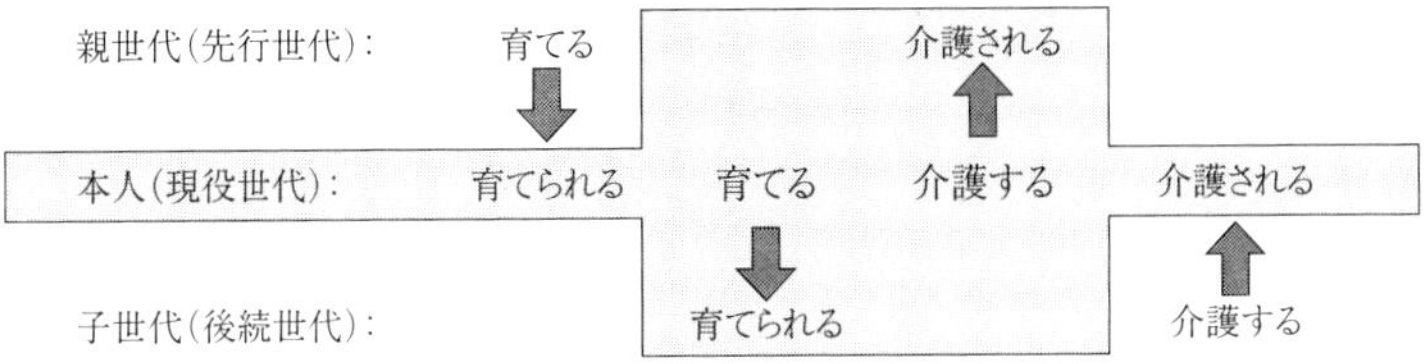


図4　現役世代を中心として見たジェネレイショナル・サイクル

すます「先行世代のケア」の比重が大きくなる。「親世代のために用いる労力」が「子世代のために用いる労力」を脅かす現状は、生命進化の視点から見れば、（おそらく）健全ではない。自然界にはなかったという意味では「不―自然」である。

しかし人類は自然に反することでも大切にすることができる。弱者を大切にし、その尊厳を守ることができる。そして長寿は喜ばしく、人生の晩年は喜びに満ちたものであってほしい。

しかし「共同体の新陳代謝 the cyclical renewal」という視点から見た場合、旧世代のために新世代の可能性が制約されてしまう事態は健全ではない。では〈子世代のために用いる労力〉と〈親世代のために用いる労力〉の配分をどう調整したらよいのか（こうした問いを立てること自体が既に差別であるのか。最後の差別と云われる高齢者に対する差別の温床になってしまうのか）。

しかし、そう語る現役世代も、いずれは次世代に世話してもらう。関係は一方的ではなく、長いタイムスパンの中では、双方向的な関係になる。ジェネレイショナル・ケアの視点は、常にそうした双方向的な円環を私たちに示すことになる。

**自分自身のケア**

ところで、現役世代にとっての困難は、さらに「ジェネレイショナル・ケア」

によって「自分のための時間」が奪われてしまうという点である。現代社会（とりわけ「先進国」の住人）は「自分のための時間」を尊重し、ジェネレイショナル・サイクルの制約から可能なかぎり自由になる方向に歩んできた。家制度から個人を解放し、女性の働く権利を保障するという仕方で、長い闘いの末に勝ち取られてきた、個人が自分の人生を「自らのために」用いる権利。先祖のために生きるのではなく、子孫のために生きるのでもない、自分の人生を開花させる権利。

そう考えてみれば、現役世代にとって最も切実な問いは、〈自分自身のケア〉と〈ジェネレイショナル・ケア〉との葛藤であったことになる。そのバランスをいかに取ることができるか。

女性だけの問題ではない。ジェネレイショナル・ケアのモデルは、この問題が、私たちすべての課題であることを示している。自分自身のケアを子育てや介護のケアと同じだけ大切にする視点。恵まれた条件が揃う場合、それらのケアがすべて調和的に成り立つこともあるのだが、しかし初めからその調和を前提にしてしまうと葛藤が見えなくなる。ジェネレイショナル・ケアのモデルは、そうした葛藤の所在を示す仕方で、私たちを新たな問いに連れ出してゆく。

＊私たちは「世代を超えて存続するアイデンティティ」という感覚を持ちにくい。例えば、祖父や父が始めた巨大なプロジェクトの一端を自分が担うという感覚。あるいは、それを次の世代に譲り渡し、それを将来のメンバーが担うことを期待するという感覚を持ちにくい。「伝統を受け継ぐ」感覚と「世代を超えて存続するアイデンティティ」感覚は、表裏一体である。ジェネレイショナル・サイクルは、アイデンティティ問題とつながっている。

ところで、世代間の関係を見る場合「世代間倫理 intergenerational ethics」を忘れるわけにはゆかない。世代間倫理は、将来世代の権利を守ることを主要な課題とする。とりわけ、〈現在世代〉と利害が対立する問題について〈将来世代〉の権利を守る。例えば、核廃棄物の問題。現在世代の快適な（贅沢な）暮らしのために、あと始末（廃棄物の処理）を将来世代に押し付けてしまう状況において、将来世代の権利を守ろうとする。

ところが世代間倫理は〈先行世代（過去世代）〉との関係については言及が弱い。あるいは、先行世代から受け継ぎ後続世代へと伝えてゆく連鎖（サイクル）の視点が弱い。ジェネレイショナル・サイクルのモデルは、その連鎖の地平に光を当てる。とはいえ、よく見ると、世代間倫理の議論も、「世代間」の意味する位相が微妙に異なり、少なくとも三つの位相に分かれる。

一、現存する世代相互の葛藤。例えば、年金制度のように、大人世代のツケを子世代に背負わせてしまう問題は、現存する世代相互の葛藤である。

二、それに対して、現在世代と〈将来世代〉の葛藤の場合は、現在は存在していない将来の世代を問題にする。天然資源の利用においては、現在世代の利潤のために、将来世代から資源が奪われてゆく。そうした長期的なタイムスパンにおける「サステナビリティ」の問題がこの位相に属する。

三、さらに、「過去世代から現在世代へ、そして将来世代へ、という連続性」を視野に入れた議論もある。例えば、先祖から受け継いだ土地を子孫にも保証してゆく。そしてその中で「最大多数の最大幸福」という功利主義原則が読み換えられ、「最大期間にわたる最大多数の最大幸福」が語られる。最も長い期間に渡る多くの人の幸福。現在世代の「最大多数」ではない、最も長い期間に渡って最も多くの人が最大幸福を得る可能性を追究するという課題が提示されている。

ジェネレイショナル・サイクルは、この第三の議論と重なる。過去世代から現在世代へ、そして将来世代へという連鎖（動的プロセス）。将来世代（後続世代）を視野に入れるのと同じだけ、既に死者となった先行世代を視野に入れる。あるいは、「死者となった先行世代へのケア（敬意）」を「後続する将来世代へのケア」とワンセットにするのである。

＊ブータンの人々が持つ環境倫理は、将来の子どもたちに自然を残したいという思いと、前の世代から受け継いできた伝統的な価値を守りたいという思いの両輪から成り立っている。正確にはその背後に「転生のコスモロジー」が控えている。例えば、尼僧さんから話を聴いた時、「来世のための功徳を積む」という文脈の「来世」が next generation と語られていた。転生の人生観においては、自分自身が「過去の世代」も生きていたし（過去世）、「将来の世代」も生きることになる（来世）。そうしたコスモロジーにおける「ジェネレイショナル・サイクル」は、おそらく、まったく別の考察を必要とすることになる（本書14章）。

### モデルの限界

さて、こうしたモデルの限界も確認しておく。このモデルでは、血のつながった親子の直接的関係が単純化され、そのつながりだけが過度に強調されてしまう。

例えば、祖父母との直接的関係が見えない。あるいは、叔父・叔母など、家族の多様な人間関係が見えてこない。さらには、父の系譜と母の系譜という二つの異なるラインが区別できない。まして、離婚という出来事があり、子連れの再婚（ステップ・ファミリー）ともなれば、こうした単純化された直接的関係だけが強調されたのでは、問題の本質を隠すことにもなってしまう。

また、このモデルでは、歴史の影響が見えない。人は歴史に翻弄される。社会の変動によって人生が大きく左右される。そうした側面がこのモデルでは見えない。例えば、経済不況は人の人生を大きく変える。戦争ともなれば、私たちの人生は紙切れ同様に吹き飛ばされる。そうした政治・経済的な歴史の視点がこのモデルには抜け落ちている。

理論やモデルは、複雑な現実の一面のみを切り取り、単純化することによって、ひとつの筋を示そうとする。むろんそれによって見えてくることもあるのだが、同時に、見えなくなる側面もある。危険なのは、モデルをもって現実を丸ごと捉えたと誤解してしまうことである。しかし逆に、理論やモデルなしに現実と直接向き合えばよいかといえば、そうでもない。とすれば、理論やモデルを暫定的な手がかりとして現実に近づき、逆に、今度は現実の側から理論やモデルを問い直す、その往復が大切になる。

あらためてエリクソンの言葉を思い起こす。「ライフサイクルは、ジェネレイショナル・サイクルに埋め込まれている」。ジェネレイショナル・サイクルによって規定されているわけではないが、埋め込まれている（強く影響されている）。そして私たち現代人（「先進国」の住人）は、そこから離れ始めている。ジェネレイショナル・サイクルの制約から離れ、個人を大切にする道。先祖のために生きるのではない。子孫のために生きるのでもない。自分の人生を存分に開花させる可能性。

そうであればこそ、ジェネレイショナル・サイクルのモデルは、問題の所在を示す仕方で、私たちを新たな問いに連れ出してゆくことになる。

# 5　ジェネレイショナル・ケアの危機――「不生」の水位から

## 1　あるニュースから

代理出産で男女双子の赤ちゃんが生まれた。男児はダウン症だった。依頼人のオーストラリア人夫妻は女児だけを引き取って帰った。男児は捨てられた（依頼人夫婦はこの男児のことは聞かされていなかったというのだが、通常依頼人には定期的に胎児の画像が送られるため、男児のことを知らなかったとは考えにくい）。出産したタイ人女性（パッタラモン・チャンブアさん）は二人の子どもを抱え、屋台で食べ物を売って生計を立てていた。代理出産の報酬は当初の契約では約三〇万バーツ、約九八万円。「ダウン症のことは妊娠七カ月の時に知らされた。処分しろと言われ、もう一人の赤ちゃんだけを助ける方法があると聞かされたが断った、それは罪だから」。

彼女はこの子を育てる決心をした。しかしダウン症の彼（ギャミー君）には先天性の心疾患があり入院中。この報道にインターネットが反応した。手術費の援助を呼び掛けた資金調達サイトには一二日間で二一万五〇〇〇ドル（約二二〇〇万円）が寄せられたというのである（二〇一四年八月七日新聞各紙）。

危機的状況の中に一筋の希望を感じさせるこのニュース。話は様々な方向に広がってゆくのだろうが、ここでは要点のみ整理しておく。

一、生殖技術の「進歩」は代理出産を可能にした。しかし希望に沿わない事態が生じた時、生まれてきた子どもは「必要なし」と捨てられる。自分の都合に合わないモノは「要らない」のである。

二、「出生前診断」による人工妊娠中絶の場合、話はもう少し複雑である。「自分たちの希望に合わないから捨てた」という単純な話ではない。しかし「中絶させられる側」にしてみれば「生まれる」可能性を剝奪されたことに変わりはない。ギャミー君も中絶されそうになった。しかし彼は生まれてきた。このギャミー君を「中絶された側」の代弁者と見ることはできないか。「中絶された者」は語らない。しかしその声に耳を傾けてみる。ギャミー君を通して「生まれてこない者」の存在に思いを馳せてみたいと思うのである。

三、社会構造の問題も大きい。経済格差が直接的に反映する。貧しい者が依頼人になることはない。経済格差の中で生殖が「ビジネス」となり、市場原理に左右される。法的規制の問題も複雑である。このケースの場合、依頼人夫婦に子どもの引取りを命じることが、この子の幸せになるとは限らない。

四、しかしこのケースには「セレンディピティ」が働いた。ネットの呼びかけに大きな募金が集まった。代理母パッタラモンさんはギャミー君を「幸せを運んでくれた天使」と呼んでいる。むろんこうした「逆転」がいつも生じるとは限らないのだが、しかしその可能性の条件を探ることはできる。

五、その上で問題はこうした事態に対する「慣れ・麻痺」である。「ベビー・ビジネス」という言葉に驚いたのも束の間、すぐに慣れてしまう。「ベビー・ビジネス」を責めるのではない。「慣れてしまう・麻痺してしまう」私たちの感覚が問題なのである。

六、本稿はこのケースを「産み育てる」営みの現代社会に特有の事例と見る。「いのちを受け継ぎ次の世代に譲り渡してゆく流れ」の危機の一端。そしてその大きな流れを「ジェネレイショナル・サイクル」と呼ぶ。「教育」という言葉をこの大きな「サイクル」の中で考えたいと思っているのである。

確かに「近代学校のコンサルタント」として成立した「教育学《ペダゴジー》・教授学」から見る時、話が広がりすぎている。しかし「学校教育」の困難を考えるためにも、一度「教育」という言葉を「ジェネレイショナル・サイクル」の広がりの中に位置づけ直すべきではないか。そしてそれはそのまま「具体的な場面と哲学的な思考との往復運動」につながってゆくと考えているのである。

## 2　ジェネレイショナル・ケア——前の世代から受け継ぎ、次の世代に譲り渡してゆく

「教育」という言葉は、一般的には「学校」と結びついて理解されている。教師が生徒を教える。しかし「教師と生徒」の関係は、「次世代育成」という大きな営みの一部である。まして「学校 schooling」というシステムはある時代に広まった特殊な「次世代ケア」の一形態にすぎない。

ところが、この「次世代育成」は、正確には、「前の世代から受け継ぎ次の世代に譲り渡してゆく」営みの一部である。産み育ててもらった者が、次の世代を産み育て、その世代がまたその次の世代を、「いのちのバトンリレー」のように産み育ててゆく。E・H・エリクソンがこの連鎖する関係を「ジェネレイショナル・サイクル」と名づけたことは先に見た（本書4章）。そして本書はそのサイクルの中でなされるケアを「ジェネレイショナル・ケア」と呼ぶ。

親から育ててもらった私たちは、次の世代を育てる仕方で「お返し」する。直接的な「互恵性・お互

い様・reciprocity」ではない。バトンをリレーするという仕方の連続。家族や共同体の歴史として見れば、そこに大きなサイクルがある。他方、個人の人生として考えれば、そこには「育てられる者から育てる者へ」という移行（発達・変容）プロセスがある。

では先行世代（親世代）との関係はこれで終わりか。むろん違う。親世代を介護し看取る課題がある。前世代を見送る課題。そしてその先に、今度は自分自身が次の世代から見送られてゆく課題がある。

親に育ててもらった私たちは、介護し見送るという仕方で、親に「お返し」する。しかし一方的なお返しではない。いずれ今度は私たち自身が介護され見送られる側に回るという仕方で、ここでも、ゆるやかな「互恵的サイクル」が成り立っている。こうした大きく循環する関係性を「ジェネレイショナル・ケア」と呼ぶ。その中で人は「介護する側から介護される側へ」と変容してゆく。

ということは、「ジェネレイショナル・サイクル」には、「教育・しつけ・子育て」のケアと「介護・看取り・供養」のケアが同時に含まれ、しかもその二つのケアが複雑に絡み合い、循環する（立場が入れ替わる）。育てられた者が育て、見送った者が見送られてゆく。個人の一生（ライフサイクル）は、世代循環の流れ（ジェネレイショナル・サイクル）の中にある。

「ギャミー君」の問題はこうしたサイクルの一場面である。正確には、このサイクルが生殖技術の「進歩」により人為的に操作されたことによって生じた、新たな姿である。しかし特別ではない。むしろ私たちが抱える困難のひとつの象徴的な出来事であったことになる。

ではどう考えればよいか。「正解」が欲しいのではない。どう考えたらよいのか途方に暮れる絶望的な無力感に対して、どこで踏みとどまればよいのか。押し流されてゆくしかない。その麻痺した感覚に対してどこで立ち止まるか。立ち止まるための足場をどこに求めるか。

本章は「生まれてこない者」の代弁者としての「ギャミー君」に目を止める。医者は中絶を勧め、依頼人(遺伝子上の両親)は彼を捨てた。たまたま代理母に守られ、援助資金を身に受けて人生を開始するに至ったが、文字通り、彼はいつ「流れても」不思議ではない状況に置かれていた。「生まれてこない可能性」の中にいた。この「生まれてこない可能性」に目を止める。「生まれてこない」という時点を「ゼロポイント」として設定することによって、ジェネレイショナル・サイクルの全体を相対化してみたいのである。

### 3 「不生」の視点──「生まれてこない」という存在の仕方

かつて、私たちは皆、子どもであった。育ててもらう必要があった。かつて私たちは皆、胎児であった。いつ「流れても」不思議ではなかった。私たちはみな「生まれてこない」可能性の中にいた(以下、西平、二〇一四、Ⅳ―四)。

あるいは、私たちは「自分が生まれる以前」の父と母を想像することができる。例えば、父と母とが出会う前、もしくは、父も母もまだ生まれていなかった頃(父母未生以前)。「私」が存在することになるかどうか何も決まっていなかった時間。在るかもしれない、無いかもしれない、そのどちらもが同じ重さのまま溶け合っていた透明な時間。

私たちには「生まれない可能性」があった。「生まれてくる」のと同じだけ、「生まれてこない」可能性があった。あるいは、「私が生まれる可能性」と「私が生まれない可能性」が二つに分かれる前。「私が生まれる」かもしれない、「生まれない」かもしれない、そのどちらもが同じ重さのまま（対称性を崩すことなく）溶け合っていた、可能が可能のままであったところ。

＊九鬼周造の言葉に依る。「私が生まれたよりももっと遠いところへ。そこではまだ可能が可能のままであったところへ」（九鬼、一九九一、一四八頁）。

この「生まれない可能性」を江戸期の僧・盤珪《ばんけい》禅師は「不生」と呼んだ。この可能性を名づけて「不生」と語ったわけではないのだが、しかし盤珪禅師が語ったその言葉には、まさしく「生まれない可能性」が含まれていた。

盤珪の「不生禅」を高く評価したのが鈴木大拙である。大拙翁は「不生」を「生まれながらの清浄無垢な心（仏心）」と理解し、それを「無心」と重ねる。しかしここで注目したいのは、大拙翁が「不生」を「生死」と対比させた点である。「不生」は生まれることも死ぬこともない。「不生」は「生が死に転ずる機会を失って、生そのものの永遠性が浮かび出る。生の絶対的な肯定である」（鈴木大拙、二〇〇〇、二二頁）。

しかし、生の永遠性であるなら、「不死」ではないか。それに対して大拙翁は答える。「不死」とは、生きている者が死なないという意味である。それに対して「不生」はそもそも生まれない。したがって、死ぬこともない。「死なない」のではない、そもそも「生まれない」。

言い換えれば、「不死」が死の否定であったのに対して、「不生」は死と生の否定である。死ぬこともなく生まれることもない。その意味において「生死」とは異なる永遠性である。「死」と二項対立的に理解された「生」ではない。生まれてこないという意味において、仏のままである。生まれる以前の「仏のまま」の位相。その「生まれることがない」位相を盤珪禅師は「不生」と呼んだ。

整理するとこうなる。

一、不生は「不死」ではない。「不死」が死の排除であり、生と死の対立を前提にした上でその一方を否定しようとするのに対して、「不生」は、死の否定でも生の否定でもなく、生と死を対立的に見ることの否定である。

二、不生は「未生」とも違う。「まだ生まれていない」のではない。「未生」は生きている者が過去を遡り、私がいまだ生まれていない時点を言うのに対して、「不生」は、その「私」が生まれることのない地平を言い当てる。まだ生まれていないのではない。そのままずっと「生まれない」。「私」が存在しない。「死んだ」のではなく、「まだ生まれていない」のでもなく、私が生まれないまま、ずっと、そのまま「生まれない」という意味において「永遠性」である。

三、不生は「非在」とも違う。「死んだ後」の非在も「誕生する前」の非在も、どちらも「私」がいないという意味で「非在」である。ということはどちらも共に「私」の存在を前提に語っていたことになる。一方は、私が死んだ、他方は、私がまだ生まれていない。いずれも「私がいない」という意味において、実は「私」の存在を前提にしていた。

それに対して、不生においては、この「私」が生じない。私が生じないまま、ずっと「生まれない」地平を言い当てようとする。「死んでしまった（死後）」ではない。「まだ生まれていない（誕生前）」でもない。そもそも生まれるということがない。「生まれてこなかった」、そして「今後も生まれることがない」。言い換えれば、その地平は「私」によって分断されることがない。「私」の存在によって〈それ以前〉と〈それ以後〉とに分断されてしまうことのない持続の位相である。

生まれない、ということは死ぬこともない。そうした意味における「生まれない」という存在の仕方。正確には、「存在する」と語ったとたん捉え損ねてしまうような位相である。

**潜勢力としての不生**

しかし私たち「生まれてきた者」は、もはや「不生」に戻れないではないか。それに対して、盤珪禅師は、私たちの内なる「不生」を説く。「生まれてきた者」の内に「不生」がある。

様相論理学に倣えば、可能態と現実態は両立しない。可能態は現実態に移行した時点で消滅する。既に「生まれてきた」のであれば「生まれない」可能性は消滅した。

ところが、現代イタリアの哲学者ジョルジョ・アガンベンは、「潜勢力 potenza」という特殊な言葉によって、この「可能態と現実態の対立」を超えようとする。「潜勢力」は、現勢力の中に「はたらく」。

＊「潜勢力」の原語 potenza は、アリストテレスのギリシア語 dynamis の訳語である。本稿はアガンベンによって解釈された dynamis を「潜勢力 potenza」と呼び、「可能態（従来の dynamis の訳語）」から区別する。同様に、アガンベンによって解釈された energeia を「現勢力 atto」と呼び、「現実態（従来の energeia）」から区別する（アガンベン『思考の潜勢力』、二〇〇九）。

「不生」の文脈に置き換えて整理してみれば、「潜勢力としての不生」は、「生きている私たちの現勢力」の中に、今も働いている。「現実態としての不生」ではなく、「可能態しての不生」でもない。「潜勢力としての不生」という新しい次元である。

では「潜勢力 potenza」とはいかなる存在の仕方なのか（あるいは「存在する」とは違う出来事であるのか）。アガンベンによれば「潜勢力 potenza」は「現勢力 atto」と両立する。現勢力の「前段階」ではない。「潜勢力」は、現勢力に移行した後に消えてしまうわけではなく、現勢力に服従するわけでもない。むしろ「現勢力に移行しないこともできる」という意味において、独立した存在の仕方として理解されなくてはならない。

アガンベンはピアノの名人を例にしてこう説明する。ピアノの名人はピアノを弾くこともできるし、弾かないこともできる。その「弾かない」は、〈ピアノを弾くことができない人〉が「弾かない」のとは違う。名人の場合は、弾かない時も、演奏の潜勢力を維持している。この意味における「しないことができる」状態をアガンベンは「非の潜勢力 adynamia」と呼ぶ。「あらゆる潜勢力は非の潜勢力であるOgni Potenza è inpotenza」。つまり、アガンベンによって解釈された dynamis は、「存在することができる潜勢力であると同時に存在しないことができる潜勢力」である（『思考の潜勢力』三三二頁、p. 289）。

アガンベンはこうも言う。「人間とはすぐれて潜勢力の次元を生きる生き物、すなわち、為すことも為さないこともできる次元に存在している生き物である。（中略）潜勢力は、すべて、同時に初めから、非の潜勢力である」（同書、三四三―三四四頁、p. 290）。

「不生」の文脈で言い換えれば、人間とは「生まれることも生まれないこともできる次元に存在している生き物」である。生まれたという事実によっても「潜勢力としての不生」は消えない。「生まれた

（生きている）」にもかかわらず、「生まれることも生まれないこともできる次元」に存在する。

ということは、「生まれた（生きている）」ということの「現実態 energeia」も新たに理解されねばならない。アガンベンは「生まれることも生まれないこともできる次元」に存在するという意味の「生きている」を「現勢力 atto」と呼ぶ。「現勢力」は「潜勢力」と両立する。「現実態」と「可能態」は互いに相容れないが、「現勢力 atto」と「潜勢力 potenza」は両立する。むしろ分離できない。

「限界においては、純粋な潜勢力と純粋な現勢力は見分けられない Al limite, potenza pura e atto puro sono indiscernibili」（アガンベン、二〇〇三、七二頁、p. 54）。

アガンベンは、「潜勢力」と「現勢力」の分離を前提とした上でその関係を問題にしたのではない。むしろそのまま現勢力でもあるような潜勢力を思考する。「存在しないこともできるということによって、現勢力との関係を維持するという潜勢力の構造」（同、七一頁、p. 71）。より正確に理解すれば、「存在することもでき存在しないこともできる」という仕方で、現勢力との関係を維持する潜勢力の在り方である。

こうした意味において、「潜勢力としての不生」は「現実態としての生」の中でも保存される。「現勢力 atto としての生」の中で、「潜勢力 potenza としての不生」が今も働いている。存在するという仕方で「現実態」になってしまうのでもなく、存在しないという仕方で「現実態」になるのでもない。現実態の「存在している」とは異なる仕方で、むしろ「存在することも存在しないこともできる」という仕方で、現勢力との関係を維持し続ける独立した存在の仕方。あるいは、もはや「存在する」と語ることも適切ではない「はたらき・出来事 Ereignis」ということになる（本書114頁）。

在るかもしれない、無いかもしれない、そのどちらもが同じ重さのまま溶け合っていた透明な地平。その地平においては〈生まれてきた者〉だけが特権的な優位に立つことはない。〈生まれてきた者〉も〈生まれてこない者〉も同じ重さで溶け合っている。あるいは、〈生きている者〉も〈先に逝った者〉も〈これから来る者〉も〈決して来ることのない者〉も、すべてが溶け合っていた始原の地平。その始原の地平が「潜勢力」として今も働き、「生きている者」たちの基盤をなしていることになる。

## 4　ゼロへ、ゼロから、ゼロの奥へ

私たちは皆、生まれてこなかった可能性がある。のみならず、その「生まれてこない」可能性が、今も潜勢力として私たちの中に働いている。その意味における「生まれてこない」位相。「不生」の位相。この「不生」をジェネレイショナル・サイクルのゼロポイントとする。そしてこの「ゼロポイント」に思い馳せ、その視点からサイクルの全体を見ようとする。容易ではないが、不可能ではない。

私たちは〈先に逝った者（死者）〉に心を向けることができる。〈これから来る者（将来世代）〉に心を向けることができる。そして〈決して来ることのない者（生まれてこない者）〉に心を向けることもできる。その微かな声に耳を傾ける時、「不在の者」の声に対する私たちの感受性は研ぎ澄まされる。

そしてその先に「ゼロポイント」がある。〈生きている者〉も〈先に逝った者〉も〈これから来る者〉も〈決して来ることのない者〉も、すべてが溶け合った始原の地平。しかもその「ゼロポイント」が私たちの内側に「ある」。それを自覚しそこに心を向ける時、「私」の在り方が変わってしまう。アガンベンの言葉で言えば、「生」の中に「不生」を感じることによって、「現実態としての生」ではない「現勢力としての生」になる。可能性を排除した現実性ではない、潜勢力と両立する現勢力という在り方をする。その位相から「ジェネレイショナル・サイクル」を問い直したいと思っているのである。

### 往復する運動

しかし、以上の理解では、「不生のゼロポイント」が「根底」ということになる。そうではない。この「ゼロポイント」はより深い岩盤との接点にすぎない。海の中を深く潜りようやく足場を得た、その海底が、実は大きな大陸プレートの一角にすぎない。上から見れば「不生」は現実から遠く離れた深海の底であるのだが、しかしその底はより深い伝統的な思想の、ほんの一つの表面に過ぎない。

ということは、「不生のゼロポイント」は、〈現実のアクチュアルな事態〉と〈伝統な思想に蓄積されてきた人類の智慧〉とが触れ合う一点である。いわば、砂時計の連結部分。

一方で、「ギャミー君」の具体的な話から見る時、「不生」までは距離がある。あるいは、「不生」だけがゼロポイントであるはずがない。しかし「ギャミー君」→「ジェネレイショナル・サイクル」→「生まれてこない者」→「不生」と辿ることによって、私たちは「不生」という足場を得た。「不生」という言葉を錨として海底とつながったことになる。

他方、その海底は「空」の思想につながっている。大乗仏教に限らない。伝統的な東洋の思想の中で様々に語られてきた、例えば、老荘の「タオ」、ヴェーダンタの「無相ブラフマン」。東洋思想の通時的な構造化を試みた井筒俊彦に倣えば、「無分節 non-articulation」の位相ということになる（本書158頁）。「不生」はそうした遠大な思想的伝統のほんの一角にすぎない。あるいは、そうした思想的伝統が、今日の問題へと現れ出る一つの場面。伝統的な智慧が現実の社会の内にはたらく「機」である。

「不生」は、「生まれてこない」というライフサイクルの言葉であると同時に、「空」の思想の「無分節」の言葉でもある。人間学の地平と存在論の地平が交叉する接点。どちらから見るかによって、両面神のように、表情が違う。人間学の地平から見る時「不生」はあまりに深く現実遊離と難じられ、他方、存在論の地平から見る時あまりに浅く「存在論的差異の忘却」と批判されることになる。そうした両方向からの批判を身に受けつつ、それでも「しなやかに」二つの地平をつなぐことができるかどうか。自在に往復することができるかどうか。

ギャミー君⇅ジェネレイショナル・サイクル⇅生まれてこない可能性⇅不生⇅空の思想。

この往復する運動を「教育人間学」のフィールドと考えたい。正確には、この往復プロセスの内に生じるあらゆる疑問や批判をそのフィールドと考え、常にそのフィールドを活性化しておきたいと願っているのである。

## コラム2　儒教の中のジェネレイショナル・ケア

儒教は「孝」を尊ぶ。「孝」は「親孝行」に限らない。生命連鎖に関わるすべての営みを指す。ジェネレイショナル・サイクルのつながり、あるいは、ジェネレイショナル・ケアと重なる。しかしとりわけ「死せる親に対する孝」が重視される。具体的には「先祖を祭祀する」こと。では、なぜ生命の連鎖を説く「孝」が「先祖の祭祀」を最優先するのか。

儒教は先祖の永続を優先する。子孫の永続のうちに永遠の生命を願うのではない。死せる先祖を繰り返し現世に呼び戻すことによって永遠の生命を願う。その時、もし死者の魂を迎える「後継ぎ」がいなかったら、死者は現世に戻ってくることができない。魂を迎え入れる者がいなければ、死んだ親は戻ることができず、現世との関係が切れてしまう。それは最も不幸なことである。

そこで子どもの最大の務めは「死んだ親を招待する」ことである。死せる先祖の魂を迎え入れる招魂儀礼。『礼記』は「身は親の遺体」という（祭義篇）。私たちの「身」はいずれ親が戻ってくるために親が遺した「体（依り代）」と理解されるのである。

ところが、招魂儀礼によって先祖の魂の永続は保証されるが、自分自身（現在の世代）の永続は保証されない。自らの永遠の生命は次の世代に委ねるしかない。そこで次世代の育成が重要になる。「私が先祖の魂を迎え入れているように、いずれ私が死んだ後には、今度は、私の魂を迎え入れるように」と模範を示し、次の世代に教え込む。そこで「死せる親に対する孝」が教育の中心になり、「死せる先祖に対する孝」が社会規範の中心となる。

エリクソンは「子育て」の視点からジェネレイショナル・サイクルを構想した（本書4章）。それと対照的に、儒教は先祖を祭祀する視点からジェネレイショナル・サイクルを構想した。結果としての「サイクル」は類似するとしても、その基となる発想は逆向きである。エリクソンは子孫（将来世代）を産み育てるベクトルを中心とし、儒学は先祖（過去世代）を招き入れるベクトルを中心とする。

こうした意味において、儒教は過去世代を優先するモデルである。とりわけ、祖先の祖先（出発点となる元祖）を重視する。そこで儒学においては常に「原初に戻る」ことを求める。聖典の原初の姿を取り戻すこと。儒学史はそのための議論を繰り返してきた。正確には、その繰り返される議論の中に、儒学の生きた教えが働くと理解してきたのである。

# 6　教育とスピリチュアリティ――特殊な両立の語り方（1）

透明なはたらき。区切りがない。限りがない。風に似ている。風は手の内に納めると、もはや風ではない。風は吹きぬけてゆく。吹き抜けてゆくという出来事だけがある。

「教育」は定義がはっきりしない。「スピリチュアリティ」も定義がはっきりしない。はっきりしないものとはっきりしないものとの「関係」を問うても、はっきりしない。そこで一度、割り切って図式的に考える。「教育」と「スピリチュアリティ」を逆ベクトルと理解する。しかし実は単なる対立ではない。スピリチュアリティが教育を包み込む。さらに、教育を包み込むことによって、実は「教育」の変容を願っている。最終的には互いが互いを包み込む関係を願っている。しかし初めからそうした話をしてもなかなか理解してもらえないから、まずは一度、暫定的に、両者を逆ベクトルと理解してみようという話である。

## 1　「自分を大切にせよ」と「自分に囚われるな」

学生の頃、「自分を大切にせよ」という本をたくさん読んだ。今思えば戦後ヒューマニズムの流れの本、あるいは「ヒューマニスティック心理学」と呼ばれる心理学的人生論であったのだが、それらはみな「自我の形成」を説いていた。自分で考え自分で判断する。自発的で能動的な「主体性」。私は（まさに自分に欠けている「それ」として）大いに納得した。

ところが他方、私は宗教書にも惹かれていた。それは「自我から離れること」が大切という。自我にしがみついてはいけない。「自我への執着」こそ問題の元凶。自我を手放し、自我から解き放たれることを説いていた。私はこの話にも大いに納得した。

では一体「自我」は大切なのか、それとも「自我」は危険なのか。自我を形成してゆくべきなのか、それとも自我から離れてゆくべきなのか。私は右往左往し続けていた。

後年、この二つのメッセージが、実は異なる「読み手」に向けられていたことを知った。一方は「自我を確立する以前」の人たちに向けて語られたもの、他方は「自我を確立した後の悩みを抱えた」人たちに向けて語られたもの。

前者を「自我の未熟」と呼んでみるなら、自我の未熟な人に必要なのは、まず自我を形成することである。自分で考え自分で判断し自分の足で歩いてゆくこと。自立した個人の「自我」を励ますメッセージであった。

ところが「自我」を形成してみると、新たな問題が生じてくる。今度は自我が人を苦しめる。自我が他者とのつながりを傷つけ、自我に囚われるという仕方で自己中心的になる。そうした問題に対して「自我への執着から解き放たれること」を説いたのが後者のメッセージであったことになる。

むろん話はそれほど単純ではないのだが、それでも大雑把に言えば、ここには三つの段階が想定され

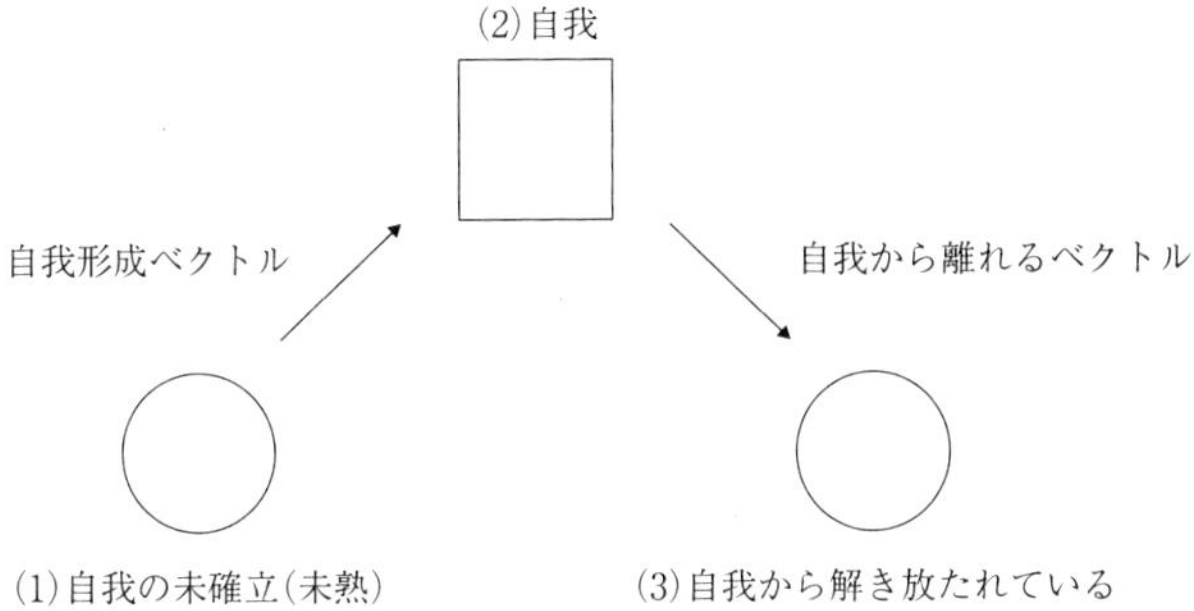


図5

ていた。(1)自我が未確立の段階。(2)自我を確立した段階。(3)自我から解き放たれた段階。

そして二つのプロセスが区別される。A 自我の形成（自我を確立してゆく）プロセス、B 自我の脱形成（自我から解き放たれてゆく）プロセス。前者（形成・確立）を昇ってゆくベクトル、後者（脱形成・解放）を降りてゆくベクトルする時、簡単な図が成り立つ（図5）。

＊この図で重要なのは、(1)と(3)とが、同じ地平に位置している点である。一方は「未だない」、他方は「それを超えている」という違いはあるのだが、どちらも共に「自我ではない」という点では一致している。そこで往復（往還）と理解されることもある。例えば、禅のテクストはしばしば「子どもに還ること」を理想と語る（本書9章）。

＊「自我」は多義的である。例えば、一、他人の支えに頼ることなく自分の足で歩くことができる「自立性」。二、周囲に流されることなく自分で考え自分で判断する「能動性、自律性」。三、近代的な個人という意味における「主体性」。四、フロイト理論の「快感原則」と「現実原則」との対比で言えば、現実を見ることができるという意味で「現実的」であり、「理性的に判断する」という意味も含まれる。そうした意味をすべて含めて、本章では「自我・主体」と表記する。自我形成べ

クトルは「主体化」、自我から離れるベクトルは「脱主体化」となる。

＊「トランスパーソナル心理学」は、こうした「自我・主体」を「パーソナル」と呼ぶ。そして、「自我の未形成（プレ・パーソナル）」、「自我（パーソナル）」、「自我を超えてゆくこと（トランス・パーソナル）」という特有のテクニカルタームによって問題を整理する。「プレ・パーソナル」にとっては「自我の形成」が重要であるのに対して、「パーソナル」にとっては「自我への執着」からの解放が重要になる。「自我（パーソナル）」から「自我を超えてゆく（トランス・パーソナル）」に向かうプロセス。トランスパーソナル心理学の最大の貢献は「プレ・パーソナル」と「トランス・パーソナル」との違いを議論の俎上に乗せた点である。正確には、「プレ・パーソナル」状態を「トランス・パーソナル」と混同してしまう危険について警鐘を鳴らし続けた点である。

＊特殊な両立 —— 110

## 2 教育とスピリチュアリティを対比的に理解する——図式的理解

さて、話を簡単にするために、「教育」を「自我形成ベクトル」と重ねてみる。教育の定義としてはまったく不十分なのだが、ごく一般的な理解において、子どもの「自我形成」の援助を「教育」と呼んでも不自然ではないだろう。「自我形成・主体形成」の支援としての教育。

他方、それとは逆方向の「自我から離れてゆく」ベクトルを、「スピリチュアリティ」と重ねてみる。むろんこの場合もたくさんの議論が必要なのだが、「スピリチュアリティ」のある側面に「自我から離れる」要素が含まれていると理解するのである。

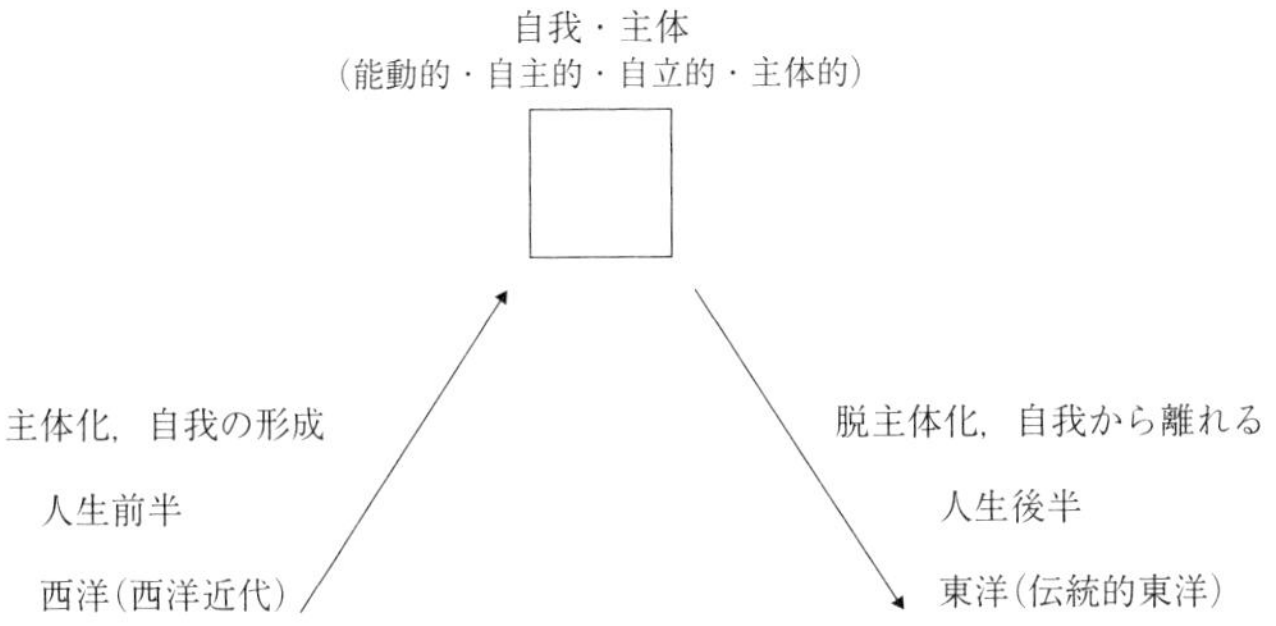


図6

先の図と重ねてみれば、前半の（昇ってゆく）ベクトルが「教育」、後半の（降りてゆく）ベクトルが「スピリチュアリティ」である。いわばそのように「棲み分ける」ことによって、両者の対比が際立つ。その代わり、両者の相互関係は見えなくなってしまう（この点が本章の中心課題である）。

ところで、この対比に、ライフサイクル（人生）の区分を重ねてみれば、人生前半の「教育＝自我形成」、人生後半の「スピリチュアリティ＝自我からの解放」という、実に、分かりやすい図が出来上がる。

さらに話を広げ、（本当は問題が多いのだが）西洋と東洋という区分を重ねてみれば、西洋（西洋近代）は人生前半における「教育＝自我形成」に重点を置いた文化、東洋（伝統的東洋）は人生後半における「スピリチュアリティ＝自我からの解放」に重点を置いた文化という、比較文化論ともつながる枠組みが見えてくる（図6）。

＊西洋近代の発達心理学（例えばピアジェ）は子どもの発達（人生前半の能力獲得）について細かく論じた代わりに人生後半については語ることが少なく、逆に、東洋の伝統的思想（例えば禅の思想）は自我からの解放という課題は得意とする代わりに子どもの発達については

ほとんど語らなかった（本書8章）。

＊ユングの概念「個性化」は「自我から離れる」ベクトルと重なる。ユング心理学における「発達」と「個性化」の関連は明確ではないので難しいが、「個性化」を発達心理学の議論と関連させることは重要な課題となる（西平、一九九七、第一章2節）。

さて、こうした図式的な理解において、スピリチュアリティとは、いわば、自我や主体の確立がもたらす「弊害」を警告し、その問題を解決しようとする方向性である。自我や主体は大切なのだが、しかし自我は自己中心的になる。自我に縛られる時、人は自分を中心にして他人を利用し自然を利用し、のみならず、それを当然と考えるようになる。

そこでスピリチュアリティは「離れる」ことを勧める。自分（自我・主体）を中心にすることから離れる（手放す・中心を明け渡す・letting go）。そして「実は自分がそのひとつの端をなす関係性」を重視する。自分一人の利益ではなく、自分を含んだ関係性全体の利益を中心にする。その意味において、自分を明け渡してゆくことになる。

＊地球との関係で言えば、人間のために地球を利用する人間中心主義から離れ、「自分がその構成要素の一部であった地球生命圏」を中心にする。地球が中心になり、地球全体のなかで自分を理解する（エコロジカル・スピリチュアリティ、地球生命体的ないのちのスピリチュアリティ）。

以上の理解において、教育とスピリチュアリティは逆方向に向かう。両者は対立的に理解され、教育は（自我や主体を目指して）昇ってゆき、スピリチュアリティは（自我や主体から離れる方向に）降りてゆく。前者が「主体化」であれば、後者は「脱主体化」となる。スピリチュアリティは「脱主体化」として、教育とは逆方向に向かうベクトルとして理解されることになる。

### 3　教育とスピリチュアリティは対立するだけではない――「包み込む」という関係

ところが両者は対立するだけではない。むしろ両者を逆ベクトルと理解している限り、その相互関係が見えない。では一体、スピリチュアリティはいかに教育に影響を与えるのか。本章は「スピリチュアリティが教育を包みこむ」と理解する。

「包み込む」とは、まず、排除しないということである。スピリチュアリティは教育を追い出さない。むしろ自らの内に包み込もうとする。正確には、スピリチュアリティは、「教育とスピリチュアリティの対立」を自らの内に包みこんでしまうのである。

しかし他方で、この「包み込む」は「飲み込む」とは違う。相手を飲み込むことによって「対立」を解消してしまうのではない。「教育とスピリチュアリティの区別」を消すことなく、その区別を自らの内に残す。

スピリチュアリティは教育と逆方向に向かうのだが、教育の排除を目的とするのではなく、むしろ「教育との緊張関係」を大切にする。ということは、スピリチュアリティは自分の中に自己矛盾を抱えこみ、その自己矛盾のゆえに生成し続けてゆくということである。

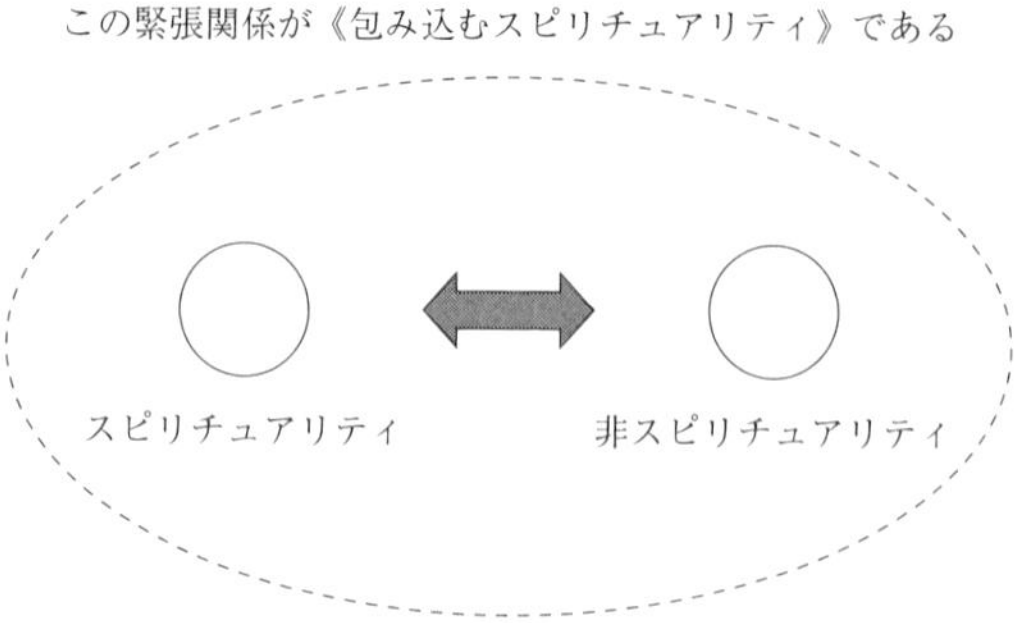


図7　包み込むスピリチュアリティ

一度、用語を整理する。「教育とスピリチュアリティの対立」を自らの内に包みこむ（大きな）スピリチュアリティを、「包み込むスピリチュアリティ」と理解する。それに対して、「教育と対立するスピリチュアリティ」を「部分としてのスピリチュアリティ」と理解する。

つまり、「包み込むスピリチュアリティ」は、「〈教育〉と「〈部分としてのスピリチュアリティ〉とが互いに互いを乗り越えあう緊張関係」の出来事と理解されるのである（図7）。

確かに分かりにくいのだが、ここが「スピリチュアリティ」理解の要所である。本書はスピリチュアリティを「出来事 Ereignis」と理解する。自らの内に、自らに相対立するものを含んで成り立つ出来事。あるいは、自らの内に自己矛盾を孕んで成り立つ、メタ認識を内に含んだ出来事。

そこで、スピリチュアリティは〈教育とスピリチュアリティの対立〉を自らの内に包みこむと語られる。そしてこの場合、同じ「スピリチュアリティ」という言葉を使う。使わざるをえない。自らの内に自らに相対立するものを含んで成り立つ出来事は、同じ言葉を使う仕方で表現されるしかない。

「スピリチュアリティ」という言葉は、正確に規定しようとすると、何らか自己矛盾を孕んだ表現になる。そもそも「語りえぬ（言葉で表現することができない）位相」を言葉の内に納めようとするのであるから、その「言葉」には初めから無理がある。明快な言葉にはならない。明快に割り切って語られる時、おそらく「スピリチュアリティ」とは別のものになっている。

＊スピリチュアリティを言葉の内に納めることは完全にはできない。その代わりそれと正しく向き合う時（その存在の仕方に相応しく向き合う時）、私たち自身が変化し始める。あるいは、私たち自身が変化し始めない限り、その真の姿に触れることは出来ない。

一般化して言い換えれば、スピリチュアリティは、「自己の内に、自己を否定する契機を含む」ことである。スピリチュアリティは〈自己を否定するもの（自己を超えたもの）〉との関係として働く。あるいは、「自己」と「非自己」という言葉を使ってみれば、スピリチュアリティは〈非自己〉との関係の中に働く。「非自己との緊張関係」がスピリチュアリティという出来事なのである。スピリチュアリティは、必ず〈自己を否定するもの（自己を超えたもの）〉を必要とする。

逆説的に言えば、「スピリチュアリティを否定する契機」なしには、スピリチュアリティは存在しない。生成し続けることができない。そして、生成を止めてしまったら（固まってしまったら）スピリチュアリティではない。生成し続けているからスピリチュアリティなのである。

＊こうした逆説を際立たせるために記号化してみれば、A＝（A⇔非A）となる。スピリチュアリティは、自らを否定する「非スピリチュアリティ」との緊張関係を自らの内に、不可欠の契機として含む。互いが互いを乗

り越えあう緊張関係がスピリチュアリティの出来事である。

具体的な場面で考え直す。先の「自我を大切にする」と「自我から離れてゆく」で言えば、この二つのベクトルを対立的に理解するのではなく、「自我から離れる」ことの内に、〈自我を確立することと自我から離れることとの対立〉を含むということになる。

「自我から離れる」は、自我を前提にしないと成立しない。自我が確立しているから、自我から離れるプロセスが可能になる。「自我から離れる」プロセスは、自我が消えてしまえば成り立たない。あくまで自我を前提にしたうえで、自我から離れてゆく出来事が可能になる。

もう一つ別の場面。子どもたちが「言葉を学ぶ」という場面を考えてみる。「言葉」を正確に学ぶことが「教育」であるとすれば、「スピリチュアリティ」は、いわば、その先を問題にする。言葉に縛られてしまう危険である。言葉に縛られてはならない、言葉がすべてではない、語りえぬこと（言葉を超えた地平、言葉にすることのできない位相）を大切にせよ。

そこで、多くの場合は、入門として「言葉を学ぶ」こと、その後の上級編として「言葉を超えた地平」を大切にすると語られる。あるいは、言葉を正確に学ぶことはすべての人に共通の土台であって、その土台の上に、（特別な人は）「言葉を超えた地平」を大切にすると理解される。

それに対して、スピリチュアリティは、初めから「言葉を学ぶことと言葉を超えたものとの緊張関係」を大切にしようとする。スピリチュアリティは、対立する相手を包み込む。「自らの内に自らを否定する契機を含む」という仕方で相手を包み込み、包み込むという仕方で、最終的には、相手の側にも

「自らの内に自らを否定する契機を含む」という出来事が成り立つことを願うのである。

＊話は「教育」に限らない。現実社会における多様な営み、例えば、医療、経済、政治、学問、宗教などすべてが、「非スピリチュアリティ（非A）」の位置に入る。そうした現実社会における営みと、「互いに互いを乗り越えあう緊張関係の中ではたらく出来事」がスピリチュアリティである。

＊「宗教ではなくスピリチュアリティ not religious but spiritual」との対比で言えば、「宗教の中に働くスピリチュアリティ spirituality in religions」を考えようとしている。その場合、宗教とスピリチュアリティとの区別を消すのではない。あくまで両者の違いを保ちつつ、両者が「互いに互いを乗り越えあう緊張関係」を見る。「宗教とスピリチュアリティが互いに互いを乗り越えあう緊張関係」をスピリチュアリティと理解するということである。

教育とスピリチュアリティは逆方向に向かう。しかし単に対立しているわけではない。スピリチュアリティは教育を包みこむ。逆方向に向かうにもかかわらず、「互いが互いを乗り越えあう緊張関係」を「包み込む」という仕方で、自らの内に緊張関係を創り出す。

そう理解してみれば、逆説的だが、教育を迎え入れなければスピリチュアリティが成り立たない。教育という、自らとは逆方向に向かうベクトルを自らの内に迎え入れることによって初めて、スピリチュアリティは「スピリチュアリティ」としてはたらく。

そして実は、スピリチュアリティは、最終的には、同じことを「教育」の側にも望んでいる。スピリチュアリティは「教育」との関係の中で働くことによって、最終的には、「教育」の側も自己矛盾を抱え込む出来事となることを願っている。教育も、自らとは逆方向に向かうベクトルを自らの内に迎え入れることによって生成し続けることを願っている。

ということは、本当は、「スピリチュアリティを迎え入れなければ教育が成り立たない」と考えているのである。

スピリチュアリティは教育を包み、教育はスピリチュアリティを包む。自己否定を内に含んだ相互的な影響関係。教育を迎え入れなければスピリチュアリティが成り立たず、スピリチュアリティを迎え入れなければ教育が成り立たない。「教育とスピリチュアリティ」の関係を、スピリチュアリティは、最終的には、そのように望んでいるのである。

＊教育が圧倒的に強い力を持っている場面においては、教育との違いを強調しないことには、スピリチュアリティを確保しえない。スピリチュアリティは、教育の論理に組み込まれたとたん、まったく別のものになってしまうからである。スピリチュアリティの小さな（か細い）声を守るために、両者の違いを強調し、時には喧嘩してでも、教育とは逆方向のベクトルを主張する必要がある。しかし教育から独立することが目的ではない。むしろスピリチュアリティは、教育の中において働くことを望む。教育との緊張関係の中でこそ生きて働こうとする。スピリチュアリティは、「教育とスピリチュアリティ」の関係を、最終的には、そのように望んでいるのである。

＊特殊な両立 ── 118

## 4　教育とスピリチュアリティが反転し合う出来事

さて、あらためて、「包み込むスピリチュアリティ」とはどういうことか。

一、「包み込むスピリチュアリティ」は「部分としてのスピリチュアリティ」とは違う。教育と対立するスピリチュアリティは、包み込むスピリチュアリティの一部分（ひとつの契機）である。しかし「飲み込む」という仕方で相手を吸収してしまうのではない。包み込むスピリチュアリティは、自らを否定するベクトルとの緊張関係を、自らの内に持つ。その意味で、あくまで二項の独立を保ち、二つの異なるベクトルを区別しつつ、しかし両者を切り離してしまうことなく、その「緊張関係」を自らの内に「包み込む」。

＊〈自己を否定するもの〉を排除して自己完結するのではない。常に自らの内側に差異を創り出しながら、固定されることを拒んでいる。

二、「緊張関係」とは、逆方向に向かうベクトルが引っ張り合いながら往復すること。そのつど新たな差異を生じさせる。螺旋状にレヴェルを高めてゆくと理解されてもよいが、しかし均衡を目指すわけではない。バランスの取れた平衡状態（穏やかな静止状態）が目的ではない。正確には、そうした平衡状態も含みつつも、それが最終目的ではない。あるいは「弁証法的止揚」という言葉によって何らか閉じた体系が理解されるなら、それとも違う。むしろ構造的に反転し続け、交互に入れ替わり続けてゆく。

＊念頭にあるイメージは、レミニスカート図形（8の字図形・∞）、メビウスの環、クラインの壺など。晩年のメルロ＝ポンティが「可逆性」という言葉で語った出来事、あるいはドイツ語のまま「相互内属 Ineinander」と語り、もしくは「キアスム」をはじめ、「絡み合い」「跨ぎ越し」「侵蝕」「越境」「嵌入」「交叉」などと言い換えた出来事と関連するが、詳細な検討は、今後の課題とする。

三、スピリチュアリティの内なる「緊張関係」は単なる流動でも、単なる生成変化でもない。むしろ逆のものに反転するはたらきである。対立しているだけでは反転しない。逆に、調和して動きが止まってしまったら反転できない。対立を見るときには調和を前提とし、調和を見るときは対立を前提とする。動きを止めない、あるいは、常に次の動きを作り出す仕掛けを内に秘めた動きである。

＊留まらないということは囚われないということでもある。自我を形成しつつしかしそれに囚われない。自我を生きつつしかしいつでもそれから離れることができる。自我を生きつつ、裏側に、既にそこから離れる逆方向の動きが始まっている。「陰極まりて陽に至り、陽極まりて陰に至る」。あるいは「即」という言葉の内に秘められたダイナミズムである。《スピリチュアリティ》をそうした交叉反転する出来事として理解するということである。

＊「脱構築 de-construction」の議論と重ねると、「教育＝自我形成ベクトル」が「構築 construction」に対応し、「スピリチュアリティ＝自我から離れるベクトル」が「脱構築 de-construction」と対応する。このとき《スピリチュアリティ（包み込むスピリチュアリティ）》は「再構築 re-construction」と対応する。しかし「構築」ベクトルと「脱構築」ベクトルの統合ではない。むしろ両者が「互いに互いを乗り越えあう緊張関係」である。「脱構築」自身の内側に「緊張関係・交叉反転」を包み込むということである。

＊こうしたスピリチュアリティ理解と、西田哲学との関係は、多角的な検討を必要とする。さしあたり「絶対矛盾的自己同一」という言葉に注目してみれば、西田はある箇所で「主体を絶対矛盾的自己同一に転じ行く」と語っていた。「自己をはこびて万法を修証するを迷となすと云ふ。宗教の修行と云ふのは、行為的主体を立し

てその媒介によつてと云ふのでなく、かかる主体を絶対矛盾的自己同一に転じ行くことでなければならない。而して唯一挙にしてそこに達するとか、そこから全世界を直感するとかなどと云ふことではない。それはその方向として無限の進行である。釈迦弥陀も修行最中と云ふ」（『哲学論文集　第三』「図式的説明」西田、二〇〇三）。能動的・主体的に努力する（「行為的主体を立してその媒介によつて」）ではなく、しかし受動的になるのでもない。そうした主体を「絶対矛盾的自己同一に転じ行く」。その「転じ行く」出来事をスピリチュアリティと理解するということである。

## 5　しかし「教育」対「スピリチュアリティ」の議論から始める

さて、ここまで理解した上で、こうした意味における「スピリチュアリティ」を語ることには慎重にならざるを得ない。

まず、なかなか理解されない。無視されるか、拒絶されて終りである。しかしより厄介なのは、こうした話が、教育の論理の中に組み入れられて理解されてしまうことである。教育の文脈の中で理解される、ということとは、多くの場合、教育の論理に組み込まれ、その枠組みの中で理解されてしまうということである。

教育の論理は明快である。目的も成果も見えやすい。そこで「スピリチュアリティ」もその枠組みの中で理解され、例えば、スピリチュアリティは教育にいかなる有効な成果をもたらすのか、スピリチュアリティはいかなる目標を提示するのか、という「建設的な」議論に組み込まれてしまう。効果的な教育のための有効な手段として理解されてしまうのである。

それは違う。スピリチュアリティはむしろ、そうした「枠組み自体」を問い直そうとする。だからこそ、スピリチュアリティは教育と正反対に向かうと、強調されなければならない。

教育の文脈においてスピリチュアリティを語るためには、まず一度、両者を対立的に提示する必要がある。スピリチュアリティは教育とは逆方向に向かう。スピリチュアリティは「脱主体化」、あるいは「脱教育」である。まずそう理解してもらう必要がある。

その後に、しかし実は単なる対立ではない、スピリチュアリティは教育を包み込む営みであると説明する。それどころか、二つの逆ベクトルの関係性こそ「スピリチュアリティ」であると説明する。

しかし最初から一挙にそこまで話を進めてしまわない。本当は教育を迎え入れなければ「スピリチュアリティ」が成り立たないのだし、スピリチュアリティを迎え入れなければ「教育」が成り立たないのだが、まずは一度、「教育」と「スピリチュアリティ」は逆方向に向かうと、対立を際立たせる。

あるいは、両者別々に「棲み分けて」違いを明確にした上で、しかし互いの間に緊張関係があるからこそ、互いが互いにとって必要であることを説明する。そしてその後に、実はスピリチュアリティが「教育とスピリチュアリティの対立」を自らの内に包み込む出来事であると説明する。スピリチュアリティは、自らを否定する契機と無関係に成り立つことはできない。「教育という（スピリチュアリティとは異質の）営みとの緊張関係」においてこそ初めてスピリチュアリティが成り立つ。

そのように順を追って理解してもらった後に、はじめて、実は、教育も、スピリチュアリティを必要とすると説明する。正確には、教育も、自らを否定する契機との関係の中でこそ、生成し続けることができ、スピリチュアリティを迎え入れなければ「教育」が成り立たないと説明する。

スピリチュアリティを迎え入れなければ「教育」が成り立たない。スピリチュアリティと対立する教育ではなく、スピリチュアリティとの対立を自らの内に含み込んだ「教育」が求められている。

しかしそれは最後の最後に語られるべきことである。あるいは、実際には語られることなく、しかし常に根柢において願い続けられていることである。

「教育」概念の理解そのものが、内側から、変わること。しかしそのためには手順を踏む必要がある。直接的にねらうのではなく、何度も回り道を繰り返しながら教育の理解が変わることを願っているのである。

それは透明な生成し続けるはたらき。区切りがない。限りがない。風に似ている。風は吹きぬけてゆく。吹き抜けてゆくという出来事があるだけである。

それを所有することはできない。そのかわりそれと正しく向き合う時、見ている側が変化する。それを言葉によって捕らえることはできないのだが、しかしそれと正しく向き合う時（その存在の仕方に相応しく向き合う時）、私たち自身が変化し始める。あるいは、私たち自身が変化し始めない限り、その真の姿に触れることは出来ない。

スピリチュアリティに向き合い続ける時、人は、その存在にふさわしい仕方で変容し始めることになる。

# 7 発達と脱発達——特殊な両立の語り方（2）

## 1 発達と「超越」

発達の思想は「超越」の視点を含むか。当然その問いは「超越とは何か」という問いとワンセットであるのだが、しかし「超越」は明確な定義を持たない。文脈によって（「俗事から抜け出たこと」、「自然的世界を超えた領域」、「意識の外にあるもの」など）多様な意味で用いられる。しかし「抜け出る・外にある」などの言葉が示す通り、最低限、何らか越えることに関係しているようである。内と外を区切る境界線を越えしまう。ということは、逆にこの言葉は境界線の「内側」を意識させる。本章の課題で言えば、発達という境界線の内側は何かという問い。発達はどこまでを守備範囲とするのか。

### 発達の思想

「発達」という言葉と私が自覚的に向き合ったのは岩波講座『子どもの発達と教育』（一九七九年—一九八〇年）である。当時哲学科の院生であった私は「人間存在論」を求めて右往左往していた。人生の具体的な問題から出発して「人間存在」の在り様を深く解き明かすような思想。「発達」は人生の具体的な問題を扱うという。ならばその視点を深め「存在論」の地平と噛み合わせてゆけば（「人間存在論」と一対をなす）「人間形成論」を構想することができるのではないか。

その「講座・第一巻」には「総合的人間学としての教育学」の構想が提示されていた。「学問分野の総合化」はひとり哲学の任務なのではない、諸科学がそれぞれ哲学的綜合の課題を引き受け、「その学問と人間全体との関連を問い続け」、「各分野が自らも総合的人間学たらんとする努力を続けること」によってのみ可能になる（堀尾、一九七九、三〇六頁）。

私は共感した。「総合的人間学たらんとする努力」に「存在論」の地平を予感し、「その学問と人間全体との関連」に「超越」の視点を期待したのである。ところがその後の「総合的人間学」の展開の中に「存在論的次元」や「超越」は登場しなかった。

＊「総合的人間学」の構想は十分に展開される機会を持たなかった。その後の教育学研究の中で「発達の視点」は多方面から批判を受け防戦に追われていた。例えば、教育学を「発達というミクロな視点」に限定し政治・経済状況との関連を軽視したという（総合的人間学の構想から見たらまるで的外れな）批判に防戦する中で、総合的人間学として理論的に展開される機会はなかった。「総合的人間学の構築」はその後「発達教育学」として展開されたとみることもできるが、その中にも「存在」や「超越」という言葉が登場することはなかった。

それが不満だったのではない。ただ私は、自分の関心が、そうした「発達」とどういう関係にあるのか（まったく別方向なのか、別領域なのか）、その座標軸が設定できずに混乱していたのである。

他方で、当時の私は「超越」を「ある特殊な領域」と考えていた。例えば、神・死者・異界といった殊な領域」という「超越」理解は、「超越」という出来事のごく一面にすぎなかったのである。

違うと考えたのである。ところがその後の私の遍歴はこうした理解の狭さを私に痛感させた。「ある特

発達は日常的な世俗の世界。「発達」と「超越」は位相が違う、同じ現実を見ても、見えている位相が

「非・日常的な領域」。民俗学の地平には普通に登場するこうした言葉が、発達の地平には登場しない。

## 2 発達の中に脱発達を見る――ユング心理学「個性化」を手がかりとして

まず私はユング心理学の「個性化」の前で立ち止まった。「個性化 Individuation」は、図式的に言えば、人生後半のプロセスである。ユングは人生を前半と後半に分け「人生の正午」を過ぎると「下降」が始まるという。下降とは、価値が午前中とは裏返しになること。午前中と同じつもりで走り抜けると失敗する。午後には午後なりの法則と目的があり、それを「個性化の課題」と呼ぶ（ユング、一九八二）。

それに対して、ユングは人生前半の課題を「発達」と呼んだ。再び図式化してみれば、人生前半には〈自我が無意識から独立してゆく〉発達があり、人生後半には〈自我が無意識との関係を取り直してゆく〉個性化が課題となる（本書8章―1）。

興味深いのはこの「発達」の理解である。それは拡大・膨張とは逆に、むしろ焦点が絞られ限定されてゆくプロセスなのである。「図と地」の関係で言えば、「地 ground」から「図 figure」が浮かび上がるプロセス。周囲の余計な部分を捨象する（背後に沈ませる）ことによって、全体の中から「図柄」が浮かび出る。

例えば、切り絵細工は、端切れを切り捨てることによって「絵柄」を浮き彫りにする。鉛筆削りは、

まわりを削り落とすことによって「シャープな芯」を際立たせる。人生前半も同様、「自我」という「図柄」をシャープに削り出すことが課題であり、それを「発達」と理解するのである。

ユング心理学の言葉で言えば、無意識エネルギーの中から「意識」が独立してゆくプロセス。「意識」は自分に馴染むものを内側に、馴染まないものを外側に排除することによって、いわば、ひとつの固まり（自我）を形作ってゆく。ということは、自我の発達は、何かを背景に押しやる（捨てる・排除する・抑圧する）ことによって初めて可能になる。何かを自分の外に追い出し・背景に沈め・無意識領域に閉じ込めることによって、自我を鮮明に形作ってゆくと理解するのである。

それに対して、人生後半の課題は、今度は「切り捨ててきた」部分とのつながりを取り直すことである。「切り捨ててきた」端切れの多くは無意識のうちに忘却されている（なかったことにされている）。そこで自らの無意識と向き合うことが課題となる。

ユング心理学に即して言えば、意識と同一化していた自我が、無意識領域へと自らを明け渡してゆく。いわば、絵柄として切り出される前の、まっさらな一枚紙に戻ってゆく課題である。絵柄と端切れが実は区別のない初発の一枚紙であった。今の絵柄が特権的に際立つ以前、ということは、今の絵柄とは別の絵柄が切り出される可能性を持っていた初発の一枚紙（天衣無縫）。むしろ、多様な絵柄になる潜在性を秘めていた、その「全体性」を感じとってゆく方向。その意味で、丸みを帯び、厚みをもった人格になってゆく課題が「個性化」なのである（図8）。

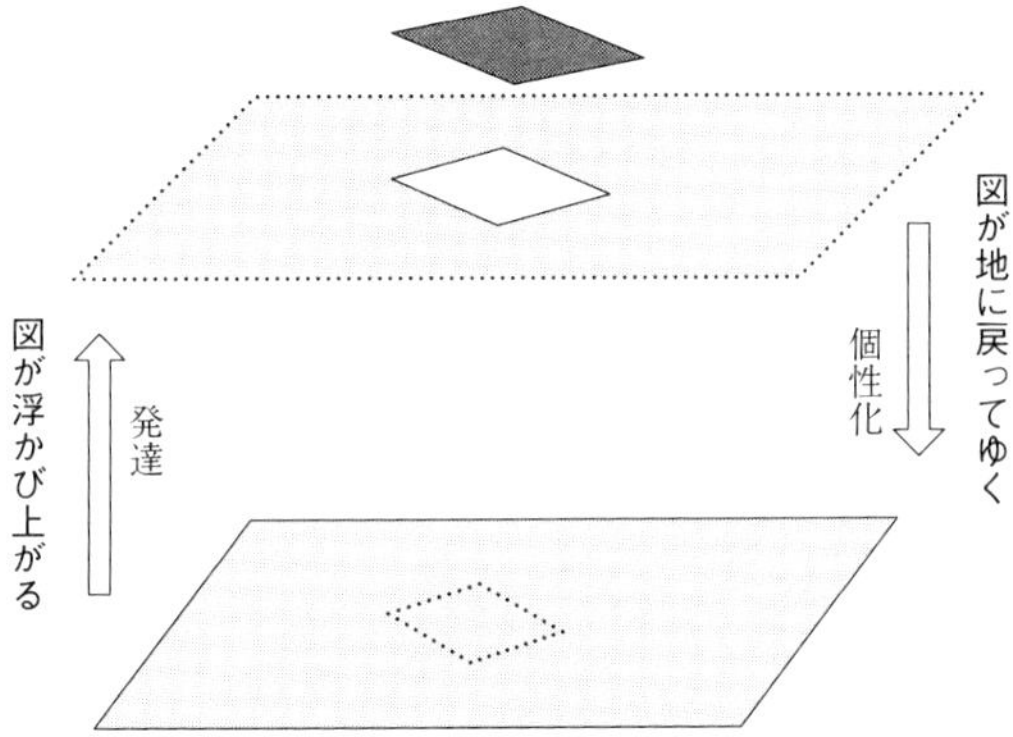


図8　発達と個性化

### 何かができるようになると、何かができなくなる

さて問題は、こうした「個性化」と対比される「発達」である。ユングにおいて「発達」は、何かを切り捨てることによって初めて成り立った。ということは、何かができるようになるとは、〈何かができなくなる〉ことである。何かができなくなるのと引き換えに、別の何かができるようになる。

子どもが歩くようになるとは、横たわったまま体験していた世界を失うことである。二足歩行の不安定に悩まされることなく体験していた世界の安定を失うのと引き換えに、二足歩行の自由を獲得する。そして歩くことを良い（より役立つ・より発達した）とする価値基準の世界に入ってしまうと、もはや原初の「平安」を取り戻すことはできない。

もしくは、人生の進路を決めるとは、多方向に開かれていた可能性を一つに制限すること。多様な可能性を諦めて現実的なひとつの道を選び取る、ということは、何かを失うことと引き換えに、初めて発達が成り立つという理解である（図9）。

当然ながら、そうしたユングの発達理解は、ピアジェのそれとは大きく異なる。ピアジェは「発達」を「より統合の度合い

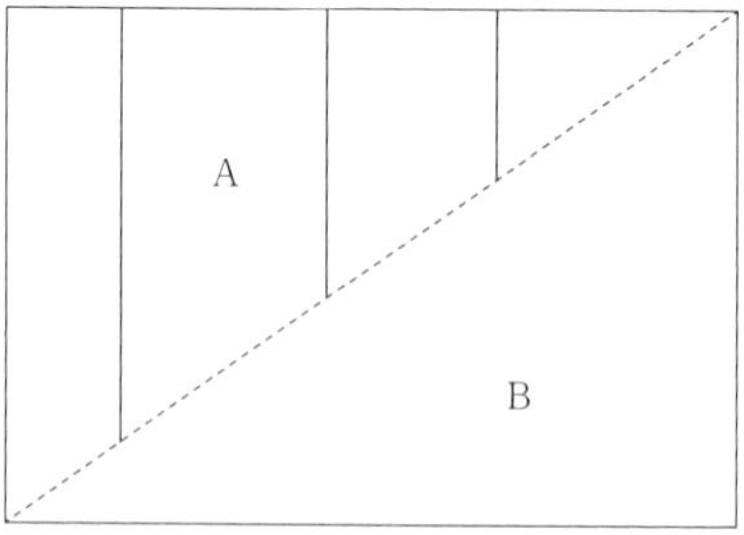


Aが減ることによって，Bが増す

図 9

を高める」と理解した。いわば、立ち上がる前の世界を切り捨てることなく、その世界も包み込むように立ち上がる。ということは、「立ち上がる前の世界」も「立ち上がった後の世界」も共に経験できるようになる。つまり、発達すればするほど、より「統合の度合いが高まり経験の幅が広がる」ことになる。

ユングはそのようには考えない。一度立ち上がってしまうと、もはや「立ち上がる前の世界」は体験できない。正確には、「立ち上がる前の世界」を「まだ立ち上がっていない」と見るようになってしまう。「立ち上がる前」の安定した世界においては、「まだ立ち上がっていない」などという思いは生じなかったというのである（本書コラム3）。

*この対立は、ヘーゲル弁証法の理解の対立と重なる。ピアジェの理解は、ヘーゲル弁証法の「ジンテーゼ」を強調した理解である。いかなるアンチテーゼも次のステージにおいて止揚される。正確には、「止揚 aufheben」の三つのエレメント（「放棄する」「保存する」「統合する」）のうち「保存」を強く読み、「ジンテーゼ」は、「テーゼ」も「アンチテーゼ」も内に保存したまま、どちらも一段高い次元において体験されると理解する。それに対して、ユングの理解は、「アンチテーゼ」を強く読む。あるいは、「ジンテーゼ」における「放棄」を強く読み、新たな次元に至るともはやその前の段階の体験は（その段階固有の体験としては）失われてしまうと読む。むしろ、失うことによって初めて新たな次元が可能になると理解していることになる。

この対立は根深い。ピアジェの側から見れば、ユングの思想は「ロマン主義」に陥っている。原初の全体性から切り離れた者が、孤独と不安定を感じるあまり、元々の安定に過剰な思い入れをする。あるいは、大人になった者が、子ども時代に過剰な期待を寄せ、子どものある一面を肥大化させて想い描く。まさに近代人の自我の願望、原初における「全体性」への回帰願望である。対して、ユングの側から見れば、ピアジェの理論モデルは、結局、優劣につながる。進歩の思想と同じく、ひとつの価値方向性の中で、どちらがより先に進んでいるか、どちらが遅れているか、その序列を創り出すことに手を貸している。

こうして私は、ユングの個性化モデルに「発達」への問いを見た。発達は何かを「切り捨てる」ことによって成り立つプロセスなのか、それとも前の段階を内に包み込みつつ、統合の度合いを高めることなのか。ちなみに「発達教育学」（堀尾、一九九一）は後者を説く。すなわち、発達を「前段階を内に包み込みつつ統合の度合いを高める」プロセスと理解する。ということは、逆に言えば、「何かが失われる」という視点が弱い。「発達は何かを失うことと引き換えに成り立つ」という視点が弱いということである。したがって「折り返し・反転」のダイナミズムが見えにくい。何かを失い、その後に再び回復するというダイナミズムとしてではなく、そのつど統合の度合いを高めてゆくプロセスとして理解し、その結果として「発達」を構築的（ポジティヴ）に理解するのである。

＊むろん「発達教育学」は「発達」の内側に「弁証法的ダイナミズム」を含むと説くのだが、ヘーゲル弁証法の体系と同じく、結果的には、ひとつの体系の中に収まるプロセスとして、「発達」を構築的（ポジティヴ）に提示したことになる。

## 個性化は人生後半の法則なのか

さて議論の範囲を「人生前半・青年期まで」に限定するなら、そうした理解も可能である。しかし「その後」はどうなるのか。人生後半も同じ法則で進むのか、それとも人生後半には発達とは異なる法則があるのか。問題は人生後半を扱い始めるとその根柢の「発達」理解が問い直しを迫られるという点である。「個性化」はその点を突いた。人生後半には前半とは異なる法則があるというのである。

＊ユング心理学の地平をピアジェ的な「発達」理解の中に読み込み、「発達」も「超越」も「統合の度合いを高める」という一方向において理解したのが「トランスパーソナル心理学」のケン・ウィルバーである（ウィルバー、一九八六）。彼の理論地平においては「発達＝超越」と定式化される（西平、一九九七）。

では、その人生後半の法則が「超越」なのか。確かに、個性化を「超越」と重ねて理解すれば話は簡単である。人生前半が「発達」、人生後半が「超越」。そして超越は「自我を明け渡すこと」。自我が未知なる他者に向けて開かれてゆく、防衛的に閉じてしまわない、無意識エネルギーに対して自らを明け渡してゆく（関係を取り直してゆく）。

しかしそのように理解した場合、「発達」と「超越」は別々の時期に振り分けられ互いに離れてしまう。人生前半の「発達」が終わると人生後半の「超越」が始まる。そう理解してよいものなのか。

ある時期から私は「個性化＝超越」という理解に違和感を持ち始めた。そうではなくて、（ややこしいのだが）「発達」と「個性化」との関係が「超越」なのではないか。ユングで言えば、発達が個性化へと逆転する折り返しのダイナミズムを「超越」と考えたいと思ったのである。

「個性化」だけが超越なのではない。発達が個性化へと折り返す、あるいは、発達の中に反転する可能性が秘められている、それが「超越」なのではないか。さらに言えば、個性化の中にも反転し直す可能性が秘められている、その出来事を「超越」と呼ぶべきではないか（本書6章―4）。

ということは、発達が終わって初めて超越が開始されるのではない。むしろ、発達の中に超越の動きが含まれている。発達の中に〈発達とは逆に向かう動き〉が胎動している。発達の中に〈発達とは異質の・発達を越え出る契機〉が働いている。

つまり、発達が、常に自己矛盾を生じるということである。一方では、何かを失うことによって何かができるようになり、にもかかわらず、他方では、失ったものを新たな位相で生かすことができる。その二つの側面が、別々の時期にではなく、いわば同時に生じている。そう考えるべきなのではないか。

## 3　発達の中に脱発達が育つ――稽古の思想を手がかりとして

そうした思いは、日本の芸道思想に親しむようになって、ますます強まった。とりわけ稽古の思想。しかし少し回り道をする。

### ポストモダンと、その後

周知の通りポストモダンは「発達」を嫌った。発達は近代の産物である、発達として見るとは人間の変容の多様性を矮小化することである。では発達を放棄し「生成の無垢」を持ち出せばそれでよいのか。

私はそれでは弱いと感じた。「発達」が一面的・直線的であるのに対して「生成」は多面的・重層的であると、一方的に「生成」を持ち上げる議論に、私は馴染むことができなかった。しかし何が問題なのか、理解できずに混乱し続けているうちに、まるで異なる関心から読み続けていた井筒俊彦の「東洋哲学」の内に微かな手がかりを予感した。

井筒は、東洋の伝統思想を、現代が抱える哲学的課題に対する一つの「解答」として読む。ポストモダンが「解体（脱構築）」を実践した後に、あらためて世界を（構築的に）理解し直す。そうした現代的な課題に対するひとつの解答として、東洋の伝統思想を読み直すというのである。

東洋の伝統思想は、一方で、常に「存在解体」を課題としてきた。しかし解体して終わりではない、他方では、常にその先を求めてきた。ということは、「脱—構築 de-construction」と同時に「再—構築 re-construction」を模索し続けてきた。ポストモダン後の現代が直面している課題に、東洋の伝統思想は、常に向き合ってきたというのである。

「発達」の文脈で言い換えれば、こういうことである。発達を拒否して終わりではない。発達批判を受け入れた上で、あらためて、いかに「人の変容」を理解し直すか。その課題に対する手掛かりを、東洋の伝統的思想の中に期待したのである（本書8章）。

さて、あらためて、そうした私の眼には、発達を排除し「生成」を称賛する議論は、素朴にすぎると思われた。しばしば「子どもの生成」が語られた。人は誰も子どもの頃には自然に「生成」していた。発達などという枠組みに囚われなければ、子どもたちは皆、豊かに「生成」している。その自然なさまを、ありのままに受取ればよいというのである。

＊こうした「ありのまま」の尊重は日本仏教思想史における「本覚思想」と同型である。さらに朱子学を初めとした儒学思想の根底にも同様の「自然な生成」が認められる。息の長い検討を要する。

しかし「生成」は既成の事実なのか。むしろそれは困難なプロセスの後に初めて可能になることなのではないか。例えば、ユングの「個性化」も最終的には「生成」を願うのだが、そのためには、人生後半の長い年月をかけた「工夫」が要る。「生成」も同様、然るべきプロセスを経た後に初めて可能になる出来事なのではないか。

とすれば、「生成」の中身が問われる。「生成」は誰もが経験している既成の事実なのか、それとも然るべきプロセスの後に初めて可能になる特別な経験なのか。あるいは、それは既にあったことなのか、それとも今から創り上げてゆくことなのか。

私は後者を考えた。正確には、「生成」に強い憧れを持っていた私は、自分が「生成を生きる」ために何が必要かと考えたのである。そして自分の中に根深く潜む「発達」への囚われを思った。発達というものの見方の呪縛から離れることはそう容易くない。その点が稽古の思想と重なったのである。

＊今思えば、私は初めから「大人の生成」を念頭においていた。あるいは、自分が「生成する」という課題。発達というものの見方に縛られることのない「生成」する生き方は、いかにして可能か。そうした問題の構図が後に「無心」の問題と重なってゆく。子どもたちは無心に遊ぶ、余計なことなど考えない。しかし大人はどうか。大人が無心に遊ぶことができるのは、然るべき条件がそろった場合ではないか。そこから稽古や修行の話に足を踏み入れたことになる。

稽古の「二段構え」、あるいは「二面性」

日本の伝統的な稽古の思想において、稽古は「二段構え」である。あるいはそのプロセスは「二面性」を持つ。ひとつは、わざを習う側面、もう一つは、わざに縛られぬよう、わざから離れる側面。

ここでも話を単純にしてみれば、最初、子どもたちは「わざ」を習う（「型」に入る）。しかしその最終目的はわざの習得ではない。わざの習得は話の半分、後になると、今度はわざから離れることが課題になる。わざに縛られることなく、「おのずから」自然な動きが生じてくることを求める（「型」から出る）。

では、この後半の課題「おのずから生じる自然な動き」が「生成」であるのか。そして、その「生成」は、「わざを習得する前の自然な動き」と同じなのか。実は、両者を同じと見るか、区別するかによって、話の流れが大きく分かれるのである。

同じと見る場合（図10）、稽古は、元に戻るプロセスである。人は稽古によって「自然な動き」から抜け出て「わざ」を身に付け、しかし再び「自然な動き」に戻ってゆく。つまり稽古は、子どもから出て、子どもに還るプロセスとなる。

他方、両者を区別する場合（図11）、元に戻るのではなく、別のところに越え出てゆく。子どもに還るのではない。子どもの動きとは微妙に異なる「名人の動き」に向かう。

確かにどちらも「わざに縛られない・型に囚われない」、にもかかわらず、両者は違う。例えば、子どもの動きは、条件が良い時には可能であるが状況が悪いと生じない。それに対して、名人の場合は、状況に左右されず、かなりの程度、安定している。おそらくそれは、名人の動きが、一度、わざの習得を経由しているのに対して、子どもの動きが、わざの未取得であることと関係している（本書9章—4）。

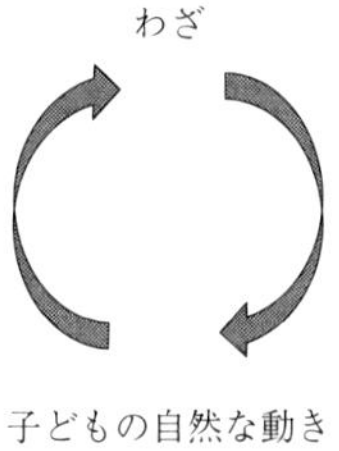


図 10　子どもに還るプロセス

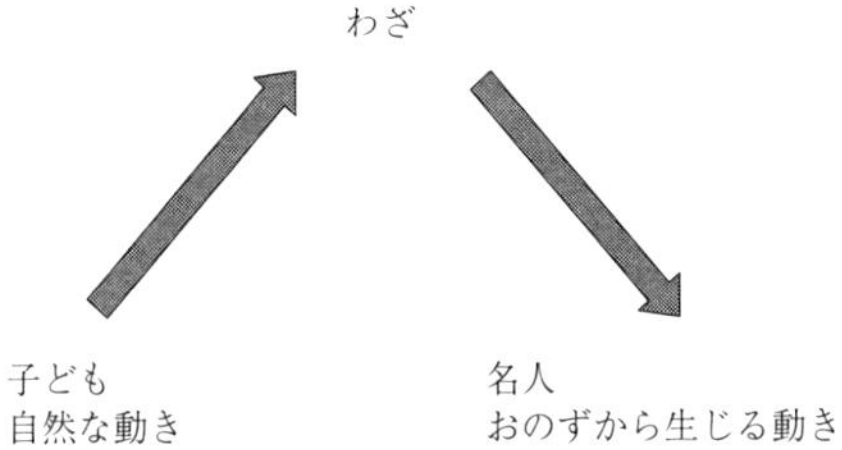


図 11　名人に向かうプロセス

### わざに囚われる危険

一度このように理解した上で、あらためて、話を「発達」に戻す。稽古のモデルで言えば、「わざの習得」が「発達」に相当する。出来なかったことが出来るようになる。ところが、発達の視点には、その先がない。発達によって習得した「わざ」から離れるベクトルがない。「発達」の視点には、発達によって獲得したものに「縛られる・囚われてしまう」危惧がない。

例えば、歩けるようになる・使えるようになる・出来るようになる。何の懸念もない。それらはすべて望ましいことと理解される。それに対して、稽古の思想は、習得した「型」に縛られる危険を語る。出来るようになった「わざ」に囚われてしまう危険。

興味深いことに、今日の「イノベーション理論」がこの危険を共有している。既存の技術や理論に囚われていては「イノベーション」が生じない。むしろ何らか行き詰まり、一度撤退し最初から模索し直していると、しばしば「偶然」をきっかけに、今までとはまったく異なる地平が開けてくるというのである（山口、二〇〇六、本書10章—3）。

では、そうした「混乱しながら模索する」プロセスを何と呼ぶか。「脱発達」と呼んだらどうか。これまでの「発達（習得した技術や理論）」から抜け出し、常識への囚われを脱ぎ去るプロセス。

＊「脱発達」という用語は英語にすると奇妙なことになる（De-development、ドイツ語の場合は Ent-entwicklung）。「development」自身が、既に何らかの「脱 de-」である。とすれば、稽古の思想やイノベーション理論が強調する「脱発達」は「発達」の内に生じる「行きつ戻りつ」の一場面と理解されてもよいことになる。

再びピアジェを思い出す。ピアジェはこの場面で「調節」という言葉を使う。「シェマ（認知的枠組み）」を習得してゆく「同化 assimilation」に対して、その「シェマ」自体を変換させ別の「シェマ」へと移ってゆく「調節 accommodation」。いわば、パラダイムが転換してゆくプロセスである。ところが、ピアジェはそのプロセスを「再統合」として語り、「離れる・脱する・放棄する」という（否定的）側面を強調することはなかった。むしろ、別のシェマへと再統合し・移行する「均衡化 equilibration」と（肯定的に）語ったのである（鈴木・西平、二〇一四）。

しかし「前のシェマへの囚われ」から抜け出ることは簡単なことではない。当事者の感覚で言えば、それは、大変な混乱状態である。停滞し、土台を失い、無駄なことをしているという不安が募る。あるいは、既成のシェマに即して効率よく働いている同僚からの冷たい視線が気になり、保証のない暗闇を手探りする（進んでいるのか崩れてゆくのか自分では分からなくなる）。

だからこそ（その反動なのだろう）「脱構築」はしばしば過剰に破壊的になる。既成の枠組み（シェマ・パラダイム）の破壊、しかも多くの場合、破壊する相手は「他」である。それに対して、稽古の場合、その相手は「自分」である。我が身が囚われている常識との闘い。あるいは、その習得を目指して何年も稽古を重ねてきた「型」との対決。そうした意味における「脱学習・脱発達」を、稽古は、その展開の一段階として位置付ける。

つまり、稽古は「発達」と「脱発達」から成り立っていたことになる。

## 発達と脱発達の同時並行

さて、稽古の思想でも、この二つのプロセスは、しばしば異なる時期の出来事として理解されてきた。ところがよく見ると「発達」の中に既に「脱発達」が含まれている。例えば、師匠からの働きかけの中には、わざの習得に向かうだけではない、むしろその方向に疑問を投げかける言葉が含まれている。あるいは、意図的に弟子を混乱させ、それを通して発達の内側を充実させようとするかのような働きかけがある。少なくとも、発達の効率だけ考えたら得策とは思えない仕方で、学習者を立ち止まらせ、時には、発達そのものを疑うような働きかけ（深い知恵を秘めた、しかししばしば誤解される、謎めいた言葉）が聴かれる。

とすれば、「発達」を終えてから「脱発達」が開始されるのではない。「発達」と並行して「脱発達」を経験する。あるいは「脱発達」を（隠し味のように使うことによって）「発達」を確かな手ごたえをもって体験させる仕掛けが、稽古の現場では生じていたことになる。

それが「発達における超越」ではないか。つまり発達が、自らの内に、自らとは正反対の動きを生じさせること。発達が「脱発達」を内に秘め、脱発達を内に育ててゆくこと。それが「超越」、すなわち、稽古の思想から見た時の「発達における超越」であると考えたのである（西平、二〇〇九）。

## 4　発達と脱発達の循環の中に入り込む

あらためて「超越」とはどういうことか。既に多様な意味で用いてきた。まず、発達とは異なる領域として「超越」を理解した。発達という日常の内側を「抜け出る・超え出た・外にある」領域。例えば、「神」や「死者」の領域。

次に、人生前半の「発達」に対する人生後半の「個性化」を「超越」と理解した。いわば「発達」と「脱発達」を区別し、後者だけを「超越」とする理解。

そして第三に、「発達」と「脱発達」の両方向の関係を「超越」とする理解が示された。「発達」の中に「脱発達」が含まれる、あるいは、両者が緊張関係をもって互いに影響し合う、そうした関係そのものを「超越」と理解する。もしくは、両者の「二重写し」と理解するなら、「発達」と「脱発達」という逆ベクトルを同時に（二重写しに）捉える視点。発達の側から見れば、発達と同時に、発達とは逆に向かう方向が重なり合っている。一方向だけではない、逆方向への動きを裏に秘めている。そうした「二重写し」を「超越」と呼ぶということである。

この場合、「超越」は矛盾を生じる。超越が働くとは、自己完結することなく、自らのうちに「自己矛盾」を生じさせること。外から対立項がやってくるのではない。自らの内に「自らを越え出る」攪乱要因を育てていることになる。

＊ヘーゲルの「自己疎外」に近い。しかしヘーゲル哲学のように最終的な体系を持たない。その意味では「超越性」は「脱自」である（自らを越え続ける）。自らの外に出てゆき続ける出来事として理解される。

＊特殊な両立 ── 140

## 発達の中にはたらく超越

では、発達の思想の中にこうした「超越」が生きて働く場合、「発達」はどう理解されるか。「超越が生きて働く発達」は、ひとつの方向性を持ちつつ、それとは逆の方向性を内に秘めている。例えば、「地」から「図」が浮かび出てゆくベクトルの中に、逆に「地」へと戻ってゆくベクトルを併せ持つ。「図」の完成が最終目的ではない。

もし、図が独立して終わりであるなら、図はそれ以上変容しない。図はそのまま固定される（図に縛られてしまう）。それに対して、超越が生きて働く場合、図を「地」に戻す視点を併せ持つ。地に戻るとは、ひとつの図になる以前の、多様な可能性を秘めた地平に戻るということである。しかし「図」を消去しない。「図」と「地」を二重写しにする。

つまり「図」が固定されることを警戒しつつ、しかし「図」を形成する。「図」を放棄しない、しかし固定しない。「図」が、そのつど変容し続けてゆく「しなやかさ」を保つように、暫定的な「図」として受け取る。それが「発達における超越」ということではないか。

＊「形」と「流れ」で言い換えれば、「形」になるとは固まること、「流れ」を止めてしまうことである。しかし超越が生きて働く場合、「かたち」と「流れ」が二重写しになる。「流れ」は「形」になろうとするが、しかし「かたち」は「流れ」を内に秘め、固定されてしまわない。

## 全体性との関係を取り戻す

ところで、以上のような理解が、個人の発達に過ぎないと言われるなら、今度は、複数の個人間の対話を考えてみる。完成した「図柄」と同じく完成した他の「図柄」との対話。

そうした両者の関係を「水平的」（$\alpha$）」と呼ぶなら（図12）、超越の視点は「垂直的」な変容（$\beta$）を介して、両者の関係を取り直そうとする（図13）。

完成し独立した個人と個人との関係（$\alpha$）ではない。それぞれが自らの「地」を思い出す（$\beta$）。「地」は共通の地平を持つ。例えば、共にかつては子どもであった。胎児であった。そしてそこでは自他の区別がはっきりしていなかった。「自分」だけが独立することなく、すべてがつながりの中にあった、あるいは、すべてが「じぶん」であった。

ひとつの図柄として独立する前の、すべての図柄の母胎であった「地」。まだ多様な図柄になり得る潜在性を秘めていた「地（全体性）」（$\gamma$）。そうした「地」との関係性を取り戻すことによって、両者の関係を問い直す（図14）。

しかし「地」に埋もれるのではない。「図柄」を放棄するのでもない。区切りのない一枚布（天衣無縫）に帰ることが目的ではなく、「地」と二重写しになった「図柄」に戻ってゆく。

言い換えれば、それは「図」のしなやかさを取り戻すことである。生きた相手との関係性の中で、状況に合わせつつ、しかし自らの「図」を保つ「しなやかさ」を取り戻そうとする（図15）。

## 発達における超越の視点

発達における超越の視点は、（見てきたように）しばしば発達と逆方向と理解されてきた。例えば、わざを習得する方向に対して、わざから離れる脱発達。しかし「離れる」ことが最終目的ではない。わざから離れる方向を併せ持つことによって、わざに厚みをもたせる。あるいは、その時その場に合わせて自在に変容する。そうしたしなやかな「わざ」を求める。

同じことを「主体の確立（主体化）」として言い換えてみれば、主体を確立してゆく「主体化」に対して、主体を手放してゆく「脱主体化」が「超越」なのではない。生きて働く超越は、主体の放棄を目的

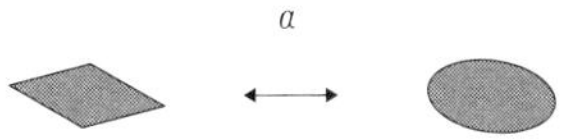


図 12　個人と個人の「水平的」関係

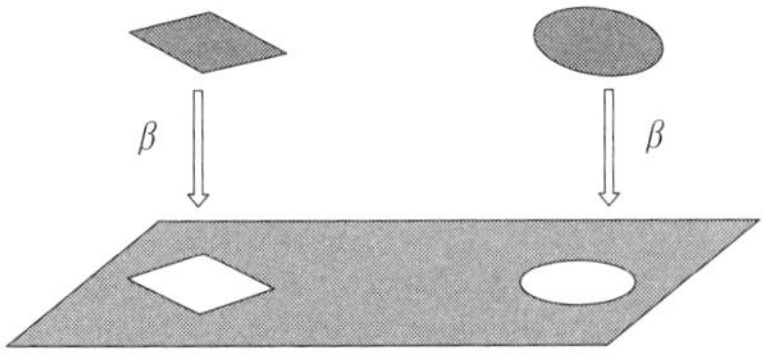


図 13　それぞれ自らの「地」を思い出す
（個人として独立する以前の全体性を回復する）

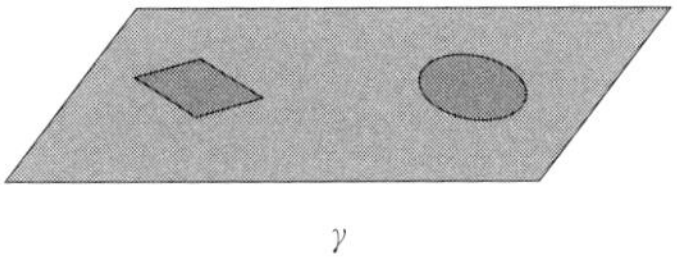


図 14　独立した個人（図柄）となる以前の「地（全体性）」

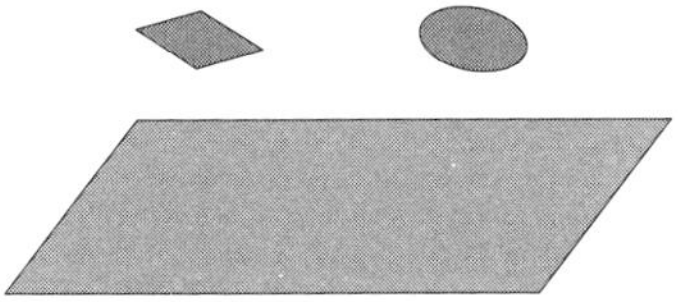

図 15　「図」と「地」の二重写し
（「図」に縛られないが「全体」に埋もれることもない）

とするのではない。主体を固定させないために、主体の内側に反対方向への動きを生じさせる。主体が自己完結してしまうことなく、生きた状況変化に対応しながら、しなやかに変容する。そのために「全体性」との関係を取り戻そうとする。主体が主体として独立する以前の（まだ自分がその中に含まれていた）「全体性」に敬意を払い、自らを、その中に位置づける。

繰り返すが、主体を放棄し全体性の中に埋もれるのではない。そうではなくて、主体を放棄することもできるし、守ることもできる。その「二重写し」を求める。あるいは、主体を確立する「発達」と主体を放棄する「脱発達」と、その二つのベクトルの往復・循環の中に入り込むことによって、そのつど新しい主体が生れ出てゆく可能性を求めてゆく。

＊この場合も、常に新しいことがよいとは限らない。変えてはいけないことと変えるべきことを見分け、そのつど状況全体のなかで判断しながら、新たな主体となってゆくことが求められている（本書83頁）。

発達と脱発達との二重写し。そうした特殊な両立の出来事を「超越」と理解したいと思っているのである。

## コラム3　脱学習 unlearn

何かが〈できる〉ようになるとは、何かが〈できなくなる〉ことである。何かができなくなることと引き換えに、別の何かができるようになる。

子どもが歩き始める。実は〈横たわったまま体験していた世界〉を失うということである。転ぶ心配のない平安な世界を失うのと引き換えに、二足歩行の自由を獲得する。そして、歩くことを「よい（より役立つ・より学習した）」と見る世界に入ると、原初の「平安」を忘れてしまう。

それに対して、稽古の思想は、この原初の平安を取り戻そうとする。歩くのをやめるのではない。歩きながら、その内側に、原初のからだの自然な流れを取り戻そうとする。むろん稽古も「わざ」を求める。知識やわざを習得する「学習 learn」を基本とする。ところが稽古は「わざ」に縛られることを警戒する。「わざ」に縛られると「わざとらしく」なる。身体の自然な流れが消えてしまう。そこで「わざ」から離れる。習得した知識やわざから離れてゆく「脱学習 unlearn」を稽古のプロセスに組み込んでおくのである。

しかし「離れる」ことが目的ではない。むしろ「わざ」から離れることによって「わざ」それ自身に厚みをもたせようとする。からだの自然な流れを壊した「わざ」ではなく、「からだの自然な流れのままのわざ」が願われている。

こうして、稽古は「学習」と「脱学習」から成り立つ。では「脱学習」は「学習」が終了した後に（上級編として）開始されるのか。図式的にはそう理解して間違いではない（そう理解しないと話が混乱する）のだが、実は、稽古の思想は常に「学習」と「脱学習」をワンセットに見ようとする。「学習」を終えてから「脱学習」を開始するのではない。「学習」の中に既に「脱学習」を含めておく。常に表裏一体、互いが互いを裏打ちするように、その全体を見ることを教えるのである（西平、二〇一九）。

本書はそうした関係を「二重写し」と呼ぶ。相反する二つの理解を矛盾したまま同時に受け入れる特殊な両立（「即」、「即非」、「同時現成」、「交叉反転」）。対立は解消しないのだが、単なる対立ではない。互いが互いを異化する仕方ではたらく。『大乗起信論』（大乗仏教の論書）は「非同非異」と呼ぶ（同じではないが異なるわけでもない）。相補的に支え合うこともあれば、激しく対立することもある。互いに刺激し合うことによって、それぞれが変化してゆく関係なのである（西平、二〇一六）。

# 8 東洋哲学と人間形成——井筒俊彦の理論地平から

## 1 井筒俊彦の理論地平

ポストモダンの哲学は「解体」である。例えば、デリダの概念「痕跡 trace」。私たちが通常実在していると思っている事物は、実は「事物の痕跡」にすぎない。「痕跡」であるならば、その始まりとなる「本体」があってよいはずなのだが、どこまで行っても本体がない。外界に実在している（と考えられている）「本体」を欠いたまま、ただそれを指し示す記号だけがある。客観的に実在する（と考えられてきた）事物の世界は、実は、本体が不在のまま、ただそれを指し示す記号だけの世界にすぎなかったことになる。いわば、実在する（と考えられてきた）「指示対象」を欠いたまま、「能記と所記」の記号のやり取りだけが織りなす「テクスト」の世界。その世界では、ものの代わりに「ものの痕跡」だけが浮遊する。存在は解体され、痕跡（記号）だけが揺らめいている（「書く——デリダのエクリチュール論に因んで」、井筒俊彦『意味の深みへ』。以下、井筒の文献は書名を記す）。

そうした（一見ラディカルに聞こえる）「存在の解体」が、実は東洋の伝統的な思想にとっては共通の土台である、あるいは、東洋の思想は常にその地平を求めてきた。そうした事の次第を見事に解き明かしたのが井筒俊彦である。文字通り古今東西の言語と思想に通じたこの碩学は、東洋の思想が現代思想の最先端と「存在解体」という点において地平を共有することを、誰の目にもわかる形で書き残した。

のみならず、井筒によれば、東洋の思想は「存在の解体」と同じだけ「その回復」を説いた。「脱―構築 De-construction」と同じだけ「再―構築 Re-construction」の視点を説いた。ということは、東洋の思想は「ポストモダンを越える」手がかりを内包していたことになる。存在解体の後の思想。まさにその視点から、井筒は伝統的な東洋の思想を読み直したのである。

そうした井筒の理論を手がかりに人間の変容を考えることはできないか。ポストモダンの存在解体作業が一通り終わった後に、人間形成の問題を、存在論的・実存論的な根底から構築し直す試み。単に近代を拒否するのではない。逆に、近代にしがみ付くのでもない。近代の存在秩序（理論枠組み）が解体した地平を共有した上で、しかし解体したまま放置するのではなく、あらためて異なる枠組みを希求する（ポストモダンと人間形成理論の関連については、例えば、増渕・森田編、二〇〇一）。

### 図式的な対比

話を単純にしてみれば、西洋近代の思想は「自我の形成」に焦点を当て、逆に、東洋の伝統的な思想は「自我からの離脱」に焦点を当てる。ユングの用語法に倣えば、「人生前半の午前中」については西洋近代が、「人生後半の午後」については東洋の伝統が担当し、その転換点である「人生の正午」の位置に「自我」が配置されていたことになる（本書6章―2）。

では一体、東洋の思想は「人生前半」をどう扱ったのか。例えば、今日の私たちが「子どもの発達」

と呼ぶ一連のプロセスを、東洋の思想はどう理解してきたのか。「発達」とはまるで異なる理解を持っていたのか、それとも「自我の形成」などにはまるで関心がなかったのか。

以下見てゆくとおり、東洋の思想は多くの場合「大人の日常意識」から出発する。それ以前のプロセスには目を向けない。では、大人の日常意識が形成されるまでのプロセスは、その後のプロセスになんらの影響も与えないのか。精神分析理論に倣えば、ある個人の宗教経験は、その人の「幼児期体験」と深く関連する。例えば、深い瞑想の中で父母との相克が思い起こされるといった体験が、東洋の深遠な哲学的洞察の中ではどのように考えられてきたのか。

あるいは、逆に今度は、悟りに至った覚者はいかに子どもを育てたのか。例えば、「無一物」の境地に至った禅の老師はどのように子どもを育てるのか。身心脱落のはてに究極の「無」を大悟した覚者の眼には「子どもの発達」がどう映るのか。あるいは、覚者は子育てなどには関わらないのか。「子育て」などという俗事に心を迷わせている限り、究極の境地に至ることはないのか。それとも、覚者や老師も、こと子育てとなると、凡人となんら変わらぬ悩みの中にあるのか。

＊エリクソン『青年ルター』の洞察を念頭におく。あるいは、親鸞とその息子の葛藤、ガンディとその長男との相克など（宗教心理に関する考察については、島薗・西平編、二〇〇一）。

確かに、こうした問いは御門違いである。しかも双方から叩かれる。東洋思想研究から見れば、訓詁学の深遠な伝統を無視して、「子ども」や「発達」といった場違いな問いを持ち込むことは不遜である。しかし、東洋の思想を訓詁学の占有物とせずに、現代の関心から読み直すことこそ、井筒自身が課題としてきたことである（例えば「人間存在の現代的状況と東洋哲学」『意味の深みへ』所収）。他方、発達研究の側から見れば、東洋的な「無」や「空」といった「空理空論」は、発達の実態からあまりに遠く隔たっている。しかし「自我」とか「発達」とか、そうした研究の基礎をなしていた概念自体が解体してしまった今、それこそ存在論の基礎から「発達研究」を問い直すことが求められているのではないか。

つまり、従来の人間形成の理論（発達研究・教育研究）が土台としてきた西洋近代の存在秩序が解体したこの時代において、これまでとは異なる（オルタナティヴな）、より包括的な（ホリスティックな）理論の枠組みを提示しないことには、もはや動き出すことができないところまで、私たちは追い詰められているのではないか。あるいは、そうやって動き出さない限り、一方では、存在解体の理論地平に無神経な実証研究が積み重なり、他方では、そうした実証研究の土台の弱さをあげつらうばかりの「近代批判」が積み重なり、相互に対話の成り立たないまま不毛な小競り合いが続くことになる。その活路を東洋の思想に求めることはできないか。

### 東洋の思想は子どもの自我の発達をどう見たのか

確かにこれまでにも人間形成の観点から東洋思想に注目した研究があった。とりわけ井筒の構図を基礎に「ホリスティック教育」の問題を問い直した中川吉晴氏の仕事は重要である。しかしその中川にしても「東洋の教育」を「悟りへの教育 Education for Awakening」と呼び、「自我を確立した後」のプロセスに焦点を当てる。前半が、西洋の近代教育＝自我の形成、後半が、東洋の伝統的教育＝自我からの離脱という対立構図である（Nakagawa, 2000）。

それに対して、本論の問いは（挑戦的に言えば）「子どもの自我の発達を東洋の思想はどう見たか」である。「（近代という時代限定のない）子ども」も、「（実体として理解されやすい）自我」も、「（進歩の理念と結びつきやすい）発達」も、もはや散々に批判しつくされた時代において、まるで異なる地平から〈自我や発達と語られてきた出来事〉を問い直す試み。身心脱落の果てに「無自性」や「縁起」といった存在の真相を極めた東洋の哲人たちが、幼児期や少年期における「自我の発達」をどう見たのか。

＊この問いは「発達批判」を踏まえている。例えば、矢野智司氏は「発達」を「有用性を身につける過程」と規定し、有用性の秩序を破壊する瞬間を「溶解体験」あるいは「生成」と呼ぶ。その上で両者の「否定の否定」「絶え間ない自己の組み換え運動」を見ようとする。私は矢野の言う「運動」を〈「生成」と「発達」を「二重写し」に観る可能性〉として、東洋思想の中に探ろうとしていることになる。しかし矢野の議論は時に「生成」の側面に傾きがちである。例えば、村山四郎の詩「鉄棒」を手がかりにして「子どもの鉄棒遊びにおける溶解体験」の瞬間を語る際、矢野の目は、「ああ」とか「おお」としか言い表すことのできない子どもの「言葉を失う体験」には向かうが、それを再び「言葉の内にすくい取る」詩人の営みには向かわない。少なくとも、〈言葉を越えた体験を大人の既成の言葉に納めることへの拒否〉と比べて、〈大人（詩人）が新たな言葉を紡ぎ出してゆく営みへの評価〉は弱い。私の焦点は、「言葉を失う体験を新たな言葉の内に捉えようとする大人（詩人）」の営みにある。既成の言葉でもなく、言葉を失うのでもない。新たな言葉を紡ぎ出す視点を確認したいと思っているのである（本書187頁）。

むろん、東洋の思想には「自我」や「発達」など登場しない。仮に登場したとすれば、それらはすべて排除されるべき障壁である。自我や発達に囚われているから事の真相に届かない。

しかし井筒が示した通り、東洋の思想は「解体」と同じだけ「回復」のベクトルを持つ。「脱―構築」と同じだけ「再―構築」の視点を持っていた。ならば「発達」を拒否するのと同じだけ、「発達」を受け取り直す視点を持つのではないか。「自我からの離脱」を語るのと同じだけ、「自我の形成」を新たに理解する視点を持っているのではないか。無自性や縁起を見抜くその目で、「自我」「発達」「子ども」を、新たな視点から捉え直すことができるのではないか。

小論はその序章にすぎない。作業図（ダイアグラム）を提示し問題点を洗い出す。提示される雑多な問題群は、「東洋思想と人間形成」という枠組みのもとに今後予定される長期的な探究の中で繰り返し問い直されてゆく課題である（本書9章・10章。なお、本書において「ダイアグラム」とはすべて次頁の図を指す）。

## 2 「分節」をめぐるダイアグラム――東洋思想と発達研究

ダイアグラム（図16）は、四つのステージと三つのプロセスから成り立っている。四つのステージは異なる「意識の状態」である。

私たちの日常意識は、多様な意識状態のひとつである。言語と知覚によって個々の事物を混乱せずに認識している意識状態（睡眠中の意識でもなければ、酒に酔った意識でもない）。本書が読者として想定する言説共同体の意識状態である。ダイアグラムはこのステージを「分節」と表記する。

＊井筒の理論枠組みは「分節」を核心とする。「分節」とは「区切りがある」こと。それに対して、この区切りの境が薄くなり、徐々に消えてゆくと、その行き着く先に「区切りがない」位相が想定される。それを「無分節」と呼ぶ。そこで「分節 articulation」と「無分節 non-articulation」が中心概念となる。あるいは、分節と無

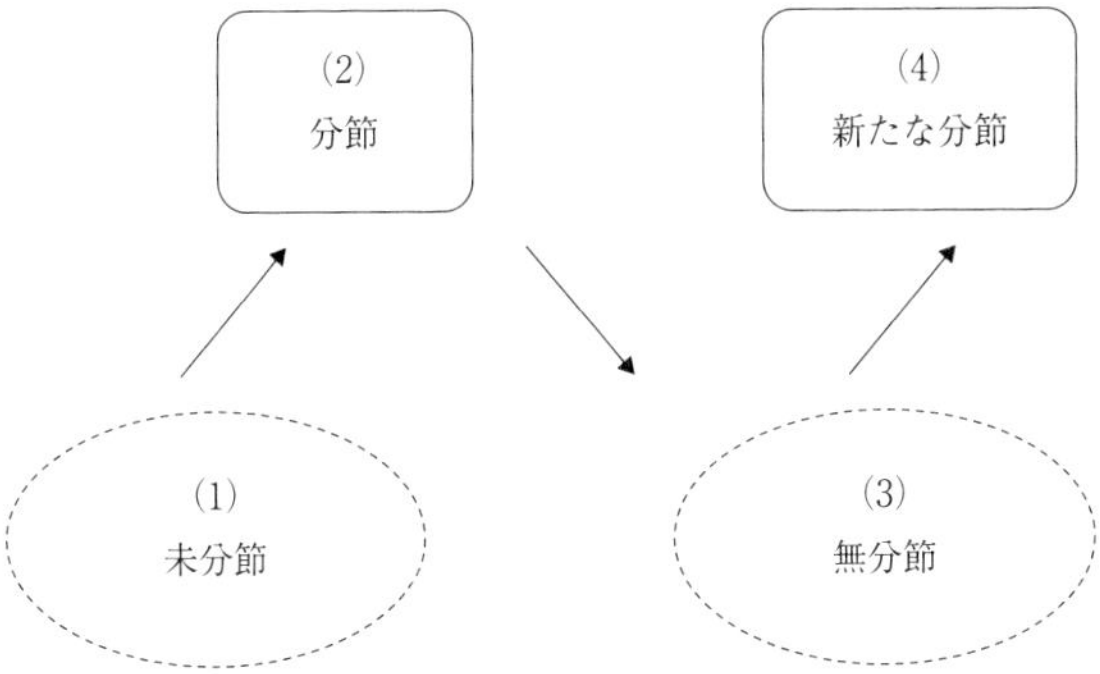


図16　ダイアグラム

分節の間に広がるグラデーションが、井筒の理論枠組みであったことになる。

東洋の思想は多くの場合、この意識状態から議論を開始する。それ以前のプロセスについては多くを語らない。それに対して、このダイアグラムは、日常意識以前のプロセスを「未分節↓分節」として提示する。例えば、それは自我意識を形成してゆくプロセスであり、言語の枠組みに分節化された認識を獲得してゆくプロセスである。

＊ダイアグラムの最大の問題は、質の異なる三つのプロャスを同一平面上につないだ点にある。「無分節↓新たな分節」のプロセスは時系列上の展開ではなく、究極の境地における意識構造である。「分節↓無分節」のプロセスを時間的な形成過程と理解するのは、いわば修行のための「方便」であって、実はこれも私たちの日常意識の立体的な深層構造と理解される。実際、井筒はしばしば「表層意識」と「深層意識」という言葉を使い、意識の多層構造として説明する。そうであれば、実は「子どもの発達」と見做される「未分節↓分節」のプロセスも、時系列に沿った変容ではなく、意識の多層構造として理解されるのではないか。大人の日常意識の内に多層的に積み重

なった立体的な構造ではないか。あらためて「時系列における変容（発達的視点）」と「立体的な多層構造（構造的視点）」の関係が問い直されることになる。

### 「未分節→分節」

さて、「未分節」は、あらゆる分化が始まる前の未分化状態である。例えば、母子未分化に象徴される根源的な一体性の中にたゆたっている状態。自己と他者との区別が生じる以前。言語によって区切りが生じてしまう以前。すべてが未分化な世界（ユングで言えば「自他未分のウロボロス状態」）。

「未分節→分節」のプロセスは、この根源的未分化状態が徐々に分化してゆくプロセスを指す。自己と他者が分化し、自我の意識が成立し、言語によって世界が分節化されてゆく（この文脈において「自我」とは、言語によって分節化された自己意識であり、それは分節化された対象世界の成立と同時成立である）。

東洋の思想はこうした発生的なプロセスについては語らないのだが、存在論的な意味における「分節」の成立については、極めて魅力的に語る。例えば、井筒がしばしば引用する『老子』の「無名から有名へ」の存在転換。

「名無し、天地の始め。名有り、万物の母。」（『老子』一）

天地の始め、本来的な姿においては、名がない。分節がない。独立したものとしては現れていないということである。名を持たないものは、まだものではない。「『名』があって、はじめて『無』が『有』になり、そこにはじめてものが出現する。……『名づけ』がものを、正式に、存在の場に喚び出すのだ」（『意識の形而上学』四三頁）。

むろんこうした名づけの原初的事態は、私たちの経験世界ではごく稀である。むしろ私たちにとって個々の事物は既に名前を持っている。出来合いの区切りが付いている。というより「ひとつの文化に特有の存在分節の体系」が「特定の名前の体系（ラングとしての言語の体系）」として成り立っている文化共同体の中に、私たちの方が生まれて来たということである。したがって、その言語を習得することによって、その文化に特有の分節の仕方を身につけてゆく。

ということは、逆に言えば、その言語を習得する以前は、世界が区切られていないということである。未だ名前がない「未分節」の状態。

そうした未分節状態が、主として言語によって分節され、独立した事物が現れてくる。正確には、言語（ラング）の意味分節システムを習得することによって、経験世界が分節化されてゆく。

＊「未分節」と「無分節」の区別は重要な課題である。「区切りがない」という点において両者は共通するが、「分節から離れる」プロセスを「後戻り・退行」と混同させないためには、「未分節」と「無分節」を区別する必要がある。〈自我や言語を獲得する以前の未分化な一体性〉と、〈自我や言語を体験した後にそこから離れた無分節〉は、少なくとも概念上は区別しておかないと余計な混乱を招く。例えば「自我を越える」という現象が「病的な異常」と混同されてしまったりする、トランスパーソナル理論が言うところの「プレ／トランスの混乱」を避けるための用語法である（本書110頁）。

### 「分節→無分節」

そうしたプロセスの終点をダイアグラムは「分節」と呼ぶ。それは私たちの日常意識。言語の区切りによって無数の分割線を引き、それによって個々の事物を独立した実在と見る。そうした「客観的事物」を成り立たせる意識を井筒は「ロゴス的差別性」と表現する。あるいは、現象学の用語で言えば「……の意識」。「何物か」として分節された事物を対象（ノエマ）とする意識（ノエシス）ともいう。

禅はこの分節の意識を「心を擬する」と呼び、「見性」への最大の障壁と見る。禅のみならず、井筒によれば、伝統的な東洋の思想の多くは、この「分節」から出発し、「分節」から離れてゆく変容プロセスに主要な関心を示してきた。「往相」に相当する。

このプロセスは、名称も形態も様々であって、例えば、インド思想のヨーガ、大乗仏教の止観、禅の座禅、老荘の坐忘、イスラームの唱名（ジグル）など。いずれも、日常意識を弱めてゆき、意識の深層に潜む特異な認識能力を活性化するための体系的な意識変容の方法である。

では、このプロセスにおいて何が起こるのか。一言でいえば、意識における「世界の現れ方」が変容する。いわば、すべての事物が流動的になる。言語によって分節化されていた区切りが解け始め、独立した実体としての境界線が消えてゆく。

老子における「名づけ」がものを存在の場に呼び出したとすれば、今度は逆に、その「名」を剝がしてしまう。名を剝がし、区切りをゆるめ、独立したものとして固定される前の流動的な世界を回復してゆくプロセスである。

＊この「分節→無分節」のプロセスを「意識水準の下降」と理解することもできる。しかし「意識水準は下降しても、その時に意識的な判断力、注意力、観察力などが必ずしも低下するとは限らない。……西洋近代においては、そのことが理解されていなかったことと、自我の重視ということがあったので、意識水準の下降はす

べて異常とか病的と考えられた」という指摘は興味深い（河合、一九九五、一四九頁）。なお、「分節→無分節」のプロセス途上に現れる世界が、区切りのぼやけた「イマジナル」な世界であることについては、井筒に詳細な考察がある（本書12章）。

荘子は「斉物《せいぶつ》」と呼ぶ。すべての物を斉《ひと》しくし、物と物を区別する境界線を取り除く。井筒はそれを、ある種の「破壊（存在解体）」と説明する。独立した「もの」を解体するプロセス。しかしそれは、荘子の世界においては、個々の事物をその本来の姿に引き戻すための方法論的解体である。存在の本来の姿である「道」には何の区別もない。境界線もなく、分節もない。

「夫れ道は未だ始めより封有らず」（斉物論）

「封」とは物と物を区別する境界線。「道」にはその境界線がない。そうした「道」の真相を取り戻すための意識変容、あるいは実存的転換である。

＊こうした意識変容に関連して、井筒は「新古今的幽玄追求における『眺め』」、「平安期における『ながめ暮らす心』」に言及する。それは区切りをぼかし、区切りの限定を超えることによって存在の真相が現われるのを待つ意識であるという（『意識と本質』Ⅱ章）。

さて、ダイアグラムにおける「無分節」は、このベクトルの終着点である。さしあたり、分節の消え失せた、境界線のない、個々に独立した事物が姿を消した状態と理解される。

「水の比喩」で言えば、「分節」は氷という固体。氷の固まりは独立しているから区別がある。丸い氷、四角い氷。ところが、その氷が溶けて水になる時、形がない。二つの氷も解けてしまえば区別がない。まして透明であれば、境もなく区切りもない。丸い氷も四角い氷も、溶けてしまえば同じひとつの水に溶け合ってゆく。「無分節」とは完全に溶けた透明な水ということになる。

井筒は「存在論的透明性」という。東洋の思想はこの境位をそれぞれの伝統に従って様々に呼んだ。無心（禅）、空（大乗仏教）、無相ブラフマン（ヴェーダンタ）、エーン・ソーフ（カッバーラー）、無名（老子）、絶対的一（イスラーム）（『意識の深みへ』I章）。

ところで井筒は、この最も深まった状態を「意識と実在の究極的なゼロ・ポイント」と呼ぶ。その地点において、意識はもはや「何物かの意識」ではなく、純粋な「意識そのもの」である。それは「無」の意識ですらなく、むしろ「意識」が「無」と完全に同一になっている。

むろんそう言ってすむ話ではない。東洋の伝統思想は、それぞれの地平の中でその境位を限りなく深く追求し、膨大なテクストを残した。しかしこの限りなく深遠な境地についての検討が本章の目的ではない。むしろ重要なのはこの地点が最終目的地ではないという点である。ここが折り返し地点になる。「無分節」が終点ではない、その後、仏教の伝統に倣えば「還相」に相当するプロセスが残っている。

水の比喩で言えば、水が再び凍ってゆくプロセスである。流体だった水が再び凍りはじめ、独立した形をなしてゆく。その先のステージをダイアグラムは「新たな分節」と呼ぶ。存在論的に言えば、仏教の伝統思想が「無自性」と呼んだ、「分節」は取り戻すが「固定性・実定性（自性）」を持たない、新たな分節。さしあたり、しなやかな・流動性のある区切りと理解しておくことにする。

他方、認識論として見れば、「新たな分節」とは「二重写し」の機能。「区切りなしの世界」と「区切りのある世界」とを「二重に・重ねて」見る。そして、この二重写しの眼こそが、存在解体の後に人間形成を見直す鍵になるというのが、本章の結論となる。

## 3　二重写し（特殊な両立）

### 「無分節→新たな分節」

あらためて「無分節→新たな分節」を見る。方向としてみれば、それは日常意識へと戻る道である。「区切りなし（無分節）」に至りついた後に、あらためて「区切りの世界（分節）」に還ってゆく。

＊「無分節に向かう」プロセスと「無分節から出てくる」プロセスは、正確には「即」の関係、二つの操作は同時に行われなくてはならない。そう認めた上で、しかし井筒は「それは聖人や仏の立場で」、我々はやはり「便宜上、二段階に分けて理解するしかない」と言う。ダイアグラムもまた理解を助けるための（問題点を鮮明にするための）「便宜上の」ものである（本書180頁）。

無分節においては境界線がなく、独立した個々の事物は姿を失っていた。その独立した事物が再び姿を回復してくる。

しかし同じ「分節」に戻るのではない。井筒はその違いを「新たな分節」に至った賢者の眼に託して解き明かした。究極の「区切りなし」の無分節を体験した賢者の眼は、たとえ分節を取り戻しても、無分節の境地を忘れることができない。新たに出現した「区切り」を見ながら、しかしその背後に「区切りなし」を重ねて観る。つまり「二重写し」になる。「区切り」と「区切りなし」を「二重写し」に見る。ダイアグラムが「新たな分節」と呼ぶ出来事を、そのように解き明かすのである。

再び『老子』を引く（『意識と本質』I章、『コスモスとアンチコスモス』I章―二）。「常に無欲、以てその妙を観、常に有欲、以てその徼を観る。」（『老子』一）「妙（みょう）」は区切りのない無分節の姿（英語では“the mysterious reality of Tao (with absolutely no determination)”）。「徼（きょう）」は名によって区切られた分節の姿（“the determined forms of Tao”）（Izutsu, 1980, p. 364）。

その両側面を（両相において）観る。一方で「常に無欲」、名によって規定されたものを観ることがない。他方で「常に有欲」、名によって規定されたものを観る。この相矛盾する二つの意識状態が、二つながら同時に働く。無分節と分節という、二つの矛盾した世界の現れ方が、この境地においては「二重写し」になる。

井筒は「二重の見」、「複眼」、「二重操作的『見』の存在論的『自由』」など、様々に言い換える（ドイツ語では“ein Doppelfokus-Auge”, Izutsu, 1984, S. 35）。そして、東洋の多様な思想的伝統を縦横無尽に渉猟し、様々な言葉を紹介する。老子の「妙と徼」、禅に言う「柳は緑、花は紅」、道元では「而今の山水」、華厳思想の「事理無礙・事事無礙」、スーフィズムの「複眼の士」。そしてそのつど異なる観点から重要な注釈を残している。

例えば、イスラームでは、最高位に達したスーフィーを「複眼の士」と称する（『コスモスとアンチコスモス』I章）。その「複眼」の境地は、「拡散」「収斂」を経た後の「収斂の後の拡散」と説明される。しかし実は、この「の後の」は、本来「収斂・即・拡散」と理解されねばならない。「の後の」という時系列の表現は「修行上の段階を考えて」のことであって、「複眼」においては、この二つの操作は同時に起こらなければならない。「区切り無し」と「区切り有り」が、同時に、働く。

それと対比的に言えば、我々凡人は、片目で見ている。我々凡人の日常意識は「区切りあり」だけを見る。だからこそ、ものがものとして個々別々に見えるのだが、しかしそれによって「区切りなし」の側面は隠れてしまう。凡人の日常意識は、世界を「区切り」としてのみ体験し、よもやその世界が「区切りのない」流体的な姿で顕れるとは思わない。

ところが「複眼の士」は、常に、その「区切りなし」の側面を同時に働かせ、しかも同時に、「区切り」を区切りとして明確に観る（禅はさらりと「無一物中無尽蔵」と言う）。

「実際に活動する日常的現実の世界に身を処しながら、しかも無為の境地にとどまる」。あるいは、「コトバ（意味）を越えたところに立ちながら、コトバ（意味）の現出する多彩な事実世界を見なおす」。「新たな分節」は「二重写し」なのである（本書9章—1）。

### 無分節の自己分節化

さて、このプロセスにおいては「区切り」が回復すると言った。しかし、その区切りはいまだ明確な輪郭線を持つわけではない。むしろ、今まさに区切りが生じつつある、あるいは、個々別々のものがものとして姿を現わしつつある。「新たな分節」とは、そうした「生成の出来事」を捉える目である。

実は、「二重写し」という理解は、認識論の地平にすぎない。その背後に「無分節の自己分節化」という形而上学が控えている。個々のものが姿を現すとは、実は、無分節が自らを分節してゆくこと。形而上学的「一者」が自らを区切ることによって、個々別々の事物として個別化してゆく。本来名のない「無名《むみょう》」が自らを名づけることによって、区切りのついた「有名《うみょう》」となるプロセスである。

ハイデガーの「存在」と「存在者」が思い出される。個々の事物が「存在者」。実は、無分節の「存在」が自らを分節した姿にすぎない。ということは、分節した姿の「存在者」が現れる時、無分節の「存在」は隠れる。「存在者が存在を隠蔽する」。そして、二重写しとは、まさに、この「存在者」と「存在」を二重に観ることであり、生成を観るとは、「存在」が「存在者」に転換するその瞬間を見届けることを意味する。

東洋の思想が、世界はすべてつながっていると語るのは、この地点である。個々別々の事物は、実は、同じ「形而上学的無分節（「道」「一者」「存在」「空」）」が姿を変え、個々に独立した姿を取ったにすぎない。「個々別々の事物」と見えるすべてのものは、その背後に同じひとつの「無分節」を持ち、あるいは、その「無分節」に区切りができてゆくプロセス途上の姿にすぎないことになる。それが、東洋思想に言うところの「存在の真相の現れ」ということになる。

＊すべての事物が相互に関係し合いながら瞬間ごとに生成する事態を、華厳哲学は「縁起」と呼ぶ。では、縁起としてみた発達とはどういうことか。縁起の真相を観る眼には人間形成というプロセスはいかに映るか。

## 4　「二重写し」の眼で「子どもの自我の発達」を観る

東洋の思想は「二重写し」を説いた。最高位のスーフィーは「複眼の士」と称され、老子は「妙」と

「徹」を同時に観る境位を説いた。そうした「二重写し」の視点において初めて世界のリアリティがその真相の姿において現れる。世界を分節態と見る日常意識にはその真相が現われない。しかし無分節と見る意識にも（もはや意識そのものが成り立たないという意味で）その真相は現われない。その両相を合わせ観る眼にして、初めて、真相が姿を現わすというのである。

では一体、そうした眼には「子ども」がどう映るのか。二重写しの眼には「子どもの自我の発達」がどう映るのか。そして、そうした眼を持った東洋の賢者は、いかに子どもを育てたのか。

こうした問いが、東洋思想から見る時まるで的外れに映ることは、初めから承知である。例えば、禅の道を極めるといかに子どもを育てることができるか。そう禅の老師に問うたら、言下に追い返されるだろう。禅の本質がまるで分かっていない。

実際鈴木大拙がそう語った記録がある。エリッヒ・フロムらと共同で行った「禅と精神分析」をめぐるシンポジウム。欧米研究者から提出された質問に対して、大拙翁はこう応じる。「これらの質問のほとんどは、禅の要点を欠いており、禅の中心軸を捉え損ねているようだ」（鈴木他、一九六〇）。まさにこの「要点を欠いた」質問の中に、子どもの教育に関する問いが含まれている。「禅は、大人になってから悟りを得るのに役立つように、子どもの発達に対して何か特別な配慮をしているのか」（十一項目におよぶその質問には、その他、社会福祉・経済的困窮などに対して禅がいかなる態度をとるのかといった問題が含まれる）。

しかし大拙翁は取り合わない。まるで相手にすることなく別の話題に話を進めてしまうのである。おそらく、日常意識に固執する質問者の意識次元を打ち砕き、異なる意識次元を切り開くための方策であったのだろう。

しかし禅の究極の境位は、「往相」即「還相」である。ならば、あらためて世俗の世界に還るべきではないか。「身心脱落」の後に、再び世俗の「子育て」に関わる。「子どもの自我の発達」に関わる。関わりながら、しかし凡人とは決定的なところで異なっている。二重写しの眼で子どもを観る。その知恵に耳を傾けたいのである。

しかし他方では、禅の教えを教育に応用するといった類の「説法」は無数にある。いわく、教育の本質は「自我への執着から離れること」。では一体、「自我の形成」についてはどう考えたらよいのか。例えば、幼児期においても「自我への執着から離れる」ことに専念すべきなのか。

先に見た通り、東洋の思想において語られる「教育」は、多くの場合、自我を確立し終えた後のプロセスに関わるものであった。だからこそ、東洋思想における「教育」は、近代教育における子どもの教育と対比的に「悟りに向かう教育」と理解されてきたのである。

その理解に即して問い直せば、問題はこうなる。悟りに向かう教育は、大人にも子どもにも、ひたすら「自我から離れよ」と説くのか。それとも、幼児期や少年期には何か特別な配慮があるのか（エリクソンが「基本的信頼感」と呼んだ経験は「悟りを得る」ために不可欠か。幼児期における「甘え」の経験は後の人生にいかなる影響を及ぼすか。信頼できる大人に従う経験はなぜ必要なのか）。

あるいは、ユングの「個性化」問題と重ねて言えば、個性化が人生後半の課題であるとしたら、人生前半の課題とは何か。人生前半にも個性化は可能なのか。それとも人生前半には、「自我の形成」という、人生後半とはまったく逆の課題が必要になるのか。もしそうであるならば、まさに先の大拙翁に向けられた問いが出てくる。「禅は、大人になってから悟りを得るのに役立つように、子どもの発達に対して何か特別な配慮をしているのか」。

同じことをダイアグラムに即していえば、未分節は、分節を経ずして、直接、無分節に移行することは可能なのか。それとも、一旦分節を確立した後に初めて「脱分節（分節から離れる）」という仕方で無分節に向かうのか。

＊ユングは「自我」を不可欠と見る。「自我を形成する」以前に「自我を放棄する」ことはできない。ダイアグラムでいえば、「分節」を経ずして「無分節」に向かうことはできたとしても、その先に「新たな分節」が生じてくることはないという理解である。

### 「子どもの自我の発達」を二重写しに観る

東洋の思想は、私たちに、世界を二重写しに見ることを教えた。互いに矛盾する二つの視点を併せ持ち、二つながら同時に重ねて観る。一方は、日常的な意識に現れる境界線によって区切られた個々別々の事物の世界。他方は、あらゆる区切りの溶け去った透明な流れそのものの世界。この二つの異なる相のもとに現れてくる世界を、同時に「二重写し」に観る時、初めて真のリアリティに触れることができる。それが東洋の伝統的な賢者たちの教えであった。

ならば、そうした東洋の賢者の眼には、「子ども」もまた「リアリティの真相」において映っていたはずである。私たち凡人の目に映る姿とは違った「子ども」の姿。

多少乱暴な言い方をすれば、賢者は「大人の目」と「子どもの目」を併せ持っていたのではないか。

「大人の目」をもって分節の相を見ながら、同時に、「子どもの目」をもって分節から離れた相を見る。

＊「子どもの目で見なければ見えない」と言う。それは「未分節」への後戻りではない。むしろ「無分節」へと向かうことである。より正確に言えば、それは二重写しで観るということである。「子どもの目」と「大人の目」を併せ持って初めて、「子どもの目で見る」ことが可能になる（本書182頁など）。

重要なのは、それが、単なる子ども賛美ではないという点である。「子どもの目」はすばらしいのだが、しかしそのままそこに留まることなく、他方で「大人の目」を尊重する。子どもが大人になってゆくプロセスを励ます。つまり、子どもは子どものままで価値を持つという側面と、子どもが大人になってゆくことを励ます側面と、その両側面を「二重写し」に見る。

同じことを言い換えれば、賢者の目は「二重否定」である。「子どもの目」だけを賛美することを拒否し、しかし「大人の目」だけに傾くことも拒否する。バランスを取るのではない。もしバランスをとることで動きが止まってしまうならば、むしろ賢者の目は、常に動き続けている。常にズレを含み、あるいは、常にズレを生み出し続ける仕方で、「二重写し」に見る。

そうした「二重写し」の眼に「子ども」はどう映るのか。子どもが大人になってゆく。言語を習得し、自我を形成する。その出来事を「発達」と呼ぶならば、「二重写し」の賢者の目には「発達」がどのように映るのか。「子どもの自我の発達」という出来事はいかに映るのか。

むろん「自我」も「発達」も日常意識が名づけた区切りにすぎない。既にポストモダンの哲学がその解体を宣言した「区切り」の地平。しかし「二重写し」の賢者たちは、あらためて日常意識の地平に身

＊稽古 —— 166

を置く。しかし囚われない。「区切り」の回復につき合い「新しい分節」を見届けようとする。「二重写し」の賢者たちは、解体と同じだけ回復を説き、「脱構築」と同じだけ「再構築」を説いた。実体としての自我を解体して終わりではない。あらためて「自我」を、「新たな分節」として、受け容れる。むろん日常意識の分節に戻るのではない。無分節を経た賢者の眼は、同じ分節を見るとしても、無分節を知らない人とは、微妙なところで違う。区切りを受け容れながら、しかし「区切りのない」位相を、「二重写しに」観ている。

存在解体の後に（実体としての自我の解体の後に）、あらためて「子どもの自我の発達」を「複眼的に」「流動的に」「生成の出来事として」捉え直す視点。

この「二重写し」を確認したところで、本稿は任務を終える。むろん、暫定的な結論である。というより、今後の作業のための問いを整理したにすぎないという意味で、本稿全体が問題設定である。

今後、具体的に、東洋の伝統的な個々の思想に立ち入りながら、この「二重写し」がいかに表現されてきたか、それを検討してゆく作業が待ち受けている。二重写しの視点から理解された子どもの発達、自我の形成。二重写しの視点から理解された子どもの教育、次世代への心配り。二重写しの視点から理解された自らの幼児期体験、自我形成体験の回顧。東洋の思想を丹念に読み直す仕事が開始される。

＊この視点のもとに、世阿弥を検討し（『世阿弥の稽古哲学』）、無心に焦点を絞って検討し（『無心のダイナミズム』）、さらには、西田哲学を井筒の理論地平から読み解く仕事を継続中である（西平、二〇一六、他）。

## コラム4　自己無化

新約聖書に「ケノーシス」という言葉がある（フィリピ人への手紙二章7節）。キリストは神の座を放棄し人間として受肉し苦難の道を歩まれる。そのすべてが「自己否定の道」。自己の安定を放棄し、自己を明け渡す「自己無化」である。

この「ケノーシス」を「離脱 Abgescheidenheit」（エックハルト）や「放下 Gelassenheit」（ハイデガー）と重ね、ヘブライ語の動詞「ハーヤー（存在する・生成する・共にはたらく）」に基づく総合的な存在論・生成論（ハヤトロギア）を展開したのが宮本久雄である。

宮本はエックハルトに倣い「我執性 Eigenschaft」に目を留める。自己の「固有性」に固執し「自同性」に安住する傾向。その自同性を明け渡す。ということは、安定が崩れ、自己の内側に矛盾が生じ、自己差異化が始まり「脱自的」になる。そのプロセスの中に超越者が顕現する（無が現成する・宇宙と一体になる）。放棄すると、おのずから、顕れてくる。

しかし自己無化が到達点ではない。そこから反転し、あらためて日常の世界に「戻る（蘇る・再生する）」。自己無化を通過した後の、新たな「わたし」。

では「わたし」とはどういうことか。「わたし」は自同性に縛られない。不断に自己脱自する。常に未完了態として存在する（生成する）。

しかし何らの区切りもないというわけではない。区切られない（限られない）「無・限」ではない。「わたし」と語る限り「区切り」を伴う。しかし流動的である。「わたし」はそのつど区切りから滑り出て、その外へと自らを明け渡す。区切りに縛られることなく、区切りを差異化し続ける。自己無化を通過した後の新たな「わたし」は、脱自的に生成する（ヘブライ語の存在動詞ハーヤー、正確にはその一人称単数未完了形エフィエー ʾehyēh の存在様態である）。

その「わたし」が他者と出会う。他者を自分の中に取り込む（同化する）のではない。脱自的に自らを明け渡す。そして自分が変わる。本当の意味で他者に出会った後で、従来の自分と同じでいることはできない。その意味で、他者は私の自同性を異化する。私が自同性に留まっている限り、他者は到来しない。

ところが「わたし」の脱自性が他者に影響を与えることがある。他者自身も脱自的になってゆく。その時、脱自的な「わたし」と「わたし」の協働が始まる。「わたし」は他者を生かし、他者は「わたし」を生かす。両者ともに「脱自的」であり、「対他的」になる。それが自己無化を経た後の、新たな「わたし」の在り方。ハヤトロギアの根幹である存在動詞ハーヤーが示す存在様態である。

# 9　無心と稽古（1）――稽古の全体プロセス

＊無心をめぐって考えてきたことを異国の言葉で語り直す。要請があったから試みたことには違いないのだが、言葉を探しあぐねる中で、考えることが多かった。以下、ドイツ語の場合である。ドルトムント工科大学で行われた講演の原稿は Nishihira, 2017。三日間の討論（ブロックゼミナール）を含めた議論の報告である。

「無心」をどう訳すか。意味内容を伝えるというのだが、しかしそもそもその意味内容が確定できず、あるいは、その確定こそが当の課題であれば、動き出しようがない。そのまま Mushin とする案、文字のみ対応させて Nicht Seele とする案など、迷った挙句、最後になって「Bewusstsein ohne Bewusstsein（意識なしの意識、意識ならざる意識）」という言葉を思いついた。井筒俊彦が無心を「意識」の問題として解き明かしたことに由来する。無心を「意識の変容プロセス」として提示することに決めたのである。

Bewusstsein ohne Bewusstsein という言葉を使うことによって、私は初めから自らの仕事を限定した。無心を「意識の出来事」に限定した。ということは、最大の問題は、この「Bewusstsein ohne Bewusstsein」という言葉と「無心」という言葉の齟齬が、ドイツの研究者には伝わらないという点である。そこで私はそのズレに注意を向けるべく何度か言及したのだが、そのたびに迷惑がられた。たとえ限定的な理解であるにせよ、まずはBewusstsein ohne Bewusstseinをもって説明せよというのである。そこで私は、Bewusstsein ohne Bewusstsein（Mushin）と表記して、話を先に進めることにした。

最初にビギナーズラックの話をした。初心者はなぜか不思議とうまくゆく。初心者はあれこれ考えず、期待もされていないから、緊張しない。そうした場合なぜかうまくゆく。ところがその状態は長く続かない。最初の気楽さは、繰り返そうとしても、やってこない。むしろうまくやろうとすればするほど、ますますギコチナクなってしまうのである。

＊ちなみに、ドイツ語にもAnfängerglückという言葉があって理解を助けたが、逆に、日本語の場合、なぜカタカナで語られるのか、対応する言葉がないのか、それとも個々の稽古の現場ではそれぞれ独自の言葉があるのか、課題である。

さて日本の稽古の思想はいわば、この「ビギナーズラック」を稽古の最終目的に設定する。例えば、弓の稽古の目的は、上手に的を射る技術の獲得ではなく、むしろ上手に射ようとする意図から離れ、矢がおのずから的に入ることを願う。逆説を際立たせてみれば、強い意志のもとに長い年月稽古を積み重ねた、その最後は、意志もなく意図もない、恩寵の訪れを待つことである。こうした「ねじれ」を含んだ稽古のプロセスを、井筒俊彦の理論枠組みを通して検討してみたいと思ったのである。無心とは何かではなく、まして無心への道案内でもなく、無心という視点から「稽古 Übung」を検討し、「人間形成 Bildung」の問題へとつないでみたかったのである。

## 1　ヘリゲル『弓と禅』

『弓と禅』はドイツでもよく知られていた。一九七〇年代の学生たちは皆読んでいたという。ヘリゲルによれば、弓において最も重要なことは「当てようとしないこと」である。的をねらう意思は消えさり、的と一体になる。「人が射るのではなく〈それ〉が射る」。矢は、おのずから放たれ、当然のように的に入る。

こうしたヘリゲルの報告を受けてボルノーは「心を緩めること seelisch-geistiger Locherung」という。筋肉の硬直をゆるめ、流れるような動きになる。ボルノーやヘリゲルは「抹消する ausloeschen」、「断念する verzichten」と繰り返す。我を抹消し、我意を断念し、目的を消し去る。「意図を持たず我を持たない」、「自分自身から離脱する」、「心を解放する」。しかしその先に、実はその解放が「精神の覚醒 wachheit des Geistes」と結びつくと不思議なことをいうのである（ボルノー、二〇〇九、Bollnow, 1978）。

ところで、ヘリゲルやボルノーの文章（ドイツ語原文）には「無心」という言葉が登場しない。それに対して日本語訳にはこの言葉が何度も登場する。邦訳者は多様なドイツ語で語られた出来事を「無心」というひとつの言葉に置き換えていたのである。むろんその方が日本語として通りがよいことは確かである。

しかしここで注目したいのは、ヘリゲルが工夫していた多様なドイツ語である。事柄の順序に即していえば、ヘリゲルは「無心」という日本の言葉を、「我がなく」「意図を持たない」などという多様な表現において理解した。彼は音だけ写しとって Mushin とすることなく、あくまでドイツ語で理解可能な

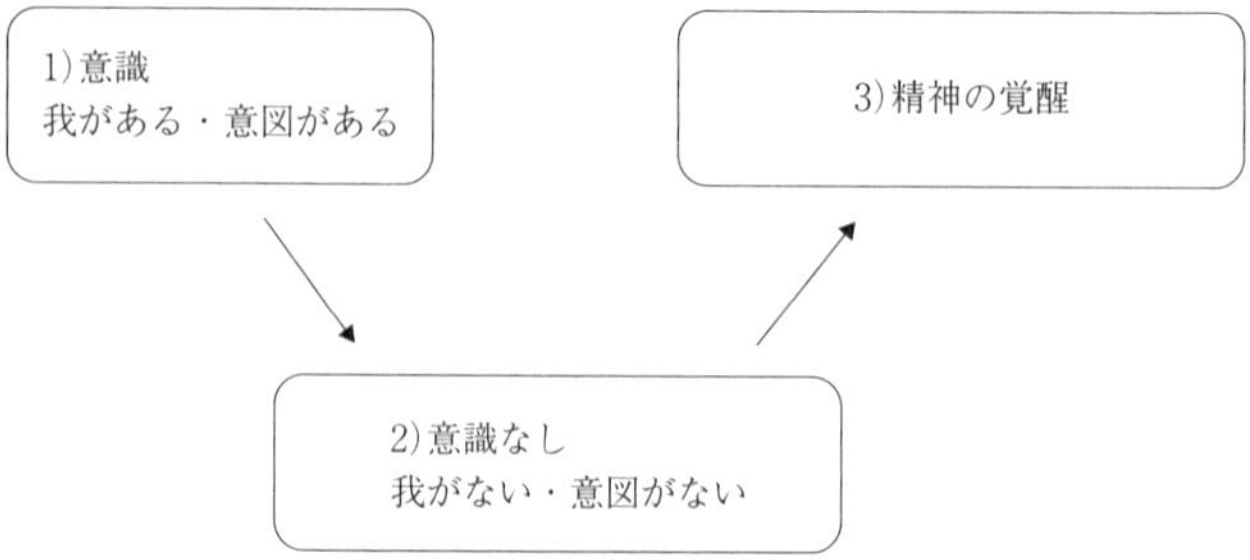


図 17　意識の三つのステージ

表現を工夫しようと試みていたのである。

この時、重要なのは「否定形」である。ヘリゲルは「無心」を「我がない・意図がない・意識がない」と、否定形で理解した。ところが彼の慧眼は、「無心」が単なる否定の極点ではないことを見抜いていた。それは「ただ意識がない」状態なのではない。不思議なことに「精神が覚醒した状態」と結びついている。

彼はそれを体験的事実としては知っていた。しかしおそらく納得できなかった。もし納得していたら、あのヘリゲルが、その核心的出来事を論理的に解き明かさないはずがない。しかし彼はそれをしなかった。「逆説・ねじれ・矛盾」を孕んだ体験的事実を、「結びついている」という言葉によって記述しただけなのである。

では一体、「我がない・意図がない・意識がない」という否定の極みにおいて生じる「精神の覚醒」とはどういうことか。何もないのではない、何らか「覚醒」が生じ得る状態とはどういうことなのか。

実は、井筒俊彦がエラノス学会で「無心」について語った時、聴衆が井筒に最も期待したのがその点であった。その数年前に鈴木大拙が「禅」を語り、聴衆は魅了されていた。しかし納得したわけではなかった。No-mind は「unconscious（無意識的）」とどう違うのか。

その点を解き明かすために、井筒は「第三のステージ」を想定してみせた。第二ステージが「喪失（ない）」を強調するのに対して、第三ステージは「覚醒（再び生じる）」を強調する。実は、同じ事態の両側面であるのだが、井筒は、理解を助けるために、あえて両者を切り分け、二つの異なるステージとして示した。一度消え、その後に、新たな覚醒が生じてくるというプロセスを提示して見せたのである（図17）。

しかし話は簡単ではない。井筒は別の機会にはこうも語っている（『意識と本質』Ⅶ章）。無へと向かう否定のベクトルと、その極点で反転し、新たな有が生じ始める出来事（図18）。その極点の内側に、実は、二方向の反転が生じている。そしてその反転の、そのまた内側に、二方向の反転が生じている。とすれば、この「極点」は静止した状態ではなく、反転の出来事ということになる。より正確には、静止した状態であると同時に、反転の出来事でもある。

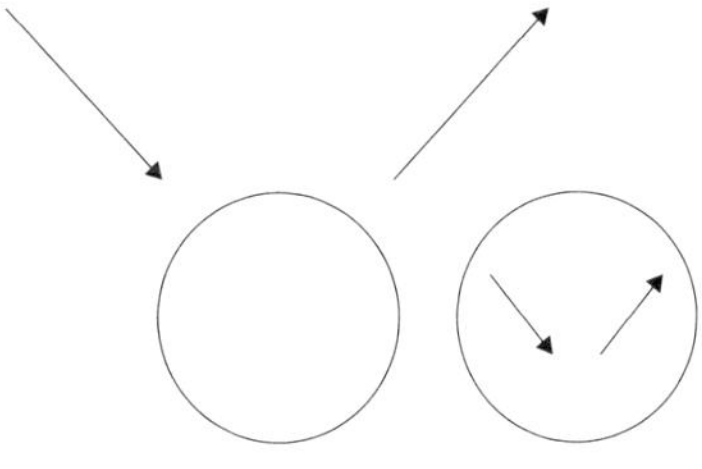
図 18　極点＝反転の出来事

井筒は、そうした反転のダイナミズムを、三つのステージを設定することによって示そうとした。私もそれに倣った。しかし井筒が英語の講演の中で用いた no-mind を、そのままドイツ語に置き換えることはせず、思い切って第二ステージを「Ohne Bewesstsein 意識なし」とした。「無い」という否定を強調したのである。そして第三ステージを「Bewusstsein ohne Bewusstsein（意識ならざる意識）」とした。ヘリゲルの「精神の覚醒」に対応する。特別な境地において生じてくる新しい出来事。通常の意識ではないのだが、何らか「覚醒」であるという意味において「意識ならざる意識」。そう名付

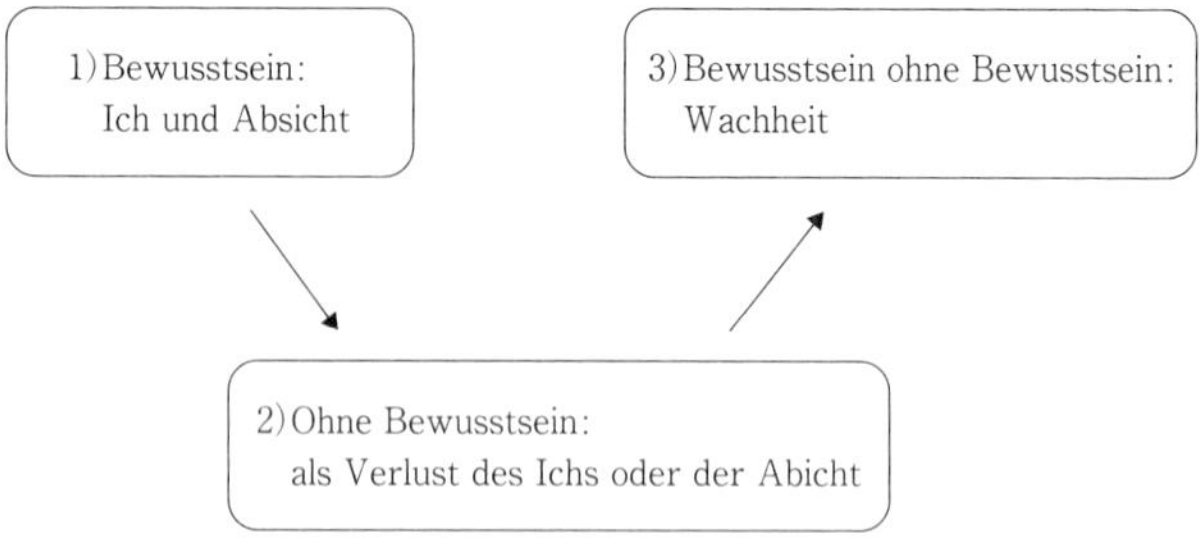


図 19　意識ならざる意識 Bewusstsein ohne Bewusstsein

けておいて、その中身を掘り下げてゆくことを課題としたのである（図19）。

こうして、道具立てとしての三つのステージが揃った。1）意識、2）意識なし、3）意識なしの意識。「無心」を、「意識なし」と「意識なしの意識」との両面において理解する、あるいは、「意識なし」から「意識なしの意識」が生じてくる出来事として「無心」を理解することを試みたのである。

## 2　三つのステージ——ハープの名人と禅師の語り

「無心」という言葉が言い当てようとする体験を想定してもらうために、私は「フロー」を手掛かりにした。「フロー」は、（チクセントミハイの定義を越えて）かなり自由に理解されている。その大風呂敷に乗ってしまえば、アスリートたちが「ゾーン zone」と呼ぶ体験も、ミュジシャンたちが「グルーヴィー groovy」と呼ぶ体験も、日本の伝統が「筆おのずから動く」と語る境地も、すべて「フロー」である。私が書くのではない、筆が、おのずから、動く。あるいは、人が演奏するのではない、楽器が、おのずから、曲を奏でる。

実は、井筒もエラノスの聴衆を前に、「ハープ演奏の名人」を事例としてこう解き明かしていた（Izutsu, The Structure of Selfhood in Zen Buddhism）。名人は、ハープを弾きながら、自分が弾いているとは感じない。ハープそれ自身が曲を奏でているように感じる。

しかし「無意識」なのではない。名人は完全に意識的である。しかし通常の意識とは違う。通常の意識とは違う仕方で、しかし名人の意識は「最高度に輝いている」。無心の時こそ、心は「最も内側から輝いている」。

あるいは、名人自身が音楽になっている。名人が、音楽を、演奏するのではない。名人が音楽と一つになる。井筒は「逆説的に聞こえるかもしれないが」と断りながら、こう続ける。「この名人は、音楽と一体となった自分自身のことをあまりに強く意識していたために、自分が演奏していることについては、意識していなかった Paradoxical as it may sound, he is so fully conscious of himself as identified with music that he is not "conscious" of his act of playing in any ordinary sense of the word.」。

自分のことを忘れていたのではない。音楽と一体となった自分自身を意識していた。むしろ「音楽と一体となった自分自身」をあまりに強く意識していたために、「自分が演奏していること」を忘れてしまうというのである。

「自分が、ハープを、演奏する」という時、〈自分〉と〈ハープ〉は別々である。例えば、練習中、良い音がでない時、〈よい音を期待している自分〉と〈期待はずれの音を出すハープ〉は別々である（意のままにならない楽器を腹立たしく感じる）。用心深く弾く時も、〈自分〉と〈ハープ〉は別々である。別々であるからこそ、自分が演奏していることを、意識する。

ところが名人は意識しない。名人は音楽の中に入り込み、音楽と一体になっているから、名人とハープは別々ではなくて、名人が音楽である。しかし「無意識」ではない。名人は「音楽と一体となった自分」を強烈に意識している。ヘリゲルが「精神の覚醒」と呼んだ出来事を、井筒は「音楽と一体となった自分を強烈に意識する」出来事として語り直したことになる。

ここで、楽器の事例に即して、三つのステージを整理しておく。

1) 第一ステージでは、私たちは、自らの演奏に最大限の注意を払う。楽譜通りに注意深く弾き、意識的に繰り返しながら練習する。意識的に演奏する段階。

2) 第二ステージでは、練習を積んだ結果、楽器に馴染み、意識せずとも演奏できるようになる。演奏していることを意識しなくなる。その側面だけ強調すれば「無意識的に」演奏している。あるいは、「意識なしに（意識を働かせることなく）」演奏している。

3) 第三ステージでは、名人は、意識的に演奏するわけではないが、しかし無意識的な演奏でもない。少なくとも心が働かない放心状態ではない。惰性的に動く身体の自動運動でもない。むしろ普段とは異なる仕方で、意識が働いている。しかも普段より明晰である。「普段とは違う新しい明晰さを持った意識の働き」が、最高に張り詰めた仕方で、音楽と一体となった自分を意識している。

この場合、もし「自分を意識している」という言葉が、自らを対象として意識すると理解されるならば、それは違う。この場合の意識は「対象 object」を設定しない。ということは、この意識は「対象」から離れた「主観 subject」ではない。「見られる私」を「見る私」が意識するのではない。その意味では、日本語の「気がついている」という表現の方が適切である。演奏している自分に気がついている。演奏している自分を（対象として）観察するのではないが、しかし単なる「無意識」でもない、普段とは違う新しい明晰さを持った意識の働きのなかで「主題 subject」としている。

その出来事をヘリゲルは「精神の覚醒」と呼んだ。「ただ意識がない」のではない。不思議なことに「精神が覚醒した状態」と結びついている。井筒はその「結びつき」を、第二ステージから第三ステージが生じてくる移行の出来事として私たちに示した。意識なしの状態から生じてきた新たな意識。その出来事を「Bewusstsein ohne Bewusstsein（意識ならざる意識）」という言葉に託したのである。

＊この事例の「名人」はおそらく岡倉天心『茶の本』に登場する琴の名手「伯牙《はくが》」を踏まえている。

## 2—2 「山は山である」——「山は山でない」——「山は山である」

ところで、この文脈において、井筒がたびたび引用するのは、中国・宋代の禅師、青原惟信《せいげんいしん》（Ch'ing Yuan Wei Hsin）の言葉である。

三十年前、未だ参禅せざる時、山を見ると山に見え、川を見ると川に見えた（「山を見るに是れ山、水を見るに是れ水なりき」）。

ところが、優れた師にめぐり遇い、その指導のもとに修行して、いささか悟るところがあると、山を見るとそれは山ではなく、川を見るとそれは川ではなかった（「山を見るに是れ山にあらず、水を見るに是れ水にあらず」）。

ところが、いよいよ悟りが深まり、安心の境地に落ち着くことができた今では、また最初と同じく、山を見るとただ山であり、川を見るとただ川である（「山を見るに祇《た》だ是れ山、水を見るに祇《た》だ是れ水なり」）

（『意識と本質』Ⅶ章）。

一見すると、「山は山である」―「山は山でない」―「山は山である」という不思議な三段階であるのだが、しかし最後の（二回目の）「山は山である」は、特殊な二重性を秘めている。「山は山でない」という第二段階を経由した後の「山は山である」という第三段階。英語のテクストは、a mountain *just* as a mountain と語る。では一体この「祇だ《た》 *just*」にはいかなる秘密が潜んでいるのか。

**第一ステージ――区別が明確である**

最初の段階は、私たちの普通の経験である。山は山、川は川。それぞれ別々の実体として独立している。日常生活では、その区別がつかないと「混乱・異常」と診断されてしまう。さらに、この段階は、〈見ている私〉と〈山〉との区別も明確である。〈見ている私＝主観〉はこちら側、〈世界＝対象＝客体〉はあちら側。その区別がつかないとますます「異常」と診断される。この段階は「区別をつけること（分節）」が重要なのである。

ハープの名人の話で言えば、〈ハープ〉と〈弾く自分〉は別々である。〈ハープ〉は意のままにはならない。意のままにならない楽器を、何とか思い通りに操作しようと努力するのが、このステージにおける楽器の稽古ということになる。

**第二ステージ――区別が消える**

この段階では、山は山でなく、川は川でない。とすれば、山と川の区別がなくなる。山は独立には存在しない。川も独立した存在ではない。禅師が長い修行の末に悟りに至ってみると、「区別のない世界」が現れて来たというのである。世界には、実は、区別がなかった。区別は人間が後から貼り付けた区切りに過ぎなかった（唯識思想は「遍計所執性《へんげしょしゅうしょう》」と呼ぶ）。

のみならず、〈見ている私〉と〈山〉との区別も消える。そこで井筒は、この段階において、「私が山を見る」と語ることは誤りであると言う。なぜなら、もはや〈見ている私〉は存在せず、〈山〉も独立には存在しないから。〈見ている私〉と〈山〉との区別が消えているのであれば、こちら側にいる〈見ている私＝主観〉が、あちら側に存在している〈山＝対象＝客体〉を、〈見る〉という出来事は、もはや成り立たない。

ハープの名人の話で言えば、この段階では、名人はハープと一体になっている。もはや自分が〈弾いている〉とは感じない。ハープそれ自身が曲を奏でている。

### 第三ステージ――特殊な両立

さて、最後の段階では、再び、区切りが戻る。山は山、川は川。しかし「祇《た》だ *just*」という言葉が付いている。井筒によれば、この山や川には、区切りは戻るが「固定した実体」は戻っていない。山と川は、区別されるが、互いの関係を豊かに残している。「区切りが戻る」と言ってもその区切りを固定してしまうのではない。井筒は「本質に縛られない」という。この「本質」は仏教思想の「自性《じしょう》」に由来する。とすれば、区切りは戻るが「自性」に縛られない、つまり「無自性《むじしょう》」ということになる。

同様に、「見る私」の区切りも戻ってくる。しかし「無自性」の私である。山や川とのつながりを残している。「山と一体である自分」でありつつ、同時に、「見る私」が回復する。無意識ではない。「山と一体となった自分自身」を鮮明に意識している。

ハープの名人で言い換えれば、「音楽と一体となった自分自身」の意識に相当する。ハープの名人も第二ステージにおいては「無意識」であった。その時、名人はハープと一体であり、自分自身が消えていた。ところが、この第三ステージにおいては「ハープと一体となった自分自身」を意識する。しかし普通の意識ではない。一方で、音楽に埋没することなく「自分自身」を意識しつつ、他方で、ハープと一体であり続けている。一体でありつつ、一体であることを意識している。

こうした特殊な二重性を、青原惟信《せいげんいしん》禅師は「祇《た》だ」という言葉に込めていたことになる。「山を見るに祇《た》だ是れ山、水を見るに祇《た》だ是れ水なり」。

＊「第二ステージ」と「第三ステージ」を時間的な前後関係として理解することは、繰り返すが、適切ではない。正確には「同時に」、あるいは「即」である。しかし「それは聖人や仏の立場で」、入門者はやはり「便宜上、二段階に分けて理解するしかない」（本書159頁）。時間の経過に沿った禅師の段階論もあくまで私たち入門者の理解を助けるための「方便」であるのだが、しかし同時に「方便」もまた一つの真実である。

### 無心は「音楽も我も忘れる」だけではない

ところで、「無心」は、しばしば「主客未分」と理解されてきた。さしあたり、未だ「主観」と「客観」とに区別される以前という意味における「主客未分」。主もなく客もない地平。

ところが井筒は、「無心」を「主もなく客もない」とだけ理解してはならないという。「音楽も忘れ、我も忘れる」というのは一局面に過ぎない。もし「無心」が「音楽も忘れ、我も忘れる」ことであるなら、「音楽と一体となった自分」は、十分深まり切っていないことになる。

そう理解してはならない。同じ「無心」の境地が、「音楽も我も共に忘れる」と体験される場合もあれば、「楽器を忘れ、我のみになる（音楽と一体となった自分）」と体験される場合もある。実は、井筒によれば、「我のみ」も「音楽も我も共に忘れる」も、同じ事態の違う側面にすぎない。優劣はない。どちらも、無心的主体性の、互いに異なる局面である。

のみならず、今度は「楽器が自《おの》ずから曲を奏でる（楽器のみ）」という局面もある。むろんこの「楽器」は、新たな位相における楽器である。「楽器と一体となった自分」と語られる位相における「楽器」が、自ずから、曲を奏でる。

では一体、なぜ井筒はこの問題を重視したかと言えば、それもまた「無心"no-mind"」が「心の働きを失った状態」と誤解されることへの危惧である。「音楽も我も共に忘れる」ことだけが特権的に強調される時、結局、無心は「心の消去」と理解されてしまう。そうではない。「楽器が自ずから曲を奏でる」こともある。「楽器と一体となった自分」が強烈に体験されることもある。

そして、不思議なことに、「自分が、楽器を、弾いている」と、すべてが、新しい位相において、体験されることもある。「音楽も我も共に忘れる」と体験された境地が、「自分が・楽器を・弾いている」とも体験される。「平常心《びょうじょうしん》」である。普通の体験が、しかし、まったく新たな位相で体験されることになる。

さて、以上の話を、井筒は「分節」と「本質」という言葉を使って整理している（図20）。

1）第一ステージにおいては、明快な「分節」がある。それに「本質」も伴っている。分節によって区切られた個々の事物を、それぞれ固有の「本質」が裏打ちすることによって、独立して固定している。

2）第二ステージにおいては、「分節」も「本質」も消えてしまう。区切りがなくなり、個々の事物は独立を失い、すべてが溶け合っている。「本質」も消えている。

3）第三ステージにおいては、「分節」だけが働く。区切りが働くから個々の事物は独立しているのだが、「本質」は戻らない。「本質」が戻らないから、固定されない。固定した枠に繋縛されない。むしろその区切りは流動的であり、しなやかである。井筒が「存在論的流動性」と呼んだ事態である。

＊この第三ステージ（「本質」は戻らず「分節」だけが働く事態）を、井筒は名人に即して「二重写し」と呼ぶ。二重写しの眼は、一方で事物を区切りのない「無分節」の相において見ると同時に、他方では区切りを持った「分節」の相において見る。第三ステージは、世界をそうした矛盾する二つの位相の二重写しにおいて体験する。特殊な両立である（本書8章─3、4）。

## 3　分節（区切り方）の問題

さて、以上のような三つのステージを提示したうえで、私は、誤解を招きやすい二つの点に注意を促した。一つは「分節の恣意性」をめぐる問題、もう一つは「無分節がそのまま存在の真相ではない」と

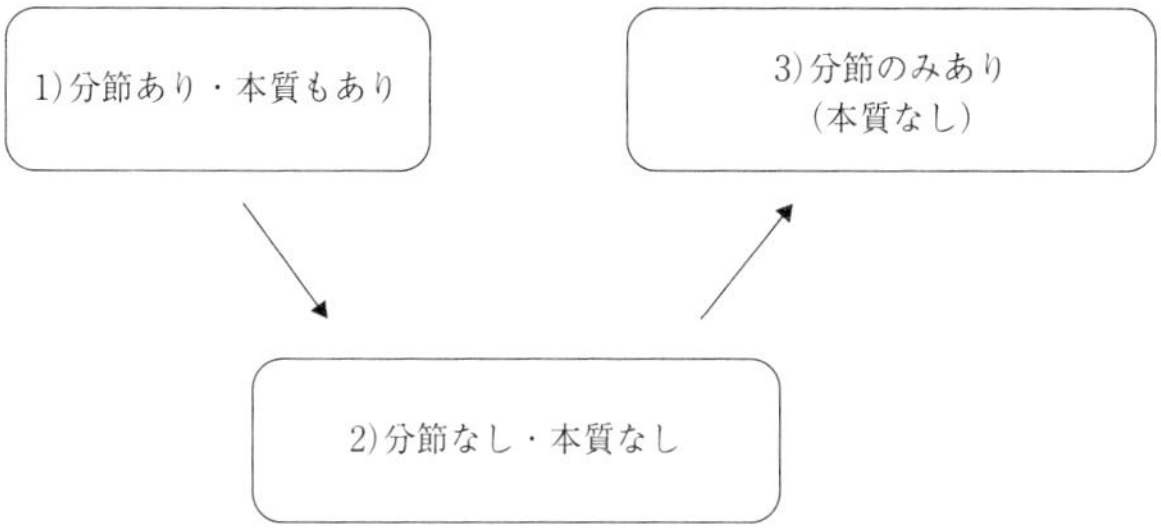


図20　分節と本質

いう点。

## 分節の恣意性

まず、分節の恣意性という問題。人は世界を恣意的に区切っている。しかしそのことに気がつかない。自分が見ている姿がそのまま世界の真の姿であると思い込んでいる。それは、私たちが普通に経験している「分節」の世界、第一ステージの実情である。

例えば、視覚というフィルター（区切り）を通して世界を体験し、あるいは、聴覚という感覚器官が受容する範囲で、世界を体験する。もしくは、そこに言語が影響し、例えば、虹を五色と語る言語を母語とする人の眼には虹は紛れもなく五色と体験され、虹を七色と見る日本語を母語とする人の眼には虹は確かに七色と現われる。

区切りは私たち人間が「恣意的に」引いた境界線に過ぎない。もともとの世界には境界線はなかった（あたかも宇宙から見た地球に国境線がないように）。私たち人間が「区切り」を設定する。しかも自らの感覚器官に合致する仕方で区切るから、それが恣意的であることには気がつかない。自らの感覚に合致していればこそ、その区切りが「恣意的である」ことは自覚されない（唯識思想の「遍計所執性」）。井筒は、「人がリアリティを分節する際の恣意性 the arbitrariness of man's articulation of reality」と呼ぶ（Izutsu 1982, p. 137）。

とりわけ、「コトバによって」区切る。単に区切るだけではない、コトバはその区切りを固定する。そこに仏教思想が「自性」と呼んできた「実体性・固定性」が生じる。井筒は「自性」を「本質」という西洋哲学の概念に置き換え、その伝統思想を現在によみがえらせたことになる。

個々の区切りは、「本質」によって裏打ちされ、「本質的に固定された実体」として、他の「実体」から明確に区別される。他の区切りに変化することは許されない。本質は他の可能性を排除する。そこで井筒は「凝固点」と語る。多様な可能性を一つに固定する「凝固点」。

ということは、逆に言えば、「凝固点のない存在は流動する」（『意識と本質』Ⅶ章）。本質に縛られなければ、区切り方を変えることができ、区切り方が変わると同じ現実がまるで違った姿で現れてくる。「本質」の束縛を離れた存在の「生々躍動、流動性」。

その事態を、道元は、「解脱」と呼んだ。そう理解する井筒は、道元の語る「解脱」を「本質の束縛から離れる」という哲学的意味において解き明かしてみせた（西平、二〇一六）。

私たちはコトバによって区切り固定し（一つの本質に縛り付け）、それ以外の可能性に目を閉ざしているだけである。その区切りを弱め、区切りが消えてゆくならば（例えば、深い瞑想を続けてゆくとき）、人は徐々に、通常の区切りから離れてゆく。「私」という独立も薄れてゆく。それが第二ステージへの移行プロセス（分節→無分節）ということになる。

## 「無分節＝存在の真相」ではない

第二は「無分節がそのまま存在の真相ではない」という点である。東洋の伝統思想に関心を持つ人たちは、しばしば「無分節」を強調し、区切りが消えた無分節を世界の真相と理解する。ところが禅はそう語らない。禅は無分節に留まらない。分節を拒否して終わりではない。無分節がそのまま世界の真相であるとは語らないのである。もちろん「分節」の相だけ見ても真相は捉えられないが、「無分節」の相だけ見ていても、真相を捉えることはできない。

井筒は禅に特有の言葉に注目する。禅は言葉による説明を嫌う。では言葉の消えた「沈黙」を願うのか。確かに、沈黙は、言葉という分節を離れた「言葉なし（無分節）」である。しかし禅は沈黙に満足しない。むしろ沈黙によって世界の真相を捉えたと思い込む誤解を繰り返し警告するのである。

確かに、言葉に頼っている限り（言葉という分節に囚われている限り）真相を捉えることはできない。しかし言葉を拒否しても（分節の消えた相のみ見ていても）真相を捉えることはできない。無分節がそのまま存在の真相であるわけではない。そうではなくて、言葉と沈黙の両面を二重写しにする。いわば、「普通とは異なる新しい区切りを持ったことば」が必要になる。

では「普通とは異なる新しい区切りを持ったことば（新しい分節）」とはどういうことか。井筒は道元の語る「かのごとし」という用語に注目する。そして道元は、無分節でありながらしかし分節されている「かのごとし」という姿に、存在の真相を見たという。

区切りのない無分節ではないが、本質に固く縛られた区切りでもない。区切りはあるのだが、あたかも区切りがないかのように、透明である。相互に無礙であるのだが、分節されている「に似たり」。あるいは、分節されている「かのごとし」。

この事態を井筒は（読者の理解を助けるために）、覚者の眼を借りて「二重写し」と説明したことになる。分節と無分節との「二重写し」。存在の真相を見るに至った覚者の眼は、分節と無分節とを二重写しに見るというのである。そしてその内側のメカニズムをこう解き明かす。


「分節されたもの（例えば花）が、その場で無分節に帰入し、また次の瞬間に無分節のエネルギーが全体を挙げて花を分節し出す。この存在の次元転換は瞬間的出来事であるゆえに、現実には無分節と分節とが二重写しに重なって見える。それがすなわち「花のごとし」といわれるものなのである。」（『意識と本質』Ⅶ章）

花・鳥・魚はそれぞれ分節されている。独立して存在している。ところが存在の真相を見るに至った覚者の眼には、それらの「分節されたもの」が、一瞬のうちに、区切りのない無分節の中に溶けてしまう。しかし次の瞬間に、その無分節のエネルギーが全体を挙げて花となる。無分節が自らを花として自己分節する。

＊華厳哲学が「挙体性起」と呼ぶ事態。井筒が「無分節の自己分節化」と呼ぶ存在論的事態である（本書8章、および、西平、二〇一六）。

## 詩のことば

ところで井筒はこうした「新たな分節」として「詩のことば」について語っている。

詩のことばも世界を区切る。しかしその区切り方は「概念」とは違う。定義の明確な概念は事物を固定的に規定する。概念が曖昧であることは許されず、常に一貫して一義的な定義を保持する必要がある。それに対して、詩のことばは、ゆるやかである。曖昧さを残し、それ故に、世界の多義的な厚みを、例えば象徴的に、そのまま写し取る。

禅は、こうした「詩のことば」の機能を用いて、すべてがつながり合っている流動的な世界の位相を捉えようとする。すなわち、一方では「区切りから離れて」、他方では「新たな区切りのもとに」、世界を捉えようとする。

禅師が「山」と語った時、それは、一方では普通の用語法(概念)として、河や花とは区別された「山」を意味すると同時に、他方では、この「山」という言葉は、すべてが溶けあっている無分節の表現であったことになる。

この「山」は、無分節エネルギーがそのまま全体を挙げて顕れた姿である。区切りがない、ということは、すべてがつながり合った流動的なエネルギーが、その全体のまま一挙に「山」として顕れ出ている。しかし同時に、普通の用語法として、河や花とは区別された山でもある。そうした二重写しにおいて初めて存在の真相を捉えうると禅は見た。そのことを井筒は解き明かしたのである。

## 4 「未分節」というステージ――分節以前

以上、三つのステージを見た。「日常的な分節」は「分節なし」に移行し、「分節なし」から「新たな分節」が生じてくる。この移行プロセスを稽古の問題として理解してきたことになる。

ところが、稽古の問題を考えてゆくと、三つのステージでは足りなくなる。「日常的な分節」より前、を考えざるを得ないのである。未だ「分節」が成り立っていなかった状態、そこから話を初めないことには、説明がつかないのである。

ところが、そう思ってみると、禅を初めとした東洋の伝統思想は、「分節」から話を始めている。分節を出発点としてそこから離れてゆく（分節から無分節へと向かう）。しかし、それ以前については語らない。分節が成立するに至ったプロセスについては語らない。例えば、言語を習得していない子どもたちがいかにして言語を身に付けてゆくか。あるいは、まだ「わざ」を身に付けていない初心者たちがいかにして「わざ」を獲得してゆくか（本書149頁）。

ここで新生児を思い浮かべてみる。赤ちゃんは言葉を話さない。それは特定の言語を習得していないということであると同時に、特定の言語に縛られていないということでもある。赤ちゃんたちはすべての言語に開かれている。彼らはいかなる言語も「異国の言葉・馴染みのない言語 Fremdsprache」とは感じない。世話してくれる人の言葉であれば、どんな言語でも、親しく感じる。彼らはまだ自分の言葉（母語）を持たないから、すべての言語に対して同等に開かれている。その意味において、彼らは、あらゆる言語的分節から自由である。

では、こうした赤ちゃんたちの「言葉を知らない分節なし（未分節）」と、長い稽古の末に訪れる「言葉から自由になった分節なし（無分節）」とはどこが違うのか（本書、ダイアグラム、153頁、参照）。「分節がない」という点に絞ってみれば同じである。言葉の区切りに縛られることがなく、すべてを流体的に見る（見ることができる）。同じことを「私」という意識でいえば、その独立が明確ではない、ということは、「私」という分節単位が確立していないとも言えるし、「私」という分節から解放されているともいえる。では、どう違うのか。同じ「分節なし」でも、「確立していない」と「解放されている」とは、どこが違うのか。

「無分節」は、実は、分節を前提としている。分節が確立していなかったら、そこから「解放される」ことはない。それに対して「未分節」は、未だ分節を獲得していない。つまり、無分節は分節を踏まえているが、未分節は分節をまだ知らない。

＊このように理解する限り、「未分節」から「無分節」へと直接的に進むことはあり得ない。一度「分節」を経由し、分節から離れることによって、初めて「無分節」が可能になる。無分節は、分節から解放されるという出来事。無分節は、分節のない静止状態ではなくて、分節を超え出てゆこうとする動きの出来事であったことになる。

人は「分節」を持って生まれてこない。新生児は、それぞれ生まれ落ちた文化の中で、その文化に固有な「分節」を学ぶ。例えば、その文化に特有の言語を学ぶことによって初めて話すようになる。赤ちゃんたちは、実はすべての言語を話す潜在的可能性を持っているのだが、初めから一挙にその可能性を開花することはできない。最初から「すべての言語」を話すことはできない。

あらためて整理する。赤ちゃんたちは未だ特定の区切り方に固定されていない、ということは、一方では、話すことができない、しかし他方では、すべての言語に開かれているということである。ところが、その「すべての言語に開かれている」という潜在的可能性を、そのまま一挙に開花させることはできない。ある特定の言語の習得の後に、その限定から離れる仕方で（「異なる」言語を習得するという仕方で)、習得の幅を広げてゆくしかない。

### 稽古における「型」「わざ」

さて、同じことを、今度は「能」の稽古で見る。世阿弥が語った稽古の問題である(本書10章、および、西平、二〇〇九)。

世阿弥は「子どもの舞(稚児の舞)」を称えた。わざを身に付ける以前の、いわば無分節(未分節)を身に残した子どもたちの舞こそ、究極の舞(無心の舞)である。

ところが、稽古においては、そうした舞をそのまま持続させてはならない。むしろ「型」を学ばせ、「わざ」を身に付けさせる。一見すると、究極の舞とは正反対の方向に向かうのである。

むろん、「未分節の舞(稚児の舞)」は持続しないという現実認識があり、しかしその「未分節の舞」を「わざ」の内側に残すという知恵など、丁寧に見るべきことは多いのだが、ここで重要なのは、稽古が「分節のない」最初の状態から離れ、「分節」に向かうという点である。

ところが「分節」が最終目的ではない。分節を目指した稽古は、ある時点に来ると反転し、その「分節」から離れてゆく。今度は、「無分節」に向かう脱分節化のプロセスとなる。

そこで「還る」と語られることもある。子どもに還り、最初の状態に戻る。しかしただ「還る」と理解された場合、「未分節」と「無分節」の区別がつかなくなる。そこで、無分節の先にもうひとつ、別のステージを設定し、「そのつど新たに生じてくる分節」を浮き彫りにしてきたことになる。

さて、先に見たヘリゲル『弓と禅』を思い出す。ヘリゲルはこうした稽古の全体プロセスを理解していたか。実は、師匠から弓の極意を学んだ時、彼はプロセスのある一部分に圧倒的な感銘を受け、それ以外の部分については関心を示さなかった。あるいは、師匠の阿波研造師範その人が、稽古プロセスの後半部分のみを強調し、その前半部分については目を向けさせなかった。

ヘリゲルは、「わざがない」ことを弓の極意と見た。しかしその極意が「わざ」を前提としていることを見なかった。あるいは、「私がない」ことを強調したが、それが「私」を前提とした教えであることを示さなかった。

おそらく、ヘリゲルその人にとっては、「私」の確立は当然の前提であった。そして（おそらくは西洋のアーチェリーを念頭に）命中させるという意図的「わざ」も可能であった。だからこそ師範はその「わざ」を捨てることを命じた。的を狙うのではない。強い意志のもとに命中させようと意図するのではない。もしヘリゲルに強い意志が備わっていなかったら、師範はそれを「捨てよ」と繰り返しはしなかった。「捨てよ」が強調されたのは、それだけ確固とした前提が備わっていたからである。

そのことにヘリゲル自身は自覚的ではなかった。ヘリゲルは、自分がいかなる訓練の上に師範と出会ったのか、その前提については語ることがなかった。ということは、彼の報告は、日本にくる以前、彼がいかなる教育を受け、いかなる伝統の下で薫陶を受けてきたのか、つまり、いかなる分節へと訓練されてきたのか、そのプロセスとセットに理解されるべきであったことになる。

あるいは、今度は師範の側から言えば、阿波師範は人を見て指導した。ヘリゲルという人を見抜き、鍛えるに足る人物と見て対峙した。反発し抵抗し、しかしそれを超えてゆく資質を見抜いて、ヘリゲルに極意を伝えた。分節から無分節への移行の核心を、抜身のまま、伝えたことになる。

阿波研造という師範が、他の弟子たちに対していかなる指導を施していたかはっきりしない。しかし、相手に応じて、その指導方法を変えていた可能性がある。例えば、強い意志を持たず、「わざ」が未熟な弟子は相手にしなかった。あるいは、むしろそうした弟子に対しては懇切丁寧に「わざ」を伝え、強い意志の大切さを教え、教えながら、そこから離れてゆくことを伝えようとしたのではないか。

稽古プロセスの全体から見る時、「わざ」の習得（分節化）と、「わざ」からの解放（脱分節化）はワンセットになっている。「わざ」が最終目的ではないことは確かであるが、しかし「わざ」を獲得しないことには、そこから「離れる」ことができない（本書7章—3）。

## 5 稽古の智慧

さて同じことをボルノーは、稽古の「最終目的」として論じた。稽古はわざの完成を目指すが、それが稽古の最終目的ではない。むしろ「わざ」が完成した後に初めて次の課題が生じる。「内面的成熟」という課題、自らの内面へと向かう稽古である。

ボルノーは次のような順序で解き明かす。わざが完成することと、それを持続させることは別である。完成したわざは日々衰えてゆく。では、完成したわざを持続させるためには何が必要か。「内面的成熟」である。日々新たに、内面的な成熟を続けてゆかねば、わざを持続することはできない。

そして日本の稽古に言及し「日々の暮らしの中でなされる稽古」について語る。歩く・立つ・座る・呼吸する・食べる・寝る・歌う、それらすべてが稽古となる。日々の暮らしのすべてを稽古とすることによって、初めて内面的に成熟しうる。

なお、ボルノーが、こうした「内面的成熟」を、わざの完成以降の課題と説明している点は興味深い。わざが完成した後に初めて課題となる、ということは、わざを完成させる途上における「内面的成熟」には言及しなかったということになる。

ところが、ボルノーの議論は、むしろその理解を覆してゆく。「内面的成熟」はそれだけを直接に追究しても得られない。何らかの「わざ」を習得することを通して初めて達成される。むしろ、稽古とは、何らかのわざの習得を通して「内面的成熟」を追究する営みである。

例えば、弓のわざを磨くことを通して、内面的な成熟を追究する。とすれば、弓のわざを完成させる途上においても、内面的な成熟が課題とならないはずはない。実は、その課題は、同時並行的に、稽古の最初から進行していたことになる。

しかし、わざが完成する以前は、わざの完成が主要な課題となっていた。それに対して、わざが完成した後は、内面的な成熟が主要な課題として前面に出てくると理解した方が、事態に即している。そして、そうであればこそ、〈わざを完成させる途上における内面的成熟〉という、背後に隠れたメカニズムに注目する必要がある。

確かに、稽古においては、わざの完成が最終目的ではない。しかしその先に「内面的成熟」の課題が独立して存在するわけではない。あるいは、わざの完成は、内面的成熟のための手段ではない。正確には、わざの完成を通して内面的成熟を追究する、と同時に、内面的成熟に支えられてわざが完成する。そうした相補的関係こそが、ボルノーが「回り道 auf dem Umweg」と呼ぶ、稽古のダイナミズムということになる。

もうひとつ、興味深いのは「恩寵 die Gnade」という言葉である。恩寵は、自らの力で作り出すことはできない。むしろ、恵みとしてあちら側から与えられるものを「恩寵」と呼ぶ。意図的に創りだすことはできず、直接的に追求することもできない。

しかし待つことはできる。あるいは、間接的に招き寄せることができる。ボルノーによれば、稽古の道は、直接的に獲得することのできないものを、間接的な方法で招き寄せるための、ひとつの手段である。

あくまで間接的に、回り道を通して、追究する道。興味深いことに、それは、稽古プロセスにおいて、二つの場面で見られる。

まず、初心者は、直接的に、名人の無心を求めてはならない。子ども（未分節）は一挙に名人の無心（無分節）を真似てはならない。最初は、稽古を通して「わざ（分節）」を学び、それを習得した後に、そこから離れてゆく。

もうひとつ、今度は、わざを習得した者は、直接に名人の「わざ」を真似てはならない。そうではなくて、一度、わざを手放す。「分節」から離れる（脱分節化する）。そうしていると、そこに「新たなわざ」が、おのずから生じてくる。

そう理解してみれば、「恩寵」とは、この最後の場面で語られる言葉であったことになる。意図的に追求するのではなく、任せる、あちら側から生じてくることを待つ。

こうして、逆説を際立たせてみれば、稽古の努力の目標は「努力しない」ことである。強い意志のもとになされる困難な稽古は、最終的には、そうした意志を持つことなく委ねること、任せることである

(das strebungslose Geschehen lassen)。

しかし、稽古プロセスの全体でいえば、初めから「ゆだね・任せる」のではなく、最初は、意図的に努力する。その後、徐々に手放してゆく。最終的には、意志や努力の消えた「恩寵」をいただく地平に向かう。それが内面的な成熟のプロセスということになる。

稽古は内面的な成熟を願う。しかし直接には求めない。特定のわざを追究する中で求める。特定のわざを追究することを通して、内面的な成熟が生じてくることを求める。

しかも、正確には、それは、わざの稽古だけでは完成しない。日々の暮らしの中で追求されて初めて完成する。生き方それ自身を稽古とすることが求められている。

そうした自らの人生を賭けた真摯な追求が、実は、「恩寵の訪れやすい条件を整える営み」であるというところに稽古のダイナミズムが潜んでいたことになる(西平、二〇一九)。

## 結び

稽古の中で、「無心」は、動きの止まった静的な状態ではない。何かが生じてくる出来事である。ダイナミックなプロセスの中で、おのずから、何かが生じてくる出来事である。

逆に言えば、稽古というプロセスの中で理解することによってはじめて、無心の、そうした動的側面が際立つ。

そして、そうした無心の出来事は、ひとり「禅」に限定されたことではない。むしろ、日本の精神文化の多様な場面で、共有されている。

しかし、こうした無心や稽古に秘められた知恵は、まだ眠ったままである。その知恵を掘り起こし、現在に生きた仕方で解き放つためには、西洋の哲学との丁寧な対話が必要になると思われる。

＊稽古 ― 198

## コラム5　修行（身体）

「得道（本当の悟りをうる）は、心で得るのか、身で得るのか」（道元）。門脇佳吉は「身で得る」と断言した（『身の形而上学』）。心で悟るのではない。身で悟る。むしろ、身が悟る。しかしこの「悟る」は、真理を対象として悟ることを意味しない。むしろ悟りを我が身に実現することである。

「身」は意識ではないが肉体でもない。心身の二元論とは異なる「心身一如」である。全心身ひとつになる。道元は「身心脱落」「脱落身心」という。さらに「身」は世界と別ではない。「身」は世界を対象として眺める認識主観ではない。「身」は主客の二元論とも無縁である。道元は「真実人体」という。「尽十方世界真実人体（十方世界がそのまま真実人体である）」。

その上で、道元は「修証一等」を説く。修行は悟りの手段ではない。修行とは別に、その成果としての証（悟り）を期待してはならない。修行の中に「証（悟り）」がある。「行ずれば、証その中にあり」。「修（修行）」と「証（悟り）」はひとつである。

では修行は不要か。必要である。しかし「修行」の理解が変化している。悟りがないから修行するのではない。本来悟っていることを喜ぶことが「修行」である。恵みを受け、既にいただいていると喜ぶことが「修行」である。

道元は「得道」という。悟りを求める「求道」に対して、既に悟った者が修行する「得道」。何かを求めて努力するのではない。生かされていることを喜ぶ。「道を得た者」が、道に照らされ、道に生かされる。それを道元は「修行」と呼ぶ（「得道のなかに修行すべし」）。

その背後に潜む形而上学を門脇は「道の「活《はたら》き」」と呼ぶ。「道（タオ・全体エネルギー）」の根源的な「活き」。

＊稽古 —— 200

世界はこの「道の「活き」」によって生かされている。むしろ世界はこの「活き」の痕跡である。修行は「道の「活き」」とひとつになってゆくこと。世界と身とが道の「活き」によって一つであるという事実を、身をもって「証する」ことである。あるいは、むしろ自らが初めからこの「道の「活き」」そのものであったと、身をもって「証する」ことである。修行者の行において「活き」が最も輝く。

修行における身体（身において成りたつ行の問題）は、形而上学の展開する場である。

## 10 無心と稽古（2）——創発性のための準備は可能か

創発性は多様である。作曲家は一瞬のうちに壮大な交響曲の全体を見る。研究者は、突然、思いもよらない発見をする。アスリートやミュージシャンの繊細なパフォーマンスは、そのつど創造的なインスピレーションに支えられ、時に「ゾーン」などと呼ばれて、特別な最高の状態が語られたりもする。

そうした語りにおいて、しばしば聞かれるのは、意図的ではないという点である。意図したわけではなく、計画してできるわけでもない。ある種の恵みのようにあちら側から訪れる。では、その言葉通り、一方的な恵みであるとするなら、一体、そうした事態を「準備」することは可能なのか。たとえ最後は待つしかないとしても、そうした恵みが訪れやすいようにするためには、いかなる条件を整えて待つのがよいか。おそらくただ漠然と待てばよいわけではない。何らか恵みが訪れやすいように待つことができるのではないか。あるいは、せめて恵みの到来を邪魔しないためには、いかなる準備をしておくことができるのか。

仮にそうした恵みを「セレンディピティ」と呼ぶなら、問題は、セレンディピティが訪れやすい条件である。セレンディピティが働く機会を妨げないための条件を洗い出してみたい。

## 1　スキルを学ぶ・スキルから離れる

心理臨床の人たちは、「臨床の名人は何ら特別なことをしない」という。特別なスキルを持つわけでも、特別な秘策を持つわけでもない。判断せず分析もせず、リラックスして、クライエントの話に聴き入る。集中して聴くというより、ボンヤリと耳を傾けている。

ところが、同じことを、初心者が真似ると失敗する。名人の語る通りに繰り返すのだが、何かが違う。「判断せず、分析せず、リラックスして、ただ聴き入る」のだが、まるで違ったものになる。臨床経験の少ない初学者が名人の語りに従っても成功しない。名人の場合に生じるようなクライエントにおける変容プロセスが生じてこない。臨床家のトレーニングにおいてはそうした「真似」は最も危険とされるというのである。では何が違うのか。

臨床を学び始めた学生たちは、最初すべての出来事に意識を向ける訓練をする。その語りや身のこなしなど、立ち居振る舞いのすべてに意識を向ける。何気なくおこなっていた身のこなしをすべて意識化してゆく。それを通してクライエントとの間に生じるすべての事柄に目を留める訓練をする。どんなに些細な事でも見過ごさない。意識化し、理解し、適切な判断を下す訓練をする。

しかしそれは名人が語ったこととは逆である。名人は、ボンヤリ聴くのが良いと語ったのに対して、学生たちは注意深く意識化する。名人は、特別なスキルなど要らぬと語ったのに対して、学生たちはスキルや理論を学ぶことが要求される。

ということは、その場面に限ってみれば、臨床のトレーニングは、名人とは反対方向に進む。最終目的とは正反対の方向に進んでゆくように見えるのである。

しかしここで、あらためて名人の語りを思い起こしてみる。名人はスキルに頼らないという。しかしこの「頼らない」は、実は、スキルを前提にしている。名人は、当然、スキルを身に付けているのだが、しかしスキルに頼らない。スキルに頼る必要がない時は、スキルに頼らないということである。

ということは、名人の「スキルに頼らない」は、実は、スキルを〈用いる〉こともできるし、〈用いない〉こともできるという、その両面を含んでいたことになる。あるいは、いかなる場合はスキルを用いることが有効か、その判断の上に成り立つ「スキルに頼らない」。それがスキルを「使いこなす」ということである。「使いこなす」とは、スキルを〈使う〉こともできれば、〈使わない〉こともできるということ、正確には、使うことが適切である場面を見極めることができるということである。

それと対比的に言えば、初心者の「スキルなし」は、文字通り、スキルがない。いまだスキルを習得していないと同時に、スキルを用いることが適切である場面を見抜くことができないということである。

さて、ここに、二つの方向を区別することができる。一つは、スキルがない状態（未習得）から、スキルを学ぶ方向。もう一つは、習得したスキルから離れ、スキルがない状態（名人）へと向かう方向。日本の伝統は、両者を合わせて「稽古」と呼ぶ。

＊本書はこの二つの方向を直線的に連続させない。前者の延長上に後者を見るのではなく、両者の間に「ねじれ」を見る。あるいは「反転」を見る（本書6章、7章、8章）。

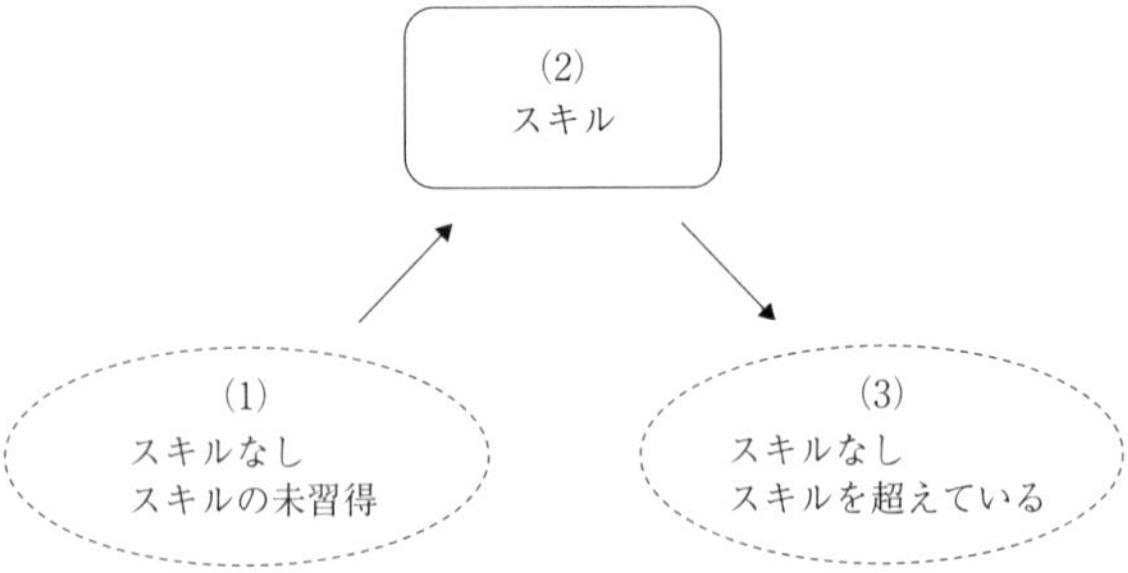


図 21

## 2　型の智慧

文字通り図式的になるのだが、一度、ダイアグラムで整理してみる。スキルの問題としていえば、三つのステージは、こう理解される（図21）。

(1)「スキルなし」は、初学者、まだスキルが身に付いていない。それと対比的に言えば、「(3)スキルを超えている」は、スキルを身に付けた後の「スキルなし」である。スキルを習得しスキルを使うこともできれば使わないこともできるのだが、スキルに頼らないという意味で「スキルを超えている」。それに対して、この「(1)スキルなし」は、端的にスキルの未習得である。とはいえ、その未習得（未熟）が、同時に、潜在的な可能性を秘めているという点も重要である。

(2)「スキル」の段階は、意図や計画通りに技術が発揮される。自らの動きをコントロールすることができ、それに合わせて、事態を動かすことも可能である。明確に区切られ、正確に一対一対応することが可能な世界。

(3)「スキルを超えている」段階は、意図や計画を持たない。自らの動きをコントロールすることもなく、流れに任せている。区切りがなく、いわばボンヤリ、曖昧である。

では一体、なぜスキルの段階で方向が反転するのか。それはスキルの習得が「スキルに囚われる」危険を伴うからである。日本の稽古の思想はその点に対して極めて敏感である。

例えば、「わざとらしい」という。「わざ」は大切なのだが、そこに固まってしまうと「わざとらしく」なる。稽古の思想はわざが「わざとらしく」なってしまうことを嫌うのである。

あるいは、「型に縛られる」ともいう。型は大切なのだが「縛られる」と自然な流れを壊してしまう。そこで離れることが大切になる。稽古の思想は、型の習得と並んで、型から離れる方向を、そのプロセスに組み入れておくのである。

## 型

稽古の思想において「型」は重要である。しかしこの言葉は多義的である。まず「型に合わせて切り取る」、「型にはめる」などと用いられる。その場合は、同じ形を再現する「鋳型」、あるいは「マニュアル」に近い意味を持つ。ところが、型は、そうした固定した「鋳型」には納まりきらない意味も持つ。いわば、しなやかな型である。

稽古でいえば次のような区別である。まず、稽古の初期段階においては、型は、初心者の動きを固める。ひとつの決められた枠の中に入れてゆく。重要なのは、この型が、初心者の動きの中から生じてきたわけではないという点である。むしろこの型は外から「押し付けられる」ように体験される。いわば、自由な動きを規制する固い枠組みのように感じられるのである。稽古する者は、来る日も来る日も、同じ型を繰り返すことによって、型を身に馴染ませてゆく。からだに沁み込ませてゆく。

ところが、型が身に付くと、今度は、むしろその型が自由をもたらす。型の流れに乗るように、型に従うことが最も心地よく、型に従うことが最も自然である。あるいは、型に従うことによって自由な動きが促進され、逆に、型がないと自然に動くことができない。

こうして、稽古の初期段階においては外側から「押し付けられる」枠組みであった型が、型を完全に習得した段階では、むしろ、新たな動きを促進する土台として体験されることになるのである。

＊英語の場合、model, mold, matrix, form, pattern, style, stamp など多様な言葉が「型」に対応するが、それぞれの用語の違いは明確ではなく、言葉の使い手がいかなる意味を込めているのか、より正確には、いかなる差異を持たせた用語として使い分けているか、そのつど丁寧に吟味する必要がある。

### 下地

先のダイアグラムでいえば、型の稽古は「(1)スキルなし」の状態から開始される。ではそれは白紙状態ということか。もしそうでないならば、初心者は、それぞれ異なる状態をもって稽古に参加していることになる。ここに、稽古が開始される以前の問題が生じる（本書9章―4）。

稽古の思想は「下地」という。稽古が開始される以前にその人が持っていた初期条件。ある人は「下地」が良いため容易に型が身に付き、ある人は「下地」が悪いためなかなか型が身に付かない。

では一体、型は、特定の下地を持った者にのみ適切に機能するのか、それとも、特定の下地がない初心者にも別の仕方で有効に機能するのか。

あるフィールドワーカーの話を見る。彼は、小さな山村に入り、その村の儀礼に必要な伝統的な舞を習得しようと試みた。村の子どもたちと一緒に習うのだが何かが違う。指導されるとおりに動きを模倣し、その特有の型を身に付けようとするのだが、うまくゆかない。むしろ彼が気付いたのは、子どもたちは日々の暮らしの中で、自然にその型を使っているということであった。村の子どもたちは、舞の稽古を開始する以前から、その舞にとって決定的に重要なリズムやしなやかさを、日々の暮らしの中で身に付けていた。ということは、村の子どもたちは、稽古に適切な「下地」を前提として型の稽古を開始したことになる。それに対して、外から来た学習者はその「下地」なしに稽古を始めた。より正確には、異なる「下地」をもって稽古を開始した。そして異なる土台の上に稽古したものだから、同じ稽古をしても、村の舞とはどこか違う身のこなしになってしまったというのである。

稽古は「白紙」から出発しない。実は、初心者も既に何らかの「型」を身に付けている。例えば、生活習慣やくせのような仕方で、ゆるやかな「型」を身に付けている。とすれば、稽古は、正確には、それまで身に付けてきた型とは別の型を習得するということである。身に付けてきた古い型を解体し、同時に新たな型を習得するということ、あるいは、型を組み立て直す（再構築する）こと。

村の子どもたちは「正しい下地」を持っていた。その村の舞には適切な下地を身に付けていた。というより歴史的に言えば順序は逆で、舞の方が、村の暮らしの中から生じてきたということである。日々の暮らしの中の動きが「型」として抽出され、暮らしの中で自然に身に付く動きが舞として形を整えてきた。その意味において、村の子どもたちにとっては、最も自然な動きであったことになる。

それに対して、外から来た観察者にはその下地がない。むしろ別の下地を身に付けていた。あるいは、都会の暮らしに適合した別の「型」を身に付けていた。したがって、彼にとっては、型の稽古は、単に新たな動きを真似ることではなく、古い型を脱ぎ捨て、自らの身体を村の暮らしに適合させることを意味した。

型の稽古は、新たな動きを付け加えるだけではない。これまで当然としていた身体の前提を作り替える。そうした「下地」から変えることによって、初めて自然な動きが可能になるということなのである。

### 楽譜

ところで、もうひとつ、音楽における「楽譜」を考えてみる。楽譜は音楽のある一面を写し取る。音楽という出来事のすべてを写し取ることはできない。例えば、世界各地の伝統的音楽（以下、民俗音楽）は、西洋音楽の五線譜に完全な形で写し取ることはできない。音楽のパフォーマンスにおいて最も大切な「流れ」や「雰囲気」は、楽譜に書き尽くすことはできない。楽譜を見ただけでは、同じ雰囲気を再現することはできない。

稽古の思想はまさにこの「流れや雰囲気」を強調する。とりわけ名人の持つ「流れや雰囲気」を大切にする。ところが名人はそれを教えることができない。最も大切なことは（皮肉なことに）、教えることも学ぶこともできないのである（本書3章―2）。

しかし楽譜を見て習うことはできる。そして長い稽古の末に、楽譜を完全に自分のものにする時、そこに、おのずから、味わいが出てくる。稽古の思想はこの「おのずから」という点を強調する。「味わい」を意図的に真似ることはできない。真似るのはあくまで楽譜に限られる。「流れや雰囲気」は、楽譜を身に付け、そして楽譜から離れることができる時、おのずから、香り立つ。そう教えるのである。

名人はその芸を直接伝えることはできない。しかし楽譜を経由して伝えることができる。とはいえ、楽譜が伝えることには限界があり、最も大切なことは伝えることができない。しかし楽譜なしには何も進まない。楽譜を習い、楽譜から離れることによって、あたかも内側から香りだすように、その人特有の個性が輝く。それを待つことになる。

同じことを、今度は弟子の側から言えば、弟子は、名人の「流れや雰囲気」に憧れながら、まず楽譜を習う。長い年月をかけ、その楽譜を身に付けるのだが、しかしその楽譜に縛られていては「わざとらしく」なる。そこで楽譜から離れる。あるいは、楽譜を超えた自由な動きを求める。正確には、楽譜を使うこともできれば、使わないこともできるようになる。その時、おのずから、名人の「流れや雰囲気」が内側から香り立つ。それを待つことになる。

稽古は自然な流れを理想とする。パフォーマーが自らのからだに生じてきた自然な動きに従って動くこと。先のダイアグラムは「(3)スキルなし（スキルを超えている）」とした。しかし、もしこの点を正確に理解しようとするなら、「スキルなし」とは別に「新たな質のスキル」を想定した方がよいかもしれない。

「スキルなし」に向かう方向とは異なる「新たな質のスキル」が生じてくる方向。この「新たな質のスキル」は以前のスキル（「(2)スキル」）とは違う。どこでも適用可能なスキルではない。その時その場の状況に適して生じてきた「しなやかなスキル」である。しかも意図的に創りだされたのではない。意図や作為から離れ、その場の流れに沿っている時、おのずから生じてくる。その意味では「即興」に近いが、別の視点から見れば、ある種の必然性を持っている。意図や作為を消すことができればできるほど、からだのより深い奥底から生じてくる、創発の出来事である。

＊本書153頁のダイアグラムはこの第四のステージを「新たな分節」と提示する。当然、「新たな質のスキル」は「特殊な両立」を特徴とし、「二重写し」と重なることになる。

## 3　試行錯誤とイノベーション——稽古は手段か

ところで、あらためて、この「⑶スキルなし（スキルを超えている）」のスキルが「ない」という側面に目を向けてみる。それは「スキルを失った状態・スキルが通用しなくなった状態」であり、「行き詰まり・挫折」の経験と重なってくる。これまでのやり方が通用しない。単に方法の問題ではない。自明としてきた前提が問い返され変更を迫られる。それは自らの土台を失うこと、限りなく落ちてゆくような不安である。

ところが、そうした暗闇は、しばしば何か新たなことが始まる母胎である。その暗闇から逃げることなく、踏みとどまって模索を続ける時、何か今までとは違った展開が始まる。その意味では「行き詰まりや挫折」は、新たな可能性が孵化する期間である。そして孵化の時期に最悪なのは、先を急がせてしまうことである。時が熟していないうちに早産させてしまうこと。ということは、この時期は、待つことが大切なのである。内側から動き出す時を待つこと。

では、私たちは待つしかないのか。「内側が自然に動き出す」まで何もすることはできないか。例えば、それを促すことはできないか。あるいは、内側の動きを見過ごすことがないように、もしくは、せめて邪魔しないためにはどうしていればよいのか。

イノベーション研究の山口栄一氏によると、「イノベーション」が既成のパラダイムの中から生じてくることは少ない。むしろ、古いパラダイムが崩れ混乱に陥り試行錯誤の混乱を続けているうちに、何らかの偶然がきっかけとなって新たなインスピレーションが生じてくるというのである。

その際、大切なのは「リゾナンスの領域」である。「リゾナンス」が豊かである場合、インスピレーションが生じやすい。ということは、インスピレーションのきっかけとなる「偶然」を育む条件が「リゾナンス」である。響き合うことができ、流れを止めてしまわない。規則に縛られ、締め切りに追い立てられ、失敗を恐れる雰囲気の中では、新しい発見が生まれない。目先の効率を優先して先を急がせたのでは、経営管理として見ても、有益ではないというのである（本書7章―3）。

＊山口氏は「パラダイム持続型イノベーション」と「パラダイム破壊型イノベーション」を区別する。前者は、従来のパラダイムを土台としてその延長上に、例えば、新たな技術を取り入れることによって（上へ上へと）展開するのに対して、後者は、（そのまま上へと進むことを諦め）、一度パラダイムそれ自体を問い直し、新たなパラダイムのもとに、まったく新しい新技術を生み出す。そうした「ブレークスルーをもたらすイノベーション」の具体的な例として、例えば、「トランジスタ」、「シャトル電池」などが挙げられている。なお、こうした「パラダイム破壊型イノベーション」のプロセスに続けて、山口氏は、武道や芸道の「守・破・離」に触れ、世阿弥の思想との同型性に言及している（山口、二〇一六）。

しかしここで問題にしたいのは試行錯誤を続けることの意味である。試行錯誤は、結果として、新たなイノベーションを生む。だから価値があるのか。そうであるなら、結果としてイノベーションが生じてこない場合、その試行錯誤には価値がなかったことになる。では、結果を出すことのない試行錯誤は価値がないのか。

しかし、そもそも試行錯誤は、必ず成功するとは限らないから試行錯誤なのである。もし成功しない試行錯誤は価値がないというのであれば、試行錯誤など恐ろしいことである。成果が出るという保証はないが、しかし探究を続けるというその営みそれ自体に価値を認めることが、本当の意味で、試行錯誤を大切にするということではないか。

稽古は「スキル」から離れることを大切にした。スキルから離れ、そこから何も成果が出てこなくても、それ自体に価値がある。限りなく続く稽古が、たとえ何も生み出すことがなかったとしても、稽古それ自体に意味がある。そう教えたのである。

＊無心は手段ではない。無心になるとよいパフォーマンスができる、そう求めているうちは、無心とは言えない。にもかかわらず、やはり無心に至ると、新たな展開が始まる。無心を求めるそのこと自体に意味がある、同時に、それが成功への秘訣である。無心の智慧はその両面を説く（西平、二〇一九—V章）。

**稽古それ自身に意味がある**

あらためて、最初の問いに戻る。創発性のために準備することは可能なのか。

型の思想によれば、私たちはまず型を習得し、型を通してスキルを身に付ける。しかし型は万能ではない。ある時は、型が自由な動きを制約してしまう。文字通り「型に縛られる」。その時、私たちは行き詰まり、ふりかえり、試行錯誤を始める。すると、従来の型に従っている限り決して開始されることのなかった新たな動きが始まる。その中からしばしば創造的なインスピレーションが生じてくる。しかしその発生を意図的に創りだすことはできない。それは恩寵として訪れる。

しかし恩寵は、恩寵である限り、必ず訪れる保証はない。何らの成果も出てこない場合もありうる。稽古の思想に倣えば、それでも意味がある。そうした試行錯誤も、稽古として、意味がある。試行錯誤はそれ自身で独自の価値を持つ。新たな成果を生むから価値があるのではなくて、試行錯誤それ自身が既に価値を持つ。成果はでなくてもよい。

ところが（皮肉なことに）、そうした覚悟ができた時に限って、良い成果が生じる。むしろ、成果の追求から解放され、ある種の「諦念」が生じたから、よい成果が伴うとも考えられる。

創発は意図や計画からは生まれない。そこから離れた「諦念」から生じてくる。意図的に計画するのではなく、ある種の自己放棄の中で、しかし稽古を続けている時、偶然が働く。セレンディピティが働きやすくなる。

しかし、こう考えることによって、実は私たちは再び罠に掛かっている。「諦念」があるから良い結果を生む、成果の追究から離れると良い結果が訪れるという仕方で、良い結果を価値の根拠にしてしまっている。そうではない、成果がでなくてもよい。稽古は既にそれ自体で価値を持つ。それが稽古の思想の教えなのである。

ところが、それは教えの反面にすぎない。他方で、稽古は、成果を出せという。必ず勝つこと、必ず舞台を成功させること。それを手放してはならない。

ということは、一方では、成果を気にするなと言い、他方では、成果を気にせよと言い、文字通り、自己矛盾である。

おそらく実際の稽古の現場では、師匠は、時に応じて、その語りを使い分けることになる。ある時は、成果を気にするなと言う。むろんその方が長い目で見た時、良い結果につながることを見通した上の語りなのだが、しかし師匠自身がその「結果」に囚われていたら、その言葉は軽くなる。ということは、師匠は、良い結果の追求と、結果の放棄という、自己矛盾を自らの内に抱え込みながら、そのつど、時に応じて、どちらかを前面に出す。

中和するのではない。むしろ、両者の対立が最も鋭くなる緊張を師匠は自らの内に引き受ける。「成果を気にするな」という言葉は、「必ず成果を出せ」という言葉によって打ち砕かれ、「必ず成果を出せ」という言葉は、「成果を気にするな」という言葉によって打ち砕かれている。互いが互いを否定し続ける緊張の中で、「特殊な両立」から生じる言葉は、そのつど自らをゼロ地点に連れ戻す。あるいは、自らの内で「反転」し続ける。

そう理解してみれば、師匠の語る「結果に囚われない」は、実は、「結果を出せ」の対立物ではなかったことになる。「結果を出せ」と「結果にこだわるな」が同一平面における対立であったのに対して、師匠の「結果に囚われない」は、その平面から離れている。結果を「出す」と「出さない」の対立のどちらか一方ではない。その対立地平そのものから離れている（離れようとしている）。

そこで、「結果を出してもよい、出さなくてもよい」と語る。結果を追求してもよいが、追究しなくてもよい。どちらか一方に偏り、囚われてしまうことを警戒するのである。

逆に語られることもある。「結果を出す」ことに囚われてはいけない。しかし「結果にこだわらない」ことに囚われてもいけない。「結果を気にしない」という点を気にしすぎてしまう（真剣な修行者の陥りやすい）危険については、稽古の思想は繰り返し注意を促している。

しかし私たち凡人は、そう簡単にこの「特殊な両立」を共有することはできない。こうした語りの前に、私たちは矛盾を感じ、葛藤を突き付けられ、ジレンマに追い込まれてしまう。

さらに深刻なのは、こうした理解が、一般的には理解されにくいという点である。一般的には成果が重要である。結果が伴わなくては評価されない。と同時に、そうした傾向への反動として、「結果がすべてではない」という同情も繰り返される。「結果を出せ」と同じ平面で対立した「結果がすべてではない」という同情。

稽古の思想は、同情ではない。しかし「結果を出せ」とも違う。この対立地平で理解される限り、稽古の思想は、ある時は「結果」を説き、ある時は「結果の放棄」を説き、一貫性がない。理解しにくい中途半端な思想と拒絶されてしまうことになる。

そこでまずは「結果の放棄」と理解してもらう。そして、試行錯誤を評価する場合、成果ばかりに目を向けると大切なことを見逃す危険がある、成果を急がぬ模索の中から貴重な創発が生じ、よい成果を生むと指摘する。

しかし実は、成果が出るから重要なのではない。そのつどゼロ地点から開始し直すというそのこと自体に価値がある。何らの先入見にも縛られることのないゼロ地平から出発すること。その点を稽古の思想は語り継いできたように思われる。

# 11　無心の現場――リサーチバイオグラフィ（2）

「際《きわ》」に立つ。外側から近づいて際に立ち、内側から出ようとして際に立つ。不安定にして不徹底。宗教との際に立って「悩む」という仕方で考えてきたことの報告である。

＊「宗教の際に立つ」という言葉は、〈宗教によって解決する問題〉と〈宗教によって生じる問題〉の双方に目を留める視点を意味する。したがって「宗教のポエティックスとポリティクス」と重なる。深沢英隆氏は「宗教のポリティクス politics」を「宗教の様々な政治的・イデオロギー的効果をクリティカルに主題化する立場」と規定し、他方「宗教のポエティックス poetics」を宗教のポジティヴな言明であるが「宗教の外に立ちながら、（中略）宗教の遺産を再解釈し、宗教の再想像を図ろうとする」という（深沢、二〇〇六、三四七頁）。

「際に立つ」とは「どっちつかず」である。宗教の内にいるのか、外にいるのか。立場が明確でない。宗教者（信仰者）の立場なのか、研究者（観察者）の立場なのか。中途半端で一貫しない。どの立場の何者なのか。名前がない。のみならず、立場が実定化（実体化）されそうになると身をかわす。しかもそれが単なる中途半端に過ぎないのか、それともむしろそれこそ柔軟で強靭な思想であるということなのか、それも明確でない。あるいは「際」に立つとは、もはや「際（境界線）」など存在しないという認識とワンセットなのである。

しかも本稿は（シンポジウムの席上）一人称で語られた「個人的な宗教体験のなまの思想性」の報告である（それが私に与えられた課題であった）。生育史の中に生じた発生現場の勢いを持ったままの「プリミティヴな困惑」。学問的手続きによって整理される前の素朴な疑念。偶然的な状況や一回的な情念が纏わりついたままの期待や困惑。本来ひとつの筋に納まるはずのない断片を少しばかり整理する試みである。

手掛かりは「無心」という言葉。依拠するテクストは鈴木大拙『無心ということ』。禅の核心を解き明かすと同時に多方面の思想との関連を示した著作である。細部における差異よりも大摑みの同質性を強調し、禅の「無心」と「子どもの無心」の類似を語り、「自然法爾」との共通を語り、福音書の「神の御心のままに」との共通性を説く。言葉を厳密に定義するより柔軟に解きほぐし、幅広い対話を促す語りになっている。「無心」の英語表記にも様々な工夫（a mind of "no-mind-ness" など）が見られるが、最終的には Mushin とするしかなかったようである（「無心」については、西平、二〇一四）。

しかし本稿は大拙研究ではない。あくまで「個人的ななまの思想」の発生現場を、あたかも一つの事例研究として報告したものである。理想的には「無心をめぐるポリティクスとポエティックス」を望みつつ、実際には宗教をめぐって悩んできたことの「プリミティヴな困惑」の報告である。

## 1　子どもの無心——「無心」という用語

「子どもの方が無心である」。そう聞かされて育つ子どもは、自らの成長に対してアンビバレントである。成長するとは無心でなくなること。純粋でなくなること。気づいてしまったらもはや無心になれない。「わざと」になる。「わざとらしく」なる。

無心とは最初「気づかないという仕方の純粋」という意味において、子どもの頃の私には理解されたようである。まだ気づかなかった頃のように。何も知らなかった頃のように。では気づいてしまった後に無心になることはできないのか。わざとらしくなく、自然に振る舞うことはできないのか。

そう思うと、自分にもそんな「よい時」があったことが不思議に思われた。しかも、悔しいかな、自分が「無心」であった時の記憶がない。その「良い時」は気がつくことができずに、後になってから「もう過ぎ去った」こととしてのみ体験される。そうした悔しさと憧れに包まれて「無心」という言葉は私の心に住み着いたようである。

「気がついた時には、既にそこにいない」という問題が、「事後性 Nachträklichkeit」という言葉によって吟味されていると知ったのはずいぶん後のことである。事後的に創られたにすぎない。子どもの無心など大人の願望を投影したものにすぎない。失われたものに対するロマン主義的憧憬。無心も事後的に構成されたものにすぎない。

そうした言説を興味深く聞きながら、しかし私には、そう簡単に割り切ることのできない小さな体験があった。サッカー少年としてひたすら走り回る中でごく稀に体験した「最高の調子の良さ」である。現代のアスリートならば「ゾーン」と呼ぶであろう特殊な状態。その中に入ってしまえば最高のプレーができる。あるいは「フロー」。文字通り「乗っている」のであって、努力や工夫とは関係なしに、無理なくできてしまう。しかし翌日やってもうまくゆかない。なぜできたのか。どうすればあの体験がまたできるか。どんな準備をしていればあの「体験」が来るのか。そうした問いと結びついたあの不思議な体験が、私に「無心」を単なる事後的構成物と割り切ることを許さなかった。

あの体験をいかにしたら招き寄せることができるのか。それが厄介な問いであることは、ひたすら走り回っていた少年にもおぼろげながらに予感された。「待つしかない」とも感じた。願ったら逆効果になる。願うとは欲を出すこと。欲を出したら「それ」は逃げてしまう。しかし逆に、願いもせずにただボンヤリと待っていても何も起こらないことは明らかだった。とすれば、願っていることを自分に隠しておくしかない。求めつつ、しかしその求めていることを自分に隠すという仕方で、意識しない。「自分をだます」ということなのかとも考えていた。

数十年の後、世阿弥の伝書を読むに至って、世阿弥もまた同じことを考えていたと知った。『花鏡』第十四条の一節。「わが心を我にも隠す安心」。自分の心を自分に隠してしまう。観客に対して隠すのではない。自分自身に対して隠す。自分の心の工夫すら意識しなくなるほど、深く演技に集中する。その深い集中のなかで「せぬひま」の前後をつなぎ止める。「無心の位にて」という言葉が、そう言い換えられているのである。

「……かやうなれども、この内心ありと、よそに見えては悪かるべし。もし見えば、それは態《わざ》になるべし。せぬにてはあるべからず。無心の位にて、わが心を我にも隠す安心にて、せぬ隙の前後をつなぐべし。これすなはち、万能を一心にて綰ぐ感力なり」（『花鏡』第十四条）。

むろん、「無心」と「一心」の関連など問題は多いのだが、意図的に追究しても達成されないどころか、むしろ「その追究が逆効果をもたらしてしまう」ような厄介な工夫が、多くのアスリートやパーフォーマーたちに共有される問いであることは確かなのである。

＊「フロー体験 flow」はM・チクセントミハイの用語に依拠する。自分に疑いを持つことがなく、reflective にならず、行為と意識が融合し、心地よく、流れるように体験される。A・マスロー「ピーク体験」との関連も含め「最適体験」の整理は課題である。世阿弥の伝書に関しては、西平、二〇〇九。

では、そうした「ゾーン」は「子どもの無心」と同じなのか。そして「無心になる」とは子どもに還ることなのか。大拙もこの問いを引き受けている。『無心ということ』の中、「幼児と無心」という小さな節。もし無心が本能に従うことであるならば、子ども方が大人より無心である。ならば子どものままに留まるべきではないか。「どの宗教にあっても大抵は子供にかへれと教える」（『無心ということ』『全集第七巻』二六六頁）。

しかし話はそう簡単ではない。「子どもの無心」は、「大人の有心」に出てゆき、そして「大人の無心」へと越え出てゆく。つまり「子どもの無心」と「大人の無心」は区別されなければならない。

ところが、ここで大拙は「大人の有心」から「大人の無心」へと越え出てゆく事態を「かへす」という。「無心の世界へかへしてしまはなければならぬ」。そもそも「大人の有心」が生じるという出来事が「矛盾」であったのだから、その矛盾をひねり直す仕方で、無心へ返せば（還せば）よいというのである。そしてこう加える。「無心の世界へかへす」とは「我」をなくすことではない。「我」は必要であって、「我」を持ちながら「我」から離れる。あるいは、無心の世界を消すことなく我として生きる。ということは「大人の無心」は何らか二重である。一方的に「我を消去する」のではなく、「消去」に留まるのでもない。むしろそこから躍り出るダイナミズムを孕んでいる。つまり図式的に整理すればこうなる。①「子ども」は「無心」である。②「子どもの無心」から「大人の有心」が出てくる。③「大人の有心」から離れて「大人の無心」へ越え出る。④しかしその「大人の無心」は「我」を併せ持ち、有心と無心の二重写しになる（この「二重写し」が多様に言い換えられてゆく）。

*「二重」について大拙はこう語る。「人間は……「我」を立てるが、その肯定、その「我」の真只中から、所謂る無我無心の世界にはひらなければならぬのである。「我」といふものを有ちながら、我は我、人は人といふことがありながら、そこに人も離れ、我も離れたところの世界を見るといふことにしなければならないのである。そこに始めて無心の体得があるわけである。而してこの無心の世界から、今度改めて「我」の世界、他人の世界、仏教で云ふところの差別の世界がでてこなくてはならぬのである」（「無心ということ」二七五頁）。

さしあたり、このように整理した上で、用語を確認する。本稿における「無心」は緩やかな厚みと広がりを持つ、いわば「広義の無心」である。究極の一点のみが無心なのではない。「子どもの無心」も「大人の無心」も「有心と無心の二重写し」もすべて内に含んでしまう。あるいは、以下のような言葉も含まれる。

一、「人為的・作為的」と対比的に用いられる「自然に」。あるいは「ひたすら」「ひたむきに」。

二、「無邪気」「無私」「無欲」。むろん明確な概念規定は困難を極めるが、本稿はそれらすべてを「無心」とする。透明になっているとあちらから来るという意味で「透明に」も含む。

三、立ち戻る原点という意味における「ゼロポイント」（井筒俊彦の用語に依拠する。本書158・246頁）。そのつどそこに戻り、そこから出てくる、ニュートラルな原点。正確にはそこから何が出てくるかわからない。ゼロポイントに立ち返ったがゆえにより醜い我執が湧き出てくる可能性もある。しかし本稿においては、ゼロポイントから出たものは「よし」とされる（長い目で見れば必要なこととされる）。

四、整体の野口晴哉が用いた「天心」も「無心」に含まれる（野口、一九八六）。からだの自然な流れに聴き従う天然無垢の心。「天心は無念無想です。虚心です。空っぽなのです」と語られる「空っぽ」は力のない空虚ではないどころか、むしろ真空と同じく巨大な吸引力を発揮する。空っぽである故に自然な流れと一体になり、その流れを促進させる。思考作用が鎮まった無心の境地において初めてからだの自然な流れが戻ってくる。その自然な流れは「間身体性」の出来事である。

五、福音書が語る「幼子のような信仰」も「無心」に含まれる。あるいは、「自己無化」「自己放棄」など「ケノーシス」の伝統も含まれる。つまり本稿の用語法は仏教思想のコンテクストに限定されない、何らかの心の在り方（世界との関わり方・自分自身との関わり方）である。その意味では「自我の匂いのしない方へ」という方向性である（押田、一九八三）。あるいは、ごく形式的には、beyond "I" と表現される出来事。"I" は、「我（自我・作為・我執性）」などと多様に理解され、また beyond は、そこから離れる・それを超えてゆく・その背後などと理解される。しかし正確には、単に「我」から離れることを目指すのではなく、我から離れることもでき、それを生きることもできる。そうした意味における「自在」。「囚われない」という点が重要になる。そうした方向性をすべて本稿は「無心」（正確には「広義の無心」）と呼ぶことにする。

## 2　信仰と無心——無心はアイデンティティを超えるか

さて、『無心ということ』は「幼子のような信仰」を無心の表われと言う。高校に通い始めた私も「信仰」を「無心」と重ねて受け入れた。通学途中の小さなプロテスタント教会。のちに事情が分かってみれば「福音派」と呼ばれる（良くいえば純粋な信仰を貫く、悪く言えば狭く固まりがちな傾向をもった）小さな集まりであった。

疑うことなく信じる。考えるより信じる。そうした福音書の語る（イエスとその周囲の人々の）信仰を私は「無心」と重ねて受け入れた。純粋なゼロポイントに立ち返ることとしての信仰。そして「ひたすら信じ続ける」ことが引き起こす現実的な力に目を見張った。信じ続けることが出来さえすれば、信仰は山をも動かす。

大拙は「受動性」と語る。信仰には「はからい」がない。空虚になって任せてしまう。「キリスト教的に云ふと『御心のままに』といふやうなことなのです。神の御心のままにならせ給へといふ、さう『まかせ』主義のところのあるのを宗教的と云ひます。これが真宗の方になると、はからひをやめる、はからひのないといふことです」。そうした信仰の在り方を「無心」と重ねて語るのである。

福音派教会で出会った人たちは、まさにそうした信仰を生きていた。少なくとも私の目にはそう映った。とりわけ戦後米国から送られてきた純粋素朴な宣教師たちはフロンティア精神に満ちていた。既に真理を得たという確信。ならばそれを隣人に分け与える。相手のためを思えばこそ真理を伝えたい。宣教の熱き使命に燃えていた。

ところが、その出発点においては紛れもなく「隣人愛」に根ざした使命感が、ある一点を超えた瞬間「非寛容」になる。妥協を認めない。そして純粋であればあるほど、その非寛容は(「神」の名のもとに)強迫的になるように感じられた。考えることなく信じる。その純粋な信仰が対話を妨げ、非妥協的な対立を引き起こす。その事実は私を苦しめた。のみならず、その信仰共同体の中に深く入れば入るほど、そこには「排他性」が見え隠れした。内側の結束を固めるために敵を外に創る。外側に「サタン」を見る構図。あるいは、内側の清さを保つために汚れを外に切り捨てる「スケープゴート」の構図。

しかし、だからといって、そうした信仰の純粋さを丸ごと否定することはできない。信仰の無知を難ずるだけの批判精神に私は馴染むことができなかった。イエスの生きた信仰は純粋である。にもかかわらず、その信仰が現実社会の中では対立を招き、非寛容を引き起こす。その問題をどう考えたらよいか。我が信仰の真理を認めつつ、相手の信仰の真理も同時に認めることは可能なのか。

＊「宣教」の問題は、キリスト教神学の問題としても、人類史における近代西洋世界の覇権の問題としても丁寧な検討を必要とするが、人間学的には「パターナリズム」の問題と深いつながりを持つ。あるいは『愛する』ことの逆説。「宣教」と「愛という名の迫害」(A・ミラー)との関連は困難な課題である。また、自らの信仰への絶対的確信が、「無心」ではなく「自我肥大」であるという批判は慎重な概念規定のもとに議論されなければならない。本稿は「無心」を「肥大した自我」から区別する。「自己陶酔」からも区別する。「無心」は同時に何らか「有心」であり二重である。したがって「無心」は矛盾をはらみ、交叉反転し続ける(西平、二〇〇九—7章補論)。

この難問をE・H・エリクソンは「アイデンティティ」問題として引き受けた。一般的にこの言葉は、青年期に達成されるべき課題と理解され、「アイデンティティを確立してモラトリアムが終わる」と理解されて終わりである。しかしエリクソンの思想の中で「identity」は、「beyond identity」とワンセットになっている。アイデンティティの確立によって話が終わるのではない。むしろ、そのアイデンティティこそが対立をもたらす。人はアイデンティティなしには（心理社会的に）生きてゆくことができない、にもかかわらず、そのアイデンティティが対立を引き起こす。すべてのアイデンティティは必然的に排他的になる（異端排除、自民族中心主義）。その絶望的な現実を前にしてエリクソンはこう考えた。

排他性は「この地上にある限り」のアイデンティティの話である。それとは別に「地上を超えたところ」がある。「理念としてのアイデンティティ」、ないしは「超越的アイデンティティ」。それは決してこの地上には実現されない。あくまで理念に留まる。しかしこの理念としてのアイデンティティは、地上のすべてのアイデンティティに対してその相対性を宣告する。地上のいかなるアイデンティティに対しても「身の程を知れ」と言い放つ。いかに「地上のアイデンティティ（信仰）」が「人類」に共通の普遍性を主張しようとも、超越的アイデンティティはその不可能を宣告し、いかに人間自然の「理」に適っていると主張しても、超越的アイデンティティはその立場拘束性を言い渡す。

そのうえで、この超越的アイデンティティは地上のアイデンティティに勧める。一つは、相対的な者同士の対話（異質なアイデンティティとの対話）。もうひとつは、wider identity の方向性、つまり、より広いより新しいアイデンティティの次元へと自己変容してゆくことである。しかしそのどちらも相対主義を意味しない。"relative に"（関係の中で・相対的に）「真理に近づいてゆく」。現時点で到達している真理を超えてゆく。人間に許されている（地上の）真理はあくまで暫定的なものにすぎない。そのつど「真理そのもの（超越的アイデンティティ）に近づいてゆく」。その方向を「beyond identity」という概念は私たちに示したのである。

＊地上のアイデンティティが自らを人類の代表と主張しがちな傾向をエリクソンは動物行動学のK・ローレンツに倣って「疑似種」と呼ぶ。「理念としての種＝人類」に対して疑似に過ぎないというわけであるが、この不思議な用語は理解を一層困難にした。エリクソンの「アイデンティティの思想」については、西平、一九九三。

ちなみに「宗教多元主義」の議論は、この「アイデンティティ」と「アイデンティティを越えてゆくこと」の理論枠組みと重ねて理解することが可能である。例えば、J・ヒックは「実在それ自体 the Real an sich」を想定し、いかなる宗教にも共有されるが、それ自体を名づけることはできないという（ヒック、一九八六など）。その議論は「超越的アイデンティティ」と同じ構図である。それに対して、J・カブが「実在それ自体」など設定できず、むしろ他宗教との対話によって自己変革してゆくことこそ重要であるとする議論は、「より広いアイデンティティへの変容 wider identity」と同じ構図ということになる（カブ、一九八五など）。

＊宗教多元主義の議論は、キリスト教の立場から「他宗教」との対話を模索する途上に成り立った。では仏教の立場から多元主義の議論はどう語り直されるのか。あるいは、明確な教義を持たぬ民間諸宗教の立場からはどう語られるのか（間瀬、二〇〇八など）。なお、ヒックの「実在それ自体」という概念は私たちを深いアポリアに突き落とす。「実在」「体験」「言語」といった用語の哲学的検討は対話の困難を痛感させ、「心の体験としては同じ」という語りは、対話の場を保証するようにみえて、実は誤解の温床になる。あるいは「神秘体験」

という位相を想定することの是非も問題として残される。神秘体験の位相における「言語と体験」の関連は、言語以前の「純粋な体験そのもの」の存立可能性、またその論証可能性の困難を私たちに突きつける。さらに、こうした「非言語的真理性」の問題に「勝義諦と世俗諦」という伝統的な議論を重ねる時、問題は一層複雑になり、底なし沼である。

宗教多元主義の議論を「アイデンティティ」と「アイデンティティを越えてゆくこと」との交叉反転という理論枠組みの中で検討する課題は今後に残される。

＊「他宗教」との対話の先に「無宗教」との対話がある。Wider identity の視点から「宗教」を問い直す試みにとって「無宗教との対話」は正念場である。①Not religious but spiritual を標語としたスピリチュアルなものを求める人たちとの対話。この場合、宗教以外の営みの根底に認められるスピリチュアリティ（Non-religious spirituality）と、宗教の根底に認められるスピリチュアリティ（Religious spirituality）が、スピリチュアリティの位相においては同質なのか。せめて対話可能なのか。②宗教を必要としない人たちとの対話。「幸せになるのに宗教はいらない」。明るく笑ってそう語る「元気で前向きな若者たち」と対話することは可能なのか。宗教の言葉を使うことなく、宗教に秘められた智慧を伝えることは可能なのか。「無心という言葉なら何となくわかる」。「ゾーンに入ると言われれば感覚的に分かる」。そうした「前了解」を手掛かりとして、従来宗教が担当してきた領域について、人類の智慧の一つとして、対話することはできないか。③宗教を必要としない人たちとの対話は、宗教の側にとって「有益」なのか。宗教の必要を説くのではない。対話する。ということは自分自身の立場が変容する可能性を容認しつつ他者と向き合う。その意味における対話を宗教は本当に望むのか。さらにもう一点、あらゆる宗教に共有される（バイアスを持たない）「普遍的言語モデル」の可能性は、絶えず追

求され、しかし「超越的アイデンティティ」と同じく理念であり続けなければならない。その途上の貴重な試みとして、井筒俊彦「東洋哲学」の構図に期待し、またその構図をキリスト教へと架橋する試みとして、ヘブライ語の存在動詞「ハーヤー」を核とした「ハヤトロギア（ヘブライ的存在論・人間論）」に期待を持つ（本書コラム4「自己無化」）。

さて、あらためて、「無心」は「アイデンティティ identity」と親和的なのか、それとも「アイデンティティを超え出てゆくこと beyond identity」と親和的なのか。

信仰と無心を重ねて理解した私は、信仰の排他的・独善的傾向に違和感を強くした。「神の御心のままに」という信仰が信仰共同体の中で「アイデンティティ（地上のアイデンティティ）」を固めてゆく傾向に疑問を感じ、むしろそのアイデンティティを超えてゆく方向性に期待した。その方向性こそ「無心」という言葉が内包するダイナミズムではないか。

そう考えてみれば、無心は、一方で、アイデンティティの凝集性を（ひたむきに・一途に・疑うことなく）高めてゆく方向に働く場合もあれば、他方で、そのアイデンティティを超えてゆく方向に（透明な・空っぽの・限られることのない方向に）働く場合もある。そして後者の働きを強く読めば、無心とは、beyond へと向かう動きである。アイデンティティ（信仰）を超え出てゆく動き。しかし何らの限界もないかと言えば、無心はむしろ地上のアイデンティティに専念する傾向も持っている。ということは、無心はアイデンティティとして働くこともでき、アイデンティティを超える方向に働くこともできる。しかも、そのどちらにも留まらず、そしてそのどちらにも囚われない。

＊本文の理解は「信仰＝アイデンティティ＝凝集性」である。実は、その点こそ問い直されるべき課題である。つまり、特定の対象に固定しない信仰の模索。概念化も対象化もされない何ものかに導かれつつ、常に打ち砕かれるという仕方で、変容し続ける営みとしての信仰。その時、信仰は無心と同質になる。キリスト教の伝統にも、根源的な一者を把握不可能とする理解が、地下水脈のように流れ続けてきた。無限に深い神の神秘そのものは決して対象化されないという理解である。「人間の側から、いわばこちら側からは、体験的に無という言葉でしかいいあらわしえない、概念化も対象化もできないこの根源的な何かが、神の側から、いわばあちら側からイエスを通して明白に掲示されたというのが、キリスト教信仰の核心である」（井上、一九九二）。

## 3　無心と他者——無心は他者の痛みにつながるか

大拙翁の語る「無心」は明るい。カラッと透き通った明るさがある。例えば、「天真爛漫」、「遊戯三昧」、「呵々大笑」。しばしばそうした言葉が登場する。では「無心」という言葉に「悲しみ」や「諦め」を読むことはできないか。

興味深いことに、『仏教の大意』では、仏教の教えが「大智」と「大悲」に分けられ、「無心」は前者に集中して登場する（『鈴木大拙全集・第七巻』）。つまり「無心」は「智」の在り方の一つという位置づけである。すなわち、分別する智ではなく、分別しない智（無分別智）。その智の在り方が「無心」と語られるのである。

しかし「大智」と「大悲」は一体である。そこで、ごく稀に、「無心」において「大悲」が発露すると語られる場合もある。「無心の中から祈りが出る、無縁の大悲と云ふのであります」。ということは、

「無心」は「智」の在り方であるのみならず、そこから「悲」が発露する原点でもある。つまり「大智」と「大悲」の共通の深層が「無心」と語られる。「無心」は「智」の在り方のみならず、「悲」の在り方でもある。そこから「智」が生じ、そこから「悲」が生じる、そのゼロポイントが「無心」と語られたということである。

しかし、やはり大きく見れば、『仏教の大意』においては、「智」の在り方としての「無心」が主である。「日本の仏教では、禅は大智の面、浄土系は大悲の面を代表する」。そう語りながら「無心」を禅の思想に限定して語り、浄土系の思想を「無心」と語ることは控えている。ところが、『無心ということ』の場合は、無心の用語法に限定がない。浄土系の思想も「無心」と語られ、キリスト教の思想の中にも「無心」と同じ心の在り方が指摘される。つまり禅に限定することなく共通性が強調され、緩やかな広がりを持った「無心」が語られるようになる。そして小論が、まさにその緩やかな用語法に依拠していることは繰り返し確認してきた通りである。

さて、「無心」において「大悲」が発露する。この「大悲」は仏のはたらきである。同時に人間一人ひとりの「悲」のはたらきでもある。つまり、悲しみの感受性であり、他者の痛み・悲しみに対する感受性である。そう考えれば、無心が「悲しみの感受性」と親和的であることに何の不思議もない。無心は個人に閉鎖しない。他者の痛みにつながる。無心になる時、人は、他者の痛みへと開かれている（開かれてしまう）。無心において私たちが大悲心からの働きかけを受ける時、ということは、大悲心が地上に顕われて倫理として働く時、私たちは他者の痛みに対して無関心でいることはできないということである。

確かに、無心は倫理的概念ではない。無心であることが、直接的に倫理的な善さを意味するわけではない。大拙は無心が倫理的に理解されることを嫌った。無心の発露は、倫理的であろうがあるまいが、そうした次元とは異なる次元の出来事である。

しかし無心は必然的に他者とつながる。個人の内面に閉じた出来事ではない。無心である時、人は他者の痛みに対して無関心でいることはできない。無心において、大悲が発露する。大智・大悲ともに発露する。

＊宗教という営みには「悲しみ・痛みへの感受性」が不可避的に含まれるのか。「悲しみの感受性」を含まぬ宗教もあるのか。逆に、「悲しみの感受性」のために宗教は不可欠なのか。問い方を換えれば、宗教の内にこうした悲しみや痛みを強く読むのは、「宗教」理解の偏りなのか。すべて継続課題とする。なお、禅の思想は「無心」が倫理的概念ではないことを強調するために、しばしば倫理とは無縁な出来事を「無心」と語る。確かに「無心」は倫理的な「善さ」ではない。しかしそれは「無心」が反倫理的であることを意味しない。倫理的であることもでき、反倫理的であることもできる。倫理にこだわることもできるし、こだわらないこともできる。本稿は、実生活に躍り出た「無心」が倫理的位相と結び付く可能性を問う。しかしそれは決して無心を倫理的な「善き」振る舞いに限定することを意味しない。

そう理解した上で、もう一点、重要なのは、大拙がそうした無心を、他宗派・他宗教の中にも見たという点である。特定の宗教に限定された出来事ではなく、広く人間に共通してみられる出来事、いわば人間自然（human nature）に属する事柄として理解した。議論を整理するために、そうした意味における無心を「広義の無心」と呼ぶ。人間自然に属する事柄としての無心、人類に共有される（共有される可能性がある）出来事としての無心（西平、二〇一四—3章）。

それに対して、禅の伝統が語り続けてきた無心は「狭義の無心」ということになる。しかし、そう語ったとたん、問いは一層鮮明になる。「広義の無心」と「狭義の無心」はいかなる関係にあるのか。「広義の無心」という理解は心理主義の批判を免れ得るのか。そして「広義の無心」が他者とつながる地平に開かれているならば、倫理の位相とはいかなる関係にあるのか。次節で考えてみたいのは、この最後の問いである。

## 4　無心と社会的正義——「抵抗の拠点としての無心」に向けて

大拙翁の語りに「社会的正義」はでてこない。むしろ無心は正義とは異なる位相の出来事であるという点が繰り返し強調される。

例えば、E・フロムらと共同で行った「禅と精神分析」をめぐるシンポジウムの記録の中、こんなやりとりがある。欧米研究者から社会福祉や経済的困窮などに対して禅がいかなる態度をとるのかという（十一項目に及ぶ）質問が出た（本書163頁）。しかし大拙翁は取り合わない。「これらの質問のほとんどは、禅の要点を欠いており、禅の中心軸を捉え損ねているようだ」と相手にすることなく、話を先に進めてしまうのである（鈴木他、一九六〇）。

あるいは『無心ということ』の中でも、道徳や社会との関連になると、その語りが「奇妙」である。「無我といふことには、或る意味で云ふと無責任になるといふやうにとられる場合がある。併し本当の意味で云ふ宗教から見ると、実際無責任と云ふやうなところがあるのです」。

この文章は「無我」について語られたものであり、その相違は慎重に理解されなければならないが、「無心」の思想が「(社会的)責任」を視野に入れないことを語ったものである。余談ながらこの文章は鈴木大拙という人の語りのひとつの典型である。無責任と思われてしまうが、「併し」、実際そうなのである、と語られる「併し」は逆説ではなく、より深い容認である。逃げも隠れもせず、事態を包み込むように受け入れてゆく。しかしそれによって自分の立場が崩れることはない。むしろより一層柔軟な自在の地平を広げてゆく語りである。

またこうも語る。「……道徳の責任者を否定してもいいところがある。終局は、道徳そのものを否定してしまふ。従ってこの社会を否定してしまふといふやうなところさへある。そういふ普通には最も危険と見るべきものが、絶対に自分を棄てたところにあるから妙です」。

「無心」には道徳を否定する側面がある。そう語ることによって、無心が「社会的正義」は別次元の出来事であることを強調した。そして実際、無心は、社会的問題に対する無関心と理解されることが多かった。無心の追究は個人の内面に閉じこもることと理解され、社会的問題に対して「超然と構える」仕方で無関心を招いてきた。あるいは社会的不正に対する無関心の言い訳となってきた。「禅の政治性」に対する批判は多い(スワンソン、二〇〇四。また、禅に対する批判的研究として、フォール、二〇〇四)。

この点を「ひっくり返す」ことはできないか。無心を社会的正義とつなぐ仕方で理解する。無心であるからこそ不正に対して抵抗する。無心であるからこそ声を上げざるを得ない。不正に対する異議申し立て。護るべきことは護る。あるいは、差別に対して自己正当化を余儀なくされる。そうした「権力に対する抵抗」の根拠として無心を読み直すことはできないか。

むろんこの読み直しは強引である。しかし挑戦でもある。それは一方で、伝統的な無心理解に対する挑戦であると同時に、他方では、社会的関心の側に対する挑戦でもある。無心を社会的正義と無縁の理念と切り捨てるのではなく、むしろ「抵抗」の思想（非暴力的抵抗の根拠）として読み換える試み。社会的関心（実践・運動）がそのつど立ち戻るゼロポイントとして「無心」を位置づけ直すという仕方で、「無心」を「権力に対する抵抗の拠点」と読み直す試みということである。

現在そうした試みは、たとえば「エンゲイジド・ブディズム Engaged Buddhism」の中で展開し、とりわけ、ティク・ナット・ハン（Thich Nhat Hanh）の思想から学ぶことは多い。しかし私の場合、最初の着想は、福音書の読み直しからやってきた。イエスの言葉を社会的不正に対する非暴力的抵抗として読み直す試み。

＊ティク・ナット・ハン、一九九五、一九九九など。「非暴力的抵抗」の視点から福音書を読み直す試みについては、ウィンク、二〇〇六。非暴力の思想については、E・H・エリクソン、一九七二。

従来イエスの言葉は、従順・服従の勧めと理解されてきた。よく知られた言葉、「誰かがあなたの右の頬を打つなら、左の頬も向けなさい」（マタイ五―三九）。ところが、その言葉を当時の時代状況の中で読み直すと、この教えは、従順ではなく、侮辱に対する公然とした挑戦を意味するというのである。

当時のユダヤの習俗において「右の頬を打つ」とは侮辱の表現であった。正確には、「手の中で殴る」ことは相手の尊厳の否定を意味した。対等な関係ではない。劣者に対する侮辱。それに対してイエスは「左の頬も向けよ」と教える。左の頬を殴るためには、右手のこぶしで殴るしかない。こぶしで殴るとは、対等な人間として向き合うことを意味する。劣者に対する扱いではなく、対等な人間同士の関係に抑圧者を連れ出してしまうことになる。公然たる挑戦。暴力を返すのではないが公然と挑戦する非暴力的抵抗。

つまり、抵抗不可能な状況においていかに人間としての尊厳を主張できるか。泣き寝入りしてはならない。それは人間の尊厳に反することであり、いのちの発現に反することである。そうした「不正」に対するやむにやまれぬ抵抗。その時その場の自然な反応。然るべき時に然るべき仕方で挑戦する気概。機転・機知・頓知。「無心」であればこそ、自然な反応として、抵抗せざるを得ない。声を上げざるをえない。からだのゼロポイントにおいて（心身一如のゼロポイントにおいて）反応してしまう。

その反応は、たとえ外側から見て正義感や義憤と評されるとしても、当人の感覚としては、個人の倫理感を越えている。私が考えて声をあげるのでない。内なる何かが、無心の私を、突き動かしてしまう。

倫理の位相で言い換えれば、非暴力的抵抗とは「敵も正義に帰ることがある」と信じることである。いかにしたら敵の中に神を見ることができるか。その時に必要とされる「無心」は、「我」に囚われた復讐ではない。相克性の地平にある「私」から離れようとする。「我執性」という言葉を使うなら、我執性に囚われた復讐ではない。無心から発する反応としての抵抗。抵抗の拠点としての無心。

非暴力的抵抗は「我」の怒りからは生じない。何らかその「我」を離れ、「我」を越えてゆく方向性の中に初めて生じ得る。非暴力的抵抗は、無心を求める内面への沈潜を必要とする。

そして今度は、無心を「無の顕れ」と読み直してみるならば、無が地上に顕われて倫理として働く時、いかなる姿をとるのか。無からの働きかけを受ける時、私たちは社会的不正に対して、いかに振る舞うことになるのか。その問いに答えようとするということである。

＊内面における「心身一如のゼロポイント」は、キリスト教精神史における「良心」概念と重なる。「魂の根底Seelengrund」において神の声に直接触れる場としての良心。ルターの良心理解については、E・H・エリクソン『青年ルター』に依る。

＊「我執性」は広くゆるやかな用語として用いる。仏教思想の「我執」が「本来実体のない自我を実体とみなして執着する」点を強調したのに対して、より広く、一切を自分のものとする執着的な支配欲、自己を中心として世界を固定すること、あるいは、他の一切を回収し自己を中心とした一つの秩序の中に組み入れてしまうこと、そして、我が物として利用すること。つまり、私たち人間のもつ自分自身に執着する傾向であり、自己中心的でエゴイスティックな傾向性を意味する。エックハルトが用いた「Eigenschaft」との関連などは今後の課題とする（富坂キリスト教センター編、二〇〇五、本書コラム4「自己無化」）。

## 結び——無心・霊性・スピリチュアリティ

最後に少しばかり問題を整理し課題を確認して結びとする。

小論は「無心」を禅の用語に限定せず、何らか「心の在り方」と理解した（正確には「狭義の無心」とは区別された「広義の無心」を問題にした）。この「心の在り方」は同時に「身心の在り方」であり「対他的関係性の質」であり「場への開かれ方」であった。しかし小論が強調したのは、この「在り方」が誰の身にも生じるという点である。すべての人の身に生じ得る。例えば「子どもの無心」は、すべての人の身に（かつて）一度は生じたはずである。特定の宗教経験に限定されない。人間自然（human nature）に根差した出来事。

では何が共通なのか。ごく形式的には、beyond "I" と理解される。「I」は、「我（自我・作為・我執性）」などと多様に理解され、「beyond」は、そこから離れる・それを超えてゆく・その背後などと理解された。しかし正確には、単に「我」から離れることを目指すのではなく、我から離れることもでき、それを生きることもできる。その意味で「I」に囚われない「自在」が重要であった。

そしてまた、「無心」は究極の一点ではなく、厚みをもった一連の出来事と理解された。正確には、三つの動詞によって理解された。一つは、「我」から離れるベクトルの目的として語られる「無心」。二つは、無心に至ると何かが顕れるという出来事。むしろ、何かが顕れる心の在り方を「無心」と呼んだことになる。三つ目は、無心から出てゆく出来事。無心に留まらない。あらためて「出てくる」。そして二重になる。

こうした「無心」概念は、おそらく「スピリチュアリティ」という言葉の、ある一面と重なる（本書112頁）。宗教ではないスピリチュアルな位相（Not religious but spiritual）。その正確な関連は今後の課題であるとしても、少なくとも「宗教を必要としていない人たち」との対話のためにこの「無心」という言葉が手掛かりとなるのではないか。

しかし困難は多い。こうした無心理解に対しては多くの批判が成り立つ。①「無心」が成り立つためには、常に既に「絶対的他者（超越的なるもの）」からの働き掛けが必要である。無心に向かい始めようとするその最初から、（わかってみれば）既に神の恩寵によって初めて可能になったことである。あるいは、御仏の慈悲、大いなるいのちのはたらきがあって初めて可能である。そうした「超越なるもの」への視点が欠落している。②「無心」がその歴史性から切り離され、理想的自然状態と理解されている。人類に共通の「自然状態」が想定され、しかもその状態に「無心」という言葉を、その言葉の伝統との関連を明確にしないまま、対応させてしまっている。③無心が理想化されすぎている。無心は結局、知的エリートの自己正当化にすぎない。あるいは、無心において人間の残虐や醜悪が溢れ出るという理解が弱すぎる。

こうした批判を確認しつつ、にもかかわらず、無心というゼロポイントにおいて初めて可能になる創造性、即興性、創発性への期待を棄てることができない。そこに、そのつど、立ち現われてくる出来事に期待しているのである。

本稿は、日本宗教学会「第68回学術大会「公開シンポジウム・思想としての宗教」における報告である（原題は「無心、信仰、スピリチュアリティ――「抵抗としての無心」に向けて」）。親鸞研究の高田信良氏、宗教哲学の杉村靖彦氏とご一緒させていただいた報告に対して、宗教学の深澤英隆氏が総合的にコメントされた（『宗教研究』三六三号、二〇一〇年）。本稿に関係する箇所のみ抜き出すならば、一、「無心」が事後的な構成（言語的構成物）である可能性を示唆しつつ、それでもことばによって模索せざるを得ないという、この報告それ自体が、「performative な作業」である。二、論証と論証不可能性との間の葛藤に入り込み「その葛藤の遂行的表現を言語に強いる」作業である。三、無心に倫理的な方向性を求めることによって、「無という否定辞を戴く極限概念でもある」無心概念そのものを損なう危険を招くという、新たなジレンマを引き起こしたことになる。貴重な指摘である。

# 12　元型が布置する——人生の分岐点

## 1　東洋思想と深層心理学

西洋の形而上学が「メタ・フィジカ meta-physica」であるのに対して、東洋の形而上学は「メタ・プシキカ meta-psychica」であると言い当てたのは湯浅泰雄氏である。東洋の伝統的な思考様式においては形而上学と心理学とが一体をなし、人の内面的な「プシキカ（プシュケー）」の探求を通じて、その彼岸《メタ》を目指したという（湯浅、一九八九）。

同じ事態をユングも見ていた。東洋の形而上学においては、心の探求と形而上学が分かちがたく結びついている。西洋の「メタ・フィジカ」は「外なる自然」の探求から始まる。思想家本人の内面的経験から始まるわけではない。外なる自然（フィジカ）の彼岸《メタ》が重要なのであって、思想家の心理的変化によって形而上学的命題が変化することはありえない。

それに対して、東洋の思想は、内なる魂の探求から開始される。思想家自身が自ら心理的経験を深め、その中で体験的に拓けてくる世界の新たな姿を次々と追いかけてゆく。つまり、「プシキカ」の彼方《メタ》に形而上学を探究する（「プシキカ」という言葉は、心・魂・心理的経験・プシュケーなど、ごくゆるやかな意味で用いる)。
そうした「メタ・プシキカ」の構図を検討する試みにとって、井筒俊彦の一連の東洋思想研究は貴重な導きの糸である。むろん、井筒自身は「メタ・プシキカ」なる言葉を用いたわけではなく、心理学に特別な関心を示したわけでもない。むしろ、言語哲学を基盤として、東洋の思想を(「コトバ」の問題として)哲学的に構造化することを課題とした。

にもかかわらず、東洋思想を相手にする限り、その省察は、必ず「内面的な魂の探求」から開始される。思想家の「魂」の変容、ということは、思想家自身の意識水準が「低下」し、日常意識とは異なる「プシキカ」の深みに自ら入り込み、もはや、日常意識の水準から見れば、別人となってしまったかに見える状態において世界が体験される。そのとき、世界はまるで異なる姿で現われる。意識の深層に現れる世界の姿は、意識の表層に映る世界の姿とはまったく違う。東洋の思考様式はそのように体験的に開けてくる世界の新しい姿を次々と追いかけてゆきながら、「意識の多層性」と「世界の現れ方の多層性」とを同時に描くという仕方で、形而上学を展開する。

そうであれば、井筒の一連の思想研究は、形而上学であると同時に、心理学として読まれてもよいことになる。むろんその心理学は〈近代西洋心理学(意識の表層に視点を固定し対象としての客観的な心理を分析する心理学)〉ではありえない。むしろ「魂《プシキカ》の学 Psycho-logie」として、こころ《プシキカ》の多層的な深みに自ら分け入りながら、そのつど新たに現れる世界の姿を描くという仕方で体験される、「魂」の多層性の「学」である。

そうした観点から井筒の思想研究を読み直すとき、注目されるのは、ユング心理学との関連である。

とりわけ問題が顕在化するのは、井筒が「元型」概念を独自の意味合いで用いた場面、『意識と本質』第九章である（『意識と本質』の全体構図で言えば、三つの本質肯定論のうちの第二型、深層意識に生じるイマージュとしての「元型」の内に「本質」を見る箇所である）。そこにおいて井筒はユングの言葉を引用しながら、しかし、かなり独自の意味で、「元型」という言葉を用いている。たとえば、深層意識の、ある特殊な次元に現れる「想像的イマージュ」によって提示される事物の「元型」。そうした「元型」にこそ「本質」を見る。それは、事物の本質を、意識の表層で捉えるのではなく、詩的直観や神話形成的想像力によって深層意識に生じる一連のイマージュ群のうちに見る。正確には、そのイマージュ群の底に認められる「ひとつの「元型」的方向性」の中に、事物の本質を見るという立場である。

こうした「元型」の典型として井筒は易の八卦《はっけ》を挙げる。八卦は存在の八つの元型。深層意識における八つの元型的存在秩序を表している。その一つ一つの元型から多数のイマージュが展開し、その全体が、世界を独自の仕方で分節する。「「易」の全体構造は、天地にひろがる存在世界の「元型」的真相を、象徴的に形象化して呈示するひとつの巨大なイマージュ的記号体系となる」。

では一体、そうした易で語られる「元型」は、ユング心理学の「元型」といかなる関連にあるのか。ごく一般的に理解されるユング心理学の「元型」は、たとえば、アニマやアニムスといった人格化された姿である。そのように人格化して語られる「元型」と、六本の線の組み合わせ（六爻《こう》）に過ぎない「卦」との間には、いかなる共通項があるのか。あるいは、両者の違いは、いかなる位相の違いとして理解されるか。

つまり、「元型」を接点として、井筒の（ということは、共時的に構造化された東洋思想の）「こころ《プシキカ》」のモデルと、ユングの（この場合は「元型心理学」と限定される前のゆるやかな深層心理学の）「こころ《プシキカ》」のモデルを重ね合わせることによって、「魂の学としての心理学」を検討してみたいということである。

## 2　元型の発生現場——井筒による意識構造モデル

「底知れない沼のように、人間の意識は不気味なものだ。それは奇怪なものたちの生息する世界。その深みに、一体、どんなものがひそみかくれているのか、本当は誰も知らない。そこから突然どんなものが立ち現われてくるか、誰にも予想できない。」

『意識と本質』第八章を井筒はそう書き始める（『意識と本質』一八六頁）。この「本当は誰も知らない」内的深層から、怪しいイマージュが立ち上る。私たちの意識は、そうしたイマージュがどこから送られてくるのか、その出所を見極めることはできない。ただ、自分自身の意識の奥深く、底知れぬ深層から立ち現れてくるとしか言いようがない。

そうした、自明と思われる理解が、しかし東洋の哲人たちの目から見ると、実は、ある暗黙の前提の上に始めて成り立っている。それは「私たち」と「意識（表層意識）」との同一視。認識主体である「私たち」を表層意識に閉じ込め、その主体が変容する可能性を見ようとしない暗黙の前提である。

それに対して、東洋の哲人たちは、自ら体験的に意識の深層へと降りてゆく。意識を失うのではない。意識の水準を「低下」させ、意識の質を「変容」させる。深層意識の深みに進むに従って、認識主体それ自身が変容し、その変容してゆく認識主体に、世界はそのつど異なる姿で現われる。ということは、東洋の哲人たちは、意識の深層へ自ら降りてゆきながら、段階ごとに変化する自分自身（認識主体）の

＊元型 —— 244

変容を見つめつつ、段階ごとに移り変わる存在風景を追っていたことになる。

その多くは何らかの「行（宗教的修行）」として遂行されたこうした「意識変容（存在変容）体験」に、井筒は哲学的反省を加える。宗教的意味を問うのではない。まして、より効果的な行のプロセスを追及するのでもない。あくまで、その哲学的省察にすぎないことを明言しながら、東洋の、時代も文化も異なる、多様な思想的伝統を「共時的に構造化」する。いわば多様な思想の対話を可能にする理論枠組みを提示して見せたのである。

そうした理論枠組みのひとつに、意識の「構造モデル」がある（同書二二二頁）。「表層と深層という二分法」では語りえない問題、とりわけ「「元型」や「元型」イマージュの実相を的確に分析するために」、意識を構造的にモデル化したもの。「表層意識」をAとし、「深層意識」をB・C・Mの三領域に分けて説き明かしたものである（図22）。

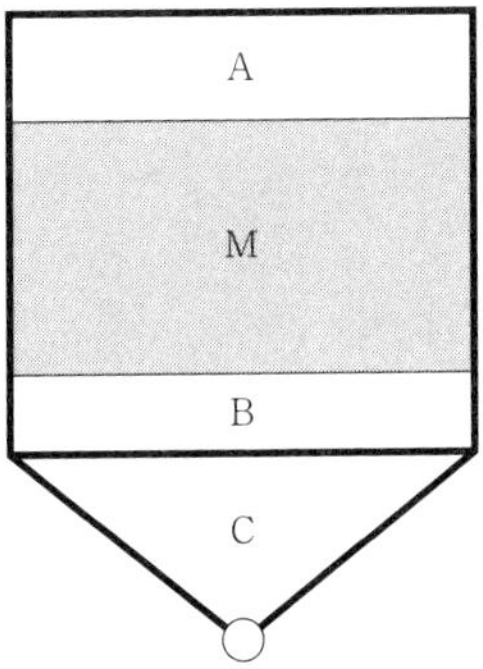


図22 『意識と本質』Ⅸ章

各領域の検討に立ち入る前に、ごく簡単なメタファーを用いてみる。「寒天」である。寒天は通常、乾燥した固形で保存される。ところが、水に入れ煮込んでゆくと、徐々に溶けてゆく。次第に形が崩れ、トロトロになり、最後には一瞬透明な流動体になる。この透明な状態が「C領域（絶対無分節の存在エネルギー）」である。それが固まり始める最初の場面が「B領域（言語アラヤ識）」。さらに冷えてゆきゼリー状に固まってゆく場面が「M領域（イマージュの飛び交う中間地帯）」。そして乾燥した状態が「A領域（表層意識)」ということになる。およそこうした見通しを立てた上で、それぞれがどのように解き明かされるのか、深層意識(C領域、B領域、M領域)に話を絞ってみてゆくことにする。

まずC領域。井筒は「無意識の領域」とだけ言う。ただし「B領域に近付くにつれて次第に意識化への胎動を見せる」。実は、このC領域がモデルの中に残されている(「言語アラヤ識」より深い層を想定している)ことは大きな問題を残すのだが、今は先に最下の一点を見る。「意識のゼロポイント」である。今のところは「なんらの分節も存在しない絶対無分節」、あるいは「意識と存在の区別も成り立たない無分節のエネルギー」と理解しておくことにする。

*C領域について、たとえば「密教的言語観」は、「コトバを越えた」(と顕教的言語観なら規定する)領域を、コトバによって(異次元のコトバによって)捉える。つまり、その伝統においては、すべてがコトバであって、コトバを越えた「C領域」は想定されないことになる(「意味分節理論と空海」『意味の深みへ』所収)。

次がB領域(「言語アラヤ識」)。このモデルの中心的な仕掛けである。井筒は「唯識哲学の考えを借りて」、この領域をおよそ次のように説明する。

私たちの行為はすべて意識の最深層に何らかの跡を残す。どんなに些細なごくわずかな動きであっても、「こころ」の奥底に、ひそかな痕跡を残してゆく。そのプロセスを唯識は「薫習《くんじゅう》」と呼ぶ。そして、衣に薫《た》きしめられた香のような密かな痕跡を「種子《しゅうじ》(bīja)」と呼ぶ。

この「種子」は、生《なま》の経験をそのままの姿で記憶するわけではない。井筒は「「意味」に転成する」と言う(井筒『意味の深みへ』二九五頁)。しかし、ここで井筒が使う「意味」は、表層意識における固定された〈意味〉とは違う。井筒は「意味可能体」「意味の萌芽」など様々に言い換え、あるいは「「意味」エネルギーというほうが真相に近い」とも言う。つまり、「種子」は、いまだ固定した〈意味〉になる以前の、流動的・浮動的な「未定形の意味エネルギー」として想定されている。

そうした「種子」を貯える場所が「アラヤ識（阿頼耶識、ālaya-vijñāna）」。「ālaya」は貯蔵庫、「vijñāna」は意識を意味するから、「貯蔵する識」、漢訳では「蔵識《ぞうしき》」となる。その「アラヤ識」に貯蔵されている「種子（未定形の意味エネルギー）」が、時をえて形をなし、表層意識に浮かび上がる。「コトバ」と結びつき〈意味〉となる。正確には、〈意味〉として世界を分節することによって存在世界を現出させる。そうした出来事を唯識は「種子生現行《しゅうじしょうげんぎょう》」という。「種子《しゅうじ》」が「現行」を生み出す。「現行《げんぎょう》」とはすべての事物事象。私たちが常識的に「外界」と考えている世界のすべてが、実は、「種子」によって生み出される。そして逆に、今度は、その「現行」が「種子」の因となる。つまり、「現行」が「種子」を薫習する（「現行薫種子《げんぎょうくんしゅうじ》」）。

およそ以上のように唯識哲学を借り受けながら、井筒は、それらすべてを「コトバ」の問題として（「意味」の問題として）捉え直す。「アラヤ識」も「コトバ」。だからこそ、このB領域は「言語アラヤ識」と呼ばれる。しかしその「コトバ」は表層意識における〈言語〉ではない。そうではなくて、いわば、凝結の度合いの弱い流動的なコトバ、「未定形の意味エネルギー」と想定されるコトバである。

しかしコトバである。言語的性格を持っている。言語アラヤ識に貯えられた「種子（未定形の意味エネルギー）」は、固定した〈意味〉に向かって動いてゆく。己の名を求め、分節化へと向かってゆく。そうした方向性を内に秘めているゆえに、「意味可能体（意味エネルギー）」なのである。

こうした言語的性格はユング心理学には見られない。ユング心理学は「無意識」を「言語」と結び付けたりはしない。言語は意識において始めて働き、無意識エネルギーが意識に触れたときに、初めて言語化されると理解する。それに対して、井筒のモデルでは、深層意識（言語アラヤ識）からして既にコトバである（「言語化されている」）。つまり、深層意識のコトバが表層意識の〈言語〉と連続し、あるいは、逆に、表層意識の日常的な〈言語〉こそ、実は、アラヤ識に潜む「種子（意味エネルギー）」の「表層的発現」である。言語論として言い換えれば、記号体系としての〈言語の意味〉を、その深層に伏在する「意味エネルギー」との（垂直的な）ダイナミズムにおいて理解するということである。

＊ユングから見たとき「言語アラヤ識」は形而上学的領域である。「ゼーレの構造とその諸要素、まさに諸元型が、そもそもある時点で発生したのかどうかは、形而上学の問題であり、答えることが出来ない。この構造はいつでも既に発見されていた。すなわち、どんな場合でも既にそこにあり、前提条件なのである。」（ユング、一九八二、一五六頁、GW. 9-1. pa. 187、以下、全集版の巻数とパラグラフ番号を記す。）

### 元型の発生現場

さて、「元型」はこうした「言語アラヤ識（B領域）」に発生する。しかしこの段階では、まだ「イマージュ」ではない。「元型」はB領域で発生する基本的方向性にすぎず、M領域における「元型イマージュ」とは区別される。この点は、ユングが「元型そのもの Archetypus an sich」と「元型的イメージ die archetypischen Vorstellungen」を区別した議論と対応する（ユング、一九九三、GW. 8: pa. 417）。井筒がユングのテクストから直接に引用した数少ないフレーズが、まさにこの区別である。

＊井筒の文章は以下の通り。「「元型」はそれ自体ではなんらの具体的形をもたず、未決定、未限定で不可視、不可触。「集団的無意識」または「文化的無意識」の深みにひそむ、一定の方向性をもった深層意識的潜在エネルギー（ein gerichtetes psychoenergetisches Potential）である。それ自体では、不可視なこの本源的エネルギーは、しかし、強力に創造的に働いて、人間の深層意識空間に、「元型」イマージュとなって不断に自己を顕してくる。つまり、「元型」は「魂の構造規制素」（die Strukturdominanten der Seele）なのであって、この無形、無相の内的実在の基本的方向性が形象化して現れたものが「元型」イマージュであると、ユングは言うのだ。」（『意識と本質』二一四頁）

その発生現場はこう説明される。なんらの分節もない無分節の存在リアリティが「今まさに自己分節を始めようとしている」。なんの固まりもなかった状態（C領域）が、〈意味〉という分節単位へ向かって自らを分節し始める「存在分節の開始点」。しかしその分節が現実にどんなイマージュとなるかは決まっていない。およそどの方向に行くかが決まっているだけ、何となって現れてくるかは分からない。そうした「元型」の機能を、井筒は「意味エネルギーの傾向性」と呼ぶ。「なんらかの漠然たる方向に向かって凝集していこうとしている意味エネルギーの傾向性」（『意味の深みへ』二五八―二五九頁）。

さて、M領域は、中間地帯に広がる「想像的《イマジナル》イマージュ」の世界である。深層と表層の中間地帯であると同時に、外界と内界との中間地帯でもある。井筒は、B領域で呼び起こされたイマージュが、A領域（表層意識）にまで昇らずに途中で止まり、イマージュ特有の機能のままに留まっている場所と語る。

では、そうしたイマージュはいかなる機能を持つか。私たちは象徴性を思い浮かべる。イマージュは世界（外界）に象徴的な意味を与える。イマージュのエネルギーに照らされると、平凡な世界が、たちまち深い象徴性を帯びる。ところが井筒はそれをイマージュの第一次的機能とは見ない。象徴性は「あらかじめ既に存在していた事物」に象徴的な意味を付与するにすぎない。それに対して、イマージュの第一次的な機能は、むしろ、事物が「存在する」というその最初の成立に関わっている。イマージュが働かなければ、事物が事物として存在しないというのである。

まさにこの点が、この「意識」モデルの要諦であると同時に、東洋思想に共通する存在論＝意識論ということにもなる。では一体、イマージュが「事物を存在させる」とはどういうことか。井筒はイマージュに二種の別を設ける。ひとつは、外界の事物による裏打ちを持つ（事物と結合した）イマージュ。もうひとつは、外界の事物の裏打ちのない（事物から遊離した）イマージュ。

後者の、事物から遊離したイマージュは、表層意識にまで昇ってこないから、人々はふつう気がつかない。時に姿を見せると、夢まぼろしの類として処理される。あるいは、もしそうしたイマージュが表層意識を支配してしまうと、世界から遊離した「狂人」と見なされる。それほど日常的な表層意識からは遠い存在である。

しかし、より理解しがたいのは、むしろ前者、事物と結びついたイマージュである。人はふつう、イマージュなど介さずに、直接に事物を見ている（見たつもりになっている）。たとえば木を見る。実在する木を見ている限り、そこにイマージュの働きがあるとは気がつかない。しかし、木の実在しないところで木のイメージを思い浮かべるとき、イマージュの働きは不可欠である。実は、外界に実在する木を見ているときにも、私たちが気づこうと気づくまいと、この同じ「木のイマージュ」が働いている。しかし、あまりにぴったりと実在する木が裏打ちしているために、そこにイマージュの働きが介在しているとは気がつかない。イマージュは「事物を表面に押し出して、自らはその陰にそっと身を隠す、あたかも全然存在しないかのごとくに」（『意識と本質』一九二頁）。

　私たちは常に「イマージュのヴェールを通して」知覚している。イマージュの介在なしに、直接に知覚することなど出来ない。イマージュこそが知覚を成り立たせ、イマージュこそが実在するリアリティを構成する。

＊こうしたイマージュの機能を、井筒はイスラーム研究の大家アンリ・コルバンに倣って「イマジナル imaginal」と呼ぶ。それは同じく「想像的」でも、「イマジネール imaginaire」とは区別される。「イマジネール」が「架空の・事実ではない・作り事の」といった否定的な意味が強いのに対して、「イマジナル」は、深層意識におけるイマージュの機能。頭の中で作り上げた架空の事ではないばかりか、イマジナルなイマージュこそが、実体的リアリティを構成する。

「元型イマージュ」は、こうした機能を持ったイマージュ群を、あたかも強力な磁力で吸い寄せるように、ひとつの方向へとまとめてゆく。流動的で飛び散りやすいイマージュたちが、根底における元型の「意味エネルギーの傾向性」によって方向を決められる。イマージュの動きは多様であるとしても、展開してゆく方向性は「意味エネルギーの傾向性」によって支配されているということである。

　井筒の「意識構造モデル」は、まさにそうした意識論＝存在論（深層意識のエネルギーと外界のリアリティとをつなぐ「プシキカ」のダイナミズム）を理解するための手がかりなのである。

## 3 「変容という元型」――機能としての「ドミナンテ」

ユング心理学における「元型」と聞いてまず思い出されるのは、「影」「老賢者」「アニマ」「アニムス」といった人格化されたイメージである。しかしユングも「元型」を人格化された姿としてのみ語るわけではない。それどころか、ある場面では「人格化された元型イメージ」の方が「抽象化された姿である」と言う。

「本来ならば直接的な経験に現われたとおりにプロセス全体を描くことができるし、むしろ、そうすべきであろう。このプロセスが進んでゆくうちに、様々な元型が、行為する人格として、夢や空想の中に現れてくるのである。」（ユング、一九八二、八五頁、GW. 9-1: pa. 80）

ではこの「直接的な経験に現れたとおりのプロセス全体」とは何か。それはそれ自体が別の形のひとつの元型である。「プロセス自体が別の形の元型、すなわち、変容 Wandlung と名づけられてよい元型によって表現される」。

「変容という元型」は人格化されていない。それは変容の仕方であり、プロセスの展開してゆくパターンである。「典型的な状況、場所、手段、方法など、その時々の変容の仕方 die jeweilige Art der Wandlung を象徴している」。

例えば、二つものが対立し争い合うプロセス。あるいは、一体であったものが分裂してゆく変容。もしくは、ユングが「エナンテオドロミア」と呼んだ「逆転・反転・攪拌」という変容のパターン。それらは、個々の「元型イメージ」ではなく、具体的な（人格化された）イメージを登場させる元となったプロセスの変容である。そうした根底の変容プロセスの中でこそ、個々の人格化されたイメージが、独自の意味を持って働きだす。

先のモデルで言えば、この「変容という元型」は、B領域で発生した「元型」に近い。M領域の「イマージュ」ではなく、B領域の「エネルギーの傾向性」であり、根底において方向性を支配する「傾き」である。

溶けた状態の「寒天」に譬えてみれば、トロトロに溶けていた透明な流れの状態に、最初の「傾き」が生じる。傾きが生じると方向性が決まる。もはや、むやみに流れるわけではない。傾きに沿った方向性がその後の展開（寒天の固まり方）を支配する。「元型」もまた根底にあって様々なイマージュを惹きつけ、プロセス全体の展開を支配する。いわば全体の「調べ」を根底で規定してしまうことになる。

そうした支配する機能を、ユングは「ドミナンテ Dominanten」と呼んだ。後に「元型」と呼ぶことになる「無意識的な調整者 Regulatoren」のことを、ある時期、「ドミナンテ」と呼んでいたのである。「こうした無意識的な調整者 Regulatoren のことを、その機能の仕方のために、時に、ドミナンテと呼んだこともあった」（ユング、一九九三、GW. 8: pa. 403）。

この「ドミナンテ」という言葉は、従来「支配者」「目印」「調整者」「規制素」などと訳されてきたが、林道義氏の指摘するとおり、音楽用語の「ドミナント（属和音）」と理解する方が適切である。「属和音」は、理論上の定義で言えば、ある調の主音の五度上の和音（ハ長調で言えば、主和音《トニカ》「ド・ミ・ソ」に対する「ソ・シ・レ」の和音）。しかし、ユングの言う「その機能」として重要なのは、転調に際して、次の音を「調整する」という点である。ドミナントの和音が出ると、次に来る和音が必然的に要請される。あるいは、ドミナントの和音の次に来る和音として、無理のない（聞いて安心する）展開は、ドミナントに、文字通り、支配されている。つまり、プロセスの中で、次の展開を支配し規定してしまう機能が、ユングの言う「ドミナンテ」の機能であり、まさにそうした「機能」を持った「無意識的な調整者」が、後年「元型」と呼ばれるようになったということである。

確かに「変容という元型」は、経験内容（イメージやモチーフ）ではなく、そうした経験を可能にする構造（形式やパターン）である。しかし、もし「構造」という言葉が、動きの止まった空間的枠組みを思い起こさせるなら、元型は構造ではなく、むしろ「はたらき」である。「元型」は変化が可能なところでのみ機能する。変容のないところに元型は存在しない。元型が機能するとは変容が生じるということなのである（ユング、一九八五）。

### 物語性と全体構造性

さて、そうした「元型」（変容という元型）が、M領域において「元型イマージュ」となる時、初めて経験内容（イメージやモチーフ）を伴う。そうした経験内容を伴った元型イマージュの展開について、井筒は二つの特徴を挙げている。ひとつは「物語性」、もう一つは「全体構造性」である。

まず、物語性。井筒は「説話的自己展開性」「神話形成的発展性」と説明する（『意識と本質』X章）。M領域のイマージュはひとつの〈イメージ〉に固定することなく、機会さえあれば、すぐにストーリーを伴って流れてゆこうとする。だからこそ、私たちは、イマージュに豊かな象徴性を感じる。

重要なのは、人格化されたイマージュの内容ではなく、イマージュ群のつながりである。井筒は「イマージュ群の力動的な聯鎖」と言う。単発的な元型が象徴性を持つわけではなく、「イマージュ群の力動的な聯鎖」が象徴性を喚起する。私たちが「元型」に感じる象徴性は、元型イマージュが流動的に自己を展開してゆく時に、初めて生じる事だというのである。

ところが、ユング心理学から見るとき、この説明は納得しがたい。元型イマージュが物語として姿を現すのは「意識」が介在するときである。意識が介在する前には物語は存在しない。意識の働きが介在して始めて、人格化された元型がプロセスの展開パターンの中に組み込まれ、ひとつの物語となる。つまり意識によって物語が成り立ち、言語として語られる際に物語となる。それに対して、井筒の説明では、意識が介在する以前に、イマージュの連鎖によって物語が生じてしまう。

実は、この場合も、用語法に違いがある。同じ「意識」という言葉でも、ユング心理学と井筒のモデルとでは意味内容が違うのである。ユング心理学でいう「意識」は、井筒のモデルで言えば「表層意識」に相当する。そして、「表層意識」ではない領域は、すべて「無意識」という名の下に括られ、「意識では無い何ものか」とされる。

それに対して、井筒のモデルでは、ユングで言う無意識領域も「意識」に含まれる。この場合の「意識」は表層意識と深層意識を内に含んでおり、表層と深層は、凝縮の度合いの高い領域から低い領域へと、段々ぼかしに連続している。

しかも、まさにその「意識〈表層意識と深層意識を含む意識〉」が、「コトバ」という「意味分節」から成り立っている。そうであれば、井筒モデルにおいても、やはり「元型」は「コトバ」に触れて始めてイマージュとなっていたことになる。しかし、その「コトバ」が、ユング心理学でいう〈言語〉とは違う。

いまだ明確な形を成さない流動的な「コトバ」。それに触れてイマージュ群が物語的に自己を展開してゆく。「元型」はそうしたイマージュ群の「連鎖の仕方」を支配するというのである。

ところで、もうひとつ、井筒が元型イマージュの特徴として挙げるのは「全体構造性」である。元型イマージュのすべては、始めから存在している。すべてのイマージュが、実ははじめから整然たる秩序に並んで、一つの全体構造として機能している。あるいは、すべてのイマージュが、全部同時に、現勢態にあって、相互連関の全体的な構造において、初めて本来の機能を発揮する。

こうした全体構造性をユングは、「自己《ゼルプスト》」の元型として語る。「自己」の中には、たとえば、個人の人生のシナリオがすべてプログラムされている。むろん、人生のシナリオは、時間的経過の中で徐々に展開してゆくには違いないのだが、そうしたシナリオを成り立たせる一つ一つの体験は、「自己」という全体的な構造においてはじめて本来の機能を発揮する。

その視点から見れば、元型は「目的論的」に発現してくることになる。完成体としての「自己」という最終的な目標に沿うように、個々の元型は、時を得て発現する（この「元型の目的論的発現」をめぐっては、意識との関係において、重要な問題が提起されている。林、一九八七）。

こうしてユング心理学の「元型」においても、個々の人格化された元型イメージとは別に（それ以前に、より根底に）「変容という元型」の位相が存在していたことになる。それは、井筒が「意味エネルギーの傾向性」と言い当てた機能。井筒モデルでいうB領域に生じた「傾き」である。そして、まさにこの「傾き」が、易の八卦につながってゆく。八卦もまた、世界の八つの流れ方なのである。

## 4　元型としての「易」――『変容の書』

井筒は「元型」の典型として易を語る。易の「八卦」を「存在の八つの元型」と言うのである。では一体、八卦が元型であるとはどういうことか。あるいは、八卦を元型であるというときの「元型」とは、いかなる意味なのか。

「神話的太古の聖人たち」が「易」を作り上げた原初の場面。井筒はそこから説き始める。というより、そもそも孔子が『周易』「繋辞伝」において「易」の哲学的意味を説き明かしたとき、既にそうした「太古の聖人たち」の始原論から説き起こしていると言う。

太古の聖人たちは、陰陽二気の原理を基礎に、天の動きを観察し、山川草木に存在の範型を看てとり、鳥獣の模様や草木を観察し、それらの基本的形象をとり、それに基づいて八卦を作り、逆に、八卦によって「万物の真の情態を類型化することができた」。

井筒は、そうした「聖人」の意識を「広い意味でのシャマン的意識」とみる。シャマン的意識の深層に、世界の真相が、「想像的」イマージュの姿をとって現れている。聖人たちはそれを比喩的に形象化するために、陽爻《ようこう》（—）と陰爻《いんこう》（--）の二種の爻を三つ重ねて「卦《け》」を作り上げる。

☰（乾《けん》）、☱（兌《だ》）、☲（離《り》）、☳（震《しん》）、☴（巽《そん》）、☵（坎《かん》）、☶（艮《ごん》）、☷（坤《こん》）

この八卦は、聖人たちの深層意識（M領域）に映し出された存在の八つの区分。世界の真相を象徴的に象《かたど》った姿である。それによって天地間の変化が読み取られ、吉凶の変化が判断される（八卦の組み合わせにより、六十四卦の変化が生じる）。

ここで重要なのは、この「区分（八卦）」が、表層意識における存在区分とは異なるという点である。表層意識では到底つながりのない事物が、「易」の記号体系の中では同じ「区分（卦）」の中に入る。「八卦」という存在区分は、一連のイマージュ群の根底にある「ひとつの元型的方向性」であって、およそ方向だけを決め、具体的には様々なイマージュとなって現れてゆく。

先のメタファーで言えば、溶けた状態の寒天が入った器を、ある方向に傾けた瞬間。どう固まるかは分からない。しかしひとつの方向への「傾き」は決まってしまう。八卦は、そうした根底における「傾向性」であり、世界の流れ方を八つに区分する「エネルギーの傾向性」ということになる。

注目したいのは、「易経」が、そうした世界の流れ方を語るという点である。変容の仕方を描いている。だからこそ、リヒャルト・ヴィルヘルムによって始めて「易」が西洋の世界に紹介されたとき、それは『変容の書 Das Buch der Wandlungen（英訳名は Book of Changes）』という名で知られることになった。易が「元型」であるとは、まずもって、易が「変容」に関わっているという意味で理解される。

＊「一つの卦に示された陰陽の爻は、一つの空間的状況を象るが、実は、（中略）空間的形象であるよりも、むしろ変易する時間の象である」（高田、一九八八、二二九頁、傍点は引用者）。

時の流れの中で移り変わってゆく変容のプロセスこそ、陰陽の爻が描き出そうとしていることなのである。その点を典型的に示すのが「変爻《へんこう》」である。変爻を得ると、特定の爻が陰陽逆転することによっ

＊元型 ── 258

て、別の卦へと変化してしまう。例えば、ユングが易の解説を書くに当って「易」を立てたという有名な話の場合、得られたのは第五十番の卦「鼎《てい》䷱」であったが、第二爻（下から二番目の実線）と第三爻（下から三番目の実線）が「変爻」となり、変爻においては陰陽逆転し（陽爻（｜）が「陽極まって陰（¦）」になり）、全体は第三十五番の卦「晋《しん》䷢」に転じる。今は「鼎」の状態だが、しばらくすれば「晋」の状態になる。現在の状況が今後どう移り変わってゆくか。現在の卦を見るだけでなく、変爻によって指された先の卦を見ることによって、事態の変化の推移を知ることになる。

　では易は決定論的に未来を決定するかといえば、そうではない。むしろ当人がどのように未来に対処するか、その態度が問われる。ヴィルヘルムは『変容の書』の序に面白いことを書いている。「占い」は未来を予言し、その予言に対して人は待つしかなかった。ところが、未来を占ってもらった後に、そのまま待つ代わりに、「では私は何をなすべきか」と問い返したとき、「占いの書物は智慧の書物とならねばならなかった」（本田、一九九七、六頁）。

『易経』自身は、「易は憂患に生ず」と語る。憂患とは、瀬戸際に追い詰められ、選択を迫られた状況。人生の岐路に立たされ何らかの変容を迫られる。そのときこそ、易は本来の機能を発揮する。そうした必要がなければ占っても仕方がない。あるいは、漠然と答えを待っているとき易は答えない。考え抜いてひとつの方針を立て、その諾否（吉凶）を問うという仕方で易に向かうとき、初めて易は生きて働く。なんらか現在の状態から「変容」しなければならないときに、初めて、その本来の機能を発揮する。変容する必要のないとき、易は働かない。

　むろん人生の岐路は多様である。その一つ一つの状況にどう対処するのか。易は、そうした岐路の典型的な状況を分類して、そこに一定の構造パターンを見る。いわば、人生の変化のパターン。それを「卦」の組み合わせによって、八つのパターン（あるいは六十四のパターン）で捉えたということである。

＊ユングも「元型」を「人生の典型的な状況」と重ねて述べている。「元型というものは、人生の典型的な状況の数と同じ数だけ存在する。この典型的な経験が無限に繰り返されていくうちに、刻印されて心的構造となったものが元型であるが、これは内容に満ちたいろいろなイメージの形をとるのではなくて、むしろさし当っては内容のない諸々の形式にすぎず、この形式は知覚と行動の特定の型の可能性を表しているに過ぎない。」（ユング、一九八二、二〇頁、GW. 9-1: pa. 99）

＊元型 ── 260

ユングがヴィルヘルム訳『変容の書』の英訳版への序文（一九五〇年）において強調したのも、まさにこの「典型的な状況」ということであった。

「易経の六十四の卦は道具である、それによって六十四の異なる典型的な状況の意味が決定する」（ユング、一九八三、二八六頁、CW. 11: pa. 974. このパラグラフは、英語版のみに含まれ、独語版にはない）。あるいはこうも言う。「卦の形は、その卦が出た瞬間を支配する本質的状況を指し示すもの（an indicator of the essential situation prevailing at the moment of its origin）と理解されている」（同二八四頁、CW. 11: pa. 971. 同じく英語版のみ）。

この「本質的状況」こそ元型と理解されてよいのだが、しかしユングは話を急がない。むしろ、こうした話を奇異に感じる西洋知識人を意識して丁寧に説明する。

ひと束のマッチ棒を床にばら撒くと、床に散らばったマッチ棒は、床の上で「その瞬間に特有のパターンを作る」（その時だけの形になる）。当然、別の時にまけば、別の形になる。易の考案者は、いわば、そうしてできたマッチ棒の形が、それをまいた瞬間（占った瞬間）と「一致する（同時に起こる coincide with）」と考えたことになる。

だから一度しか占うことはできない。仮にもう一度占うならば、それは前回とはまるで異なる状況を占ったことになる。そして、二度目をやり直すという状況に特有の性質が現れる。

「ある一定の瞬間に起こったことは何であれ、不可避的に、その瞬間に特有の性質を持つ」（同二八四頁、CW. 11: pa. 70）。

五十本の筮竹《ぜいちく》を用いる易もそれと同じである。易の卦もまた、五十本の筮竹によって「偶然に」得られた形（パターン）である。その卦の形は、その卦の出た瞬間を支配する本質的状況を示している。当然そこには占う当人の心理的条件も含まれる。いかなる心理的条件で筮竹を選り分けたのか、それも含めた、その瞬間の状況全体が示されている。

ところで、ユングがその序文の中で関心を示したのは、卦の解釈である。卦には「辞」がついているのだが、しかし「辞」はそのままでは答えにはならない。易に尋ねた者は、そのつど、自らの状況において、その「辞」を読み解かねばならない。一瞬一瞬の動きの中で、こちらから問いかけることによって、初めて「辞」が動き出す。まさにそのとき「無意識の心理学についての知識」が解釈を助ける。というよりユングは、その知識のなさが解釈を困難にすると言い、「卦の解釈」と「臨床経験における解釈」との同型性を論じてゆくのである。

しかし本稿にとって重要なのは、やはり「その卦の出た瞬間を支配する本質的状況」の機能である。

それはまさに「ドミナンテ」と名づけられた「無意識的な調整者」の機能ではないか。

易は運命論（決定論）の立場をとらない。変容のプロセスが決定されているとは見ない。しかしその変容の根底に決められた傾向性を認める。変容のストーリーは多様であっても、その変容プロセスの「調」を根底で色づける傾向性は決まっている。当然、卦が出た瞬間もその傾向性に支配されている。そしてその同じ傾向性が、次の展開を支配する。まさに「ドミナンテ」の機能である。

元型は、変容プロセスの中で機能し、変容プロセスを根底において支配する。易もまた、変容の時にこそ機能する。そして変容プロセスを根底で支配する「本質的状況」を示そうとする。ユング自身が易を「元型」と語ったことはないとしても、井筒を通してユングを読むとき、ユングが「易」の中に「ドミナンテ」と名づけられた「無意識の調整者」を見ていたことは間違いない。そして、まさにそのドミナンテの機能こそが「元型」という言葉で呼ばれるようになる。むろんその後の展開の中で、ユングは元型を具体的な内容（人格化されたイメージ）として語ることが多くなるから、易の位相とは遠く離れているように見えるのだが、ユングが最初に「元型」の機能と呼んだ「ドミナンテ機能」は、まさに『変容の書』としての『易経』が解き明かす世界の変容の位相であった。

### 5　人はどのように元型を経験するか

あらためて問い直す。一体、人はどのように元型を経験するのか。

ユングによれば、「元型とは運命的にやってくる一連の体験である」。運命的にやってくる、ということは、元型を経験するとき、人は（意識は）抵抗しがたい力によって乗っ取られてしまう。浮き足立った興奮状態。感情の浮き沈みに振り回され、取り憑かれ、飲み込まれ、自分の気持ちを抑えることができないばかりか、気がつくと、ますます自分をそちらに向かわせている。なすすべがない。

意識はそのように元型を経験する。正確には、それが元型の影響下におかれた自我の味わう典型的な感覚ということである。

そこでユングは、元型を客観的に定義することはできないと言う。そのかわり、元型を経験することはできる。もしくは、その経験が自分自身にとって何を意味するか、その意味を明確にすることはできる。そのかわり、自ら経験することなしに、元型を外側から理解することはできない。

では自ら「経験する」主語は誰か。むろん「自我（意識）」である。ところが、その自我は、元型の経験において、既に元型に巻き込まれてしまっている。元型の方が自我を支配するのであって、もはや「元型に乗っ取られた自我」である。とすれば、元型を「経験する」とは、元型を「対象として観察する」などということとはまるで違って、むしろ、元型の方が主語になる。

元型を「経験する」自我は、もはや最初の「自我（意識）」ではない。その経験を受け入れた「自我」は変容している。意識の水準が変化し、自我の質が変容している。そして、まさに、そうした「変容」が「人格の成長」をもたらす。ユングが「個性化」として繰り返し論じたプロセスである（自我の質の「変容」が人格の成長をもたらす点については、たとえば、湯浅、一九八九、西平、一九九七など）。

東洋思想も、まさに、そうした主体の変容を要請する。認識主体である「意識」の変容。意識が変容してゆかないことには、東洋思想の理論地平に至らない。井筒はこう語る。

「東洋哲学一般の一大特徴は、認識主体としての意識を表層意識だけの一重構造としないで、深層に向かって幾重にも延びる多層構造とし、深層意識のそれらの諸層を体験的に拓きながら、段階ごとに移り変わっていく存在風景を追っていくというところにある。」（『意識と本質』三二九頁）

自ら体験的に深層の意識に入ってゆき、認識主体そのものを変容させ、段階ごとに移り変わる存在風景を追ってゆく。そこに東洋思想の成立基盤がある。

その上で、最後にもうひとつ確認しておかねばならない。そのように「存在風景を追ってゆく」中で語られた「コトバ」と、そうした「コトバ」に哲学的反省を加える井筒の「ことば」の違いである。両者は位相を異にする。例えば、「シャマン的意識」の「コトバ」は深層意識の「イマージュ」そのままである。それは流動的であり、表層意識から見るとき異様である。それに対して、井筒の語る「ことば」は、そうした流動的な「コトバ」に哲学的な反省を加えた、表層意識にも理解可能な「ことば」である。しかし単なる（深層を知らない）表層意識の〈言葉〉ではない。むしろ、一度自ら深層意識を体験的に開いた後に、あらためて表層意識に身を置きなおして語られた「ことば」。つまり、井筒の「ことば」は、表層意識の〈言葉〉でもなく、深層意識の「コトバ」でもない、いわば、その二つの位相を二重写しにしたものである（本書8章―3、9章―3）。

「魂の学としての心理学」もこうした「二重写し」を必要とする。自ら体験的に意識の深層に分け入り（元型に乗っ取られつつ）、あらためて表層意識に身を置きなおす（その経験の意味を問い直す）という二つの視点を併せ持つことが求められている。

## コラム6　合目的性 Zweckmäßigkeit

目的論 Teleologie は現象の背後に「高次の摂理」を見る。その摂理の中ですべての出来事がひとつの目標に向かって進んでゆくと見る。そうした「目的に適っている」ことを「合目的性 Zweckmäßigkeit」と呼ぶ（むろん近代が排除に努めてきた思想である）。

植物の成長を考えてみる。種から芽が出て、花が咲き、実をつける。すべて「種」の内にプログラミングされていたコースである。植物の「種」の内には、その後の展開がすべて、あらかじめプログラミングされている。植物は自然の摂理に従い、「種」の内に潜在的に含まれていた可能性を発現すべく、成長してゆく。

興味深いのは、「始まり」の内にその後の展開が含まれるという点である。「終わり（目標）」を目指すプロセスが、実は「始まり」の中に潜在的に含まれている。論理だけ抜き出せば、始まりとしての純粋性の内に、その後の展開のすべてが含まれている。出発点の内に含まれていた可能性が、徐々に顕在化する。展開の途上ではすべてが新しく見えるのだが、展開が終了した時点から見ると、実はすべて決められていた。完成体から振り返ってみれば、すべての出来事は、あらかじめ決められていた。実は最初から全体性の中で、整然とした目的論的法則に適って（合目的的に）変容してきた。

ということは、目的論における「変容」とは、始まりの内にあらかじめ潜在していた「本来あるべき姿」が徐々に顕在化してくること。遥か彼方に目指していたはずの「目標」が、実はその出発点から潜在し、その歩みを導いていた。人生は、可能態として潜在していたその姿を、現実態として実現してゆくプロセスということになる。

ゲーテの「形態学 Morphologie」を思い出す。形態学は静的な「形態 Gestalt」の学ではない。むしろ「形」の動的プロセスを見る。いかなるプロセスを経て現在の「形」となったのか、そのプロセスを発生論的に見る。「形成 Bildung」の学である。ゲーテは「形成衝動 Bildungsbetrieb」という。万物はそれぞれの「形成衝動」によって、おのずから、生成する。しかしこの「生成（メタモルフォーゼ）」は別の形への変化ではない。高次のものへの進化でもない。むしろ始まりの純粋性の内に潜在していた理念（根源表象）の自己展開である。「理念としては既にそれ自身において完成している本質的な姿」が展開してゆくことである。そこで「形成衝動」は「完成に至ろうとする生得的な欲求」と理解される。万物はすべて完成へと向かう内在的な傾向性を備えているというのである。

　さて、近代はこうした自然観を排除した。自然をその構成要素に分解し、そのつながりを見た。原子論的発想と力学的発想の結合。機械論的自然観の誕生である。しかし、例えばカントは、「有機体」と「美の判断」に限って、目的論的なものの見方を保存した。あるいは、ヘーゲルはこの目的論的観点をひとつの体系として構築し、潜在的な可能性が現実態へと顕在化してゆくプロセスを見た（ヘーゲルはそのプロセスに自己喪失を見る。目的に向けて歩み出すとは自己自身を失うこと。直接性に縛られない。異質なものの中に自己を認識することによって、普遍性へと自己を高めてゆくプロセスである）。

　こうした思想の歴史をライフサイクル研究として読み直す作業は残された課題である。さしあたり、現代の議論の一端を見ておくならば、例えば、「認識の方法（解釈）」に限定する議論がある。〈実在世界の目的論〉と〈認識の方法としての目的論〉を区別し、「あたかも目的を持っているかのように」と理解する立場である（カント批判哲学との関連が問われる）。あるいは、「目的論 teleology」の形而上学を離れ、あくまで「目的志向的活動」を指示する概念として teleonomy という用語も提案されている（例えば、パーソンズ『行為の理論と人間の条件』第四部）。生物体が何らかの目的を目指して行動する。その目的を目指すメカニズム、あるいは、目的に向かうテリックシステム telic system に限定する立場である。

　こうした「目的論的」傾向への批判も貴重である。例えば、目的論では「歴史性」が見失われ、生成プロセスの複雑性や偶然性が、形成衝動の必然性の内に塗りこめられてしまう。あるいは、目的論は自己完結した閉じた円環である。自己が展開することによって生み出したものを、すべて既に自己の内にあったものとして経験してしまう。言い換えれば、目的論は疎外と同時にその解消も用意し、自分の外に出ることがなく、新しい経験がない。

当然、こうした批判は、全体性の崩壊を宣言し、細部に注目する。あるいは、自己同一性の解体を宣言し、断片にこそ真実を見る。統一的に把握されることによって消え去った複雑性や偶然性を掘り起こし、脈絡の中に位置づけられることのない、「かろうじて・いつの間にか・とりあえず・無数に産出される、雑多な断片が無責任に立ち騒いでいる」姿に光を当てようとする。

# 13　めぐる時間・めぐる人生——輪廻とは異なるめぐる時間

近代以前の人々は「直線的な時間」とは異なる「めぐる時間」を生きていた。あるいは、私たちの心の中にも「めぐる時間」が潜んでいる。そう語られる時、この「めぐる時間」はゆるやかに「円環的なイメージ」と重なっていた。〈直線的な時間〉対〈円環的な時間〉という対立構図、そして、後者の代表としての「輪廻」。

ところが、周知の通り、輪廻の思想は仏教とともに伝来した。ということは、それ以前の人々は「輪廻」を知らなかったことになる。輪廻の思想を受け入れる前の日本列島の人々は、輪廻に代表される円環的時間とは異なる時間を生きていた。その時間は「円環」ではなかった。「めぐる時間」ではあるが「円環」ではない。「輪廻とは異なるめぐる時間」なのである。

## 1　「輪廻なきことが真相である」——輪廻という「めぐる時間」

では「輪廻」とはいかなる思想か。仏教伝来以前の人々にとって「輪廻」という世界観はいかなる意味で新鮮であったのか。仏教の目的は輪廻を教えることではなかった。むしろ輪廻を克服すること。和辻哲郎の言葉を借りれば、「輪廻なきことが真相」なのである。輪廻など知らずに生きていた人々にとって、こうした仏教の教えは把握しにくかった。しばらく和辻の文章に拠りながら話を整理してみることにする（和辻、一九六二、「日本の文芸と仏教思想」三、六道輪廻）。

①「輪廻の信仰は仏教特有のものではなく、仏教に先立ち古代インドにおいて一般に行われていたものである」（同書、三八九頁）。

仏陀は来世や他界の問題に関心を向けなかった。死後の有無といった形而上学的論争に対しては、沈黙を守り通した（「無記」、「無記答」）。しかしヒンドゥー文化圏に育った一般信者たちは、生れ変わりに馴染んでいた。家族が亡くなれば来世の幸せを願い、そのための儀礼を求めた。そのため原始仏教集団は、その教理の中に輪廻思想を組み込まざるをえなくなる。民間の常識であった輪廻の信仰を前提として、「有部」派の教説（三界六道における有情の輪廻）を、仏教思想の中に取り入れることになった。

②「原始仏教はむしろこの輪廻の信仰の克服を目指していた。（中略）現実を成立せしめる「法」を如実に観るという立場に立てば、我は無く、従って輪廻もない。だから現実の真相が輪廻なのではなくして、輪廻なき事が現実の真相なのである。」（同）

仏教は、輪廻を説いたのではない。輪廻を克服することを説いた。輪廻の信仰は真理に反する。現実を正しく認識するならば「我」は存在せず、したがって、輪廻も存在しない。輪廻する霊魂に執着することこそ、我執の始まりであるから、「輪廻なきことが真相」と理解し、「我」への囚われから解放されるべきである。

③しかし仏教は民衆の心を摑もうと多様な民間信仰を取り入れ、「説話文芸」を作り、輪廻の信仰を踏まえた「本生譚《ジャータカ》」を作った。むろんすべて民衆の心を捕えるための手段であって、その誤りを確認さ

せ、「輪廻なきことが真相」へと反転することを目的とした。

④それは、輪廻信仰が前提となっていた地域においては、有効な戦略として機能した。しかし輪廻を前提としない地域にその教えが広まった時、予期せぬ事態が生じた。輪廻は常識ではなく新鮮な「教え」となった。克服されるべき信仰ではなく、人びとの人間観を変換させる新鮮な「教え」として受け入れられたのである。

「シナや日本においては輪廻は常識ではなくして新しい信仰であった。それは人の生を、現世から解き放して無限の過去と未来とに押しひろめ、また人間の生から解き放してあらゆる生き物の生と連絡せしめた。従って輪廻の信仰は、魂の不死を確信せしめると共に人間観を改造した。」（同書、三九〇頁、傍点は原文）

つまり二つの大きな「改造」が生じた。一、人生は現世に留まらない。無限の過去から無限の未来へ輪廻するという意味において、「生存」時間の幅が大幅に拡がった。二、生きとし生けるすべての生とつながった。無限の彼方から生れ変わってきたとすれば、目の前の毛虫が過去世では自分の父母であった可能性がある。その意味において、すべての生あるものとの直接的な連続性が生じた。輪廻は、〈克服されるべき信仰〉としてではなく、〈新鮮な教え〉として人々に体験されたことになる。和辻によれば、「克服せらるべきであった輪廻の信仰が、その神秘的な魅力を以て、逆に法の如実観に打ち克ったのである」。

＊「時間的輪廻」と「空間的輪廻」の区別については、本書14章―3、―6。

では、日本列島の人々は、どのように輪廻の思想を受け取ったのか。以下、源氏物語の「宿世」の思想、『霊異記』の「先祖の因果」と辿りながら、その先に「アルカイックな古層」を想定する。時間論として言えば「日本古代の時間意識」より以前の「原始共同体の時間意識」を想定し、そこから話を開始することも可能であるが（真木、一九八一）、本稿はあくまで「輪廻というめぐる時間」から出発し、それ以前を想定する（想定せざるを得ない）というアプローチをとる。

さて、あらためて、仏教思想における輪廻とは、いかなる思想か。その中心的な論理は「過去、現在、未来の三世に渡る因果応報の理法（「三世両重の因果」）」である。骨組みだけ取り出せば以下のようになる。①現在の生は前世における自らの行為の結果である。②あらゆる行為は必ず何らかの結果を伴う。③したがって、現在の生の行為は、死後の生活に結果をもたらす。④死後には、生前の善悪に相応した六道（地獄・餓鬼・畜生・修羅・人間・天上）があり、次の生が終わるとさらに次の生を受け、その転生は解脱が実現されるまで繰り返される。⑤智慧の力で因果のつながりを断ち、業をすべて滅した時、解脱が実現し、輪廻転生から解放される。こうした輪廻の理解が、インド文化圏においては、思想や論理である以前に、人々の日常的な生活感覚として共有されていた。

面白いことに、その感覚を空海が描き出している。『三教指帰』（七九七年）の冒頭部分、儒者は忠孝と立身を説き、道教の隠士は不老長寿を唱えた後、仏教の代弁者「仮名乞児」が最後に登場して、その身分を明かす。その語りが輪廻の生活感覚なのである。

いわく、「三界に家なし、六趣は不定なり（迷いの世界に定まった家はなく、天・地獄・餓鬼・畜生・修羅・人のどこにも、留まることはない）」。しかも無限の彼方から転生を繰り返しているのであれば、あらゆる人生が可能である。「ある時はそなたの妻子となり、ある時はそなたの父母となる」。人間であったとも限らない。「環のごとくにして、四生に、擾擾たり（環のように、胎生、卵生、湿生、化生の四種の生れ方を様々に変化する）」。年齢も関係ない。「そなたも私も、始まりもない太古より、生れかわり死にかわり転変して常なし」。このように「生まれかわり死にかわり」して輪廻を彷徨っていた。ところが釈尊の教えに出会って一転する。「私も以前には、天国や地獄について、そなたのような疑惑をいだいていたが、近頃、たまたま良き師である釈尊の教えにめぐり会って、前世からの迷いを覚ますことができた」と話が進んでゆくのである。

空海のこうした語りは、日本列島の人々の世界観（コスモロジー）ではない。ここで語られた「生まれ変わり死に変わる」輪廻の姿は、初期仏教が「克服すべき課題」としたインドの人々の生活実感である。さらに空海は『十住心論』（八三〇年）をまとめる際には、輪廻に執着する心を「第一異生羝羊心《いしょうていようしん》」に含めて論じている。「輪廻」は心の中にある。輪廻の主体が「我」である。しかし「我」は実在しない。ならば「輪廻」も実在しない。しかし輪廻は凡夫を導く「方便」になる。仏法を知らぬ衆生の社会では、輪廻が現世における因果応報として、倫理的な過ちを制止する方便となる。「凡夫は輪廻する」というのは、凡夫は輪廻を実在すると信じ、しかもそれが有効に働くのであれば、「方便」である限り認めることができるという意味である。

それだけではない。『十住心論』全体の体系に至ってみれば、実はすべてが仏の世界である。衆生は法身である。第一異生羝羊心の凡夫も法身。輪廻も真理を語っている。そうであれば、輪廻の思想も切り捨てられてはならない。そのままで仏の真理の現れとして尊重されるべきである。しかし、それは

『十住心論』の全体の立場であって、凡人にはやはり、輪廻は克服されるべき迷いとして教えられる。釈尊の教えによって克服される迷いとして、あるいは、その迷いの中にも真理が含まれているという意味において、「輪廻というめぐる時間」は伝えられたのである。

＊こうした二重性を、本書は「二重写し」「特殊な両立の語り方」などと語る。仏教思想に特徴的な「二重真理説（世俗諦と勝義諦）」との関連を含め詳細は今後の課題である。

## 2 『源氏物語』における「宿世」の「めぐる時間」——世から世へとうけつぐ

さて、和辻によれば、「克服されるべき輪廻の信仰」は、「その神秘的な魅力をもって」、人々の中に受け入れられていった。では実際にどのような形で受け入れられたのか。そのひとつ、仏教伝来よりおよそ五世紀後、『源氏物語』の「宿世」という観念に目をとめてみる。

「宿世」が『源氏物語』の「精神的基底」であり「物語の中核をなす」ことは知られている。登場人物たちは、物語の節目ごとに、自らの宿世を自覚する。過去の行いが現在の運命を支配し、登場人物たちはそこから逃れることができない。登場人物たちはこの「宿世の因縁」に立ち向かうことはない。現実の苦悩を宿世によって理由づけ、あらゆる出来事を宿世の因果律として受け入れてしまう（自らの宿世を受け入れることができない場合には「物のけ」となる）。

その点だけ見ればこの物語の登場人物たちは無気力である。前世以来の宿命に対する意気地のない諦め。そしてそうした生き方が、平安貴族たちの、狭い宮中の限られた文化を因襲的に継承する以外に将来への展望を持たず、農村から遊離して生活を自分の手で建設してゆく自信を持たない、脆弱な社会状況と密接につながっていたことも、おそらく間違いない（家永、一九九八、二一三頁）。

ところで、この物語の本当の主人公は「時間」であると語ったのは中村眞一郎であったが、その「時間」は、正確に「宿世に貫かれた時間」と理解されなければならない。輪廻の時間でもなく、直線的な時間でもない。「宿世の時間」は、現在が過去によって、あらかじめ決められているという構図をもつ。このとき「宿世」は、過去の「因縁」を指す場合もあれば、現在の「果報」を指す場合もあり、しかも過去の「因縁」を指すと言っても、その具体的な内容を問うわけではない。

「いかなる御宿世にて、安からず物を深くおぼすべき契り深かりけむ。」（夕霧）

そう語られる「いかなる」は、問いではなく、むしろ詠嘆である。「現在」の原因を知ろうとするのではなく、知られるはずのない宿縁を問うという形で、宿縁に惹かれる心を表現しているにすぎない。宿世は、現在が過去によって決められているという時間の構図においては輪廻と一致するものの、「三世因果の理法の認識」を目的にするわけではなく、自らの魂の過去世を問題にするわけでもない。あくまで、直面する「不思議な運命」の詠嘆なのである（出雲路、一九八九、二七四頁）。

この言葉が、女性について語られる場合と、男性について語られる場合に違いがあることも知られている。女性の登場人物たちが自覚する宿世は、恋愛関係を内容とする（「女の宿世はいと浮かびたるなんあはれにはべる」帚木一）。それに対して、男性の登場人物の場合は、社会的地位の栄枯盛衰の文脈において語られる。例えば、「自らが帝位から遠いこと」（「宿世遠かりけり」澪標）。

男女の相違点は「物の怪」の場合にも対応する。女性の場合は、恋愛における嫉妬や憎悪（夕顔に対する「六条御息所の生霊」の嫉妬)。男性の場合は、政治における敗北の嫉妬、および、怨霊のたたり。人間の嫉妬心だけは宿命として肯定し得えず「諦観に至らなかった」(永藤、一九七九)。

「宿世」は悲運を嘆く場合もあれば、栄華を極める場合もある。苦境悲運に対する無力を嘆く場合は、宿命の力を受け入れるしかないが、栄華を極める場合は、その予告の成就という形を取る。「光源氏の生涯は、彼の宿世の実現としての栄華への道であり、そしてそれは、彼についての予言の実現であった」。桐壺巻の「高麗人の観相」や若紫巻の「夢占い」に見る通り、あらかじめ宿世が予言として語られ、物語はその予言の成就を語ってゆくことになる。

あるいは、そうした宿命論的理解に対して、宿世は絶対ではなく、人間の意志によって変更可能とする見解もある。光源氏が後世のための善因を積んだことの内には、未来への意志が認められる。そもそも宿世は行動の原理ではなく、実際に行為する時に宿世の力が意識されることはない。むしろ立ち止まり回想する場合に、解釈の原理として思い起こされる。正確には、源氏物語の作者は物語の方法として、宿世の観念をそのように用い、それによって「あはれ」の感情を深化させたというのである。

＊現実の運命の「原因」が自らの外部である「前世」であったなら、その克服もまた「来世」という外部に要請される他ない。しかし平安期においてその「外部(来世願望)」は曖昧で、「浄土(輪廻しない)」と「人間界への転生」が混在して語られていた(末木、一九九四)。

さて、このように宿世という観念をめぐっては多様な議論が蓄積されてきたのだが、ここで注目したいのは、「宿世」が「親子の生き方の類似」を語るという用例である(日向、一九八三)。親の生き方を子どもが繰り返す。その宿命的な事実を前に「宿世」という言葉が語られる。しかもそうした世代の連鎖こそ、五十四章からなるこの長編物語の中心主題なのである。

この物語は、光源氏を中心とした父親と息子の関係において、「父親の生き方を踏襲する」という構図を持っている。過ちは繰り返され、苦悩が世代を超えて反復される（「世から世へとうけつぐ」）。光源氏の生き方は、父帝の生き方と、「あたかも符節を合わせるかのような暗黙の一致」をもって類似する。むろん光源氏の子世代とも類似してゆく。父と子の「相似た魂の刻印」、あるいは、「父と子の類縁性」。幾つか具体的な場面を見る。

まず一つ、光源氏の出生。その出生の語りが、後の、息子（冷泉）の出生と類似している。光源氏の誕生は、父・桐壺帝と母・更衣との「前生における宿縁が深かったからであろうか」（「前の世にも、御契りや深かりけん」桐壺）と語られる。宮廷社会の掟に逆らって更衣を愛し通した桐壺帝。月日が流れ、今度は、藤壺が光源氏の息子・冷泉を懐妊する。不義の子を懐妊する他なかった藤壺の、光源氏との宿縁が「あさましき御宿世のほど心うし」（若紫）と語られる。冷泉は、藤壺と光源氏の宿世の因縁によって誕生することになっていた。光源氏の誕生が、桐壺帝と更衣との「前の世の契り」によるのと同じ構図である。「不義の子」として生まれた光源氏は、成長し、今度は不義の子の父となる。父・桐壺の生き方を光源氏は踏襲し、息子・冷泉の出生は光源氏の出生を踏襲する。「生き方」の世代連鎖を通して、同じ困難が反復される。その場面で「宿世」が語られる。正確には、「宿世」が最も典型的に浮かび上がる話の筋として、物語の作者は、こうした「世から世へとうけつぐ」構図を設定したことになる。

二つ目に、今度は、父・光源氏と、息子・夕霧の生き方。父は女三宮を妻に迎え、息子は落葉宮への恋に陥る。夕霧は父の方針に従い父とは異なる安定した人生を歩んでいたにもかかわらず、結局、「父と同質の魂の導き」によって父と同様の破綻に向かう。どちらも、過去の女性への憧憬によって引き起こされた年若い女性への思い入れである。光源氏においては、藤壺への憧憬が「紫上」に重なった。夕霧においては、紫上への憧憬が「落葉宮」への思いを起こさせる。父・光源氏はそうした息子の恋を評して嘆息する。「宿世といふもの、のがれわびぬる事なり」(夕霧)。「好き者」の父親に対し「まめ人」と語られたこの息子は、実際上は父親のような困難には直面しなかったとしても「相似た魂の刻印を抱えて生きた」(日向、前掲書、一五〇頁)。

三つ目に、柏木密通事件が、光源氏に深刻な反省を促す。妻として迎えた女三宮が、青年貴族・柏木の子を身ごもり、光源氏の子として出産する。この深刻な事件は、光源氏の内で、藤壺との間に起こした自らの過ちと同一視された。今の自分がかつての桐壺帝と同じ立場にあり、今の柏木がかつての自分である。

「……故院の上も、御心には知ろしめしてや、知らず顔をつくらせ給ひけむ、思へばその世のことこそは、いと恐ろしくあるまじきあやまちなりけれ……。」(若菜下)

父親桐壺帝は、今の自分と同じように、知って知らぬふりをなさっていたのではないか。しかし物語は「応報」の教訓を目的としない。もし正確な応報が必要ならば、実の息子(夕霧)が継母(紫上)と密通するのでなければならない。あるいは、仏教説話の現報譚と比べてみれば、光源氏がこの事件によって現実的な「報い(現報)」を受けることはなかった。実際的な「報い」を受けて身を破滅させたのは青年貴族・柏木の方であった。にもかかわらず、この事件が深刻な「応報」であるのは、光源氏の内面においてである。

「さてもあやしや、わが世とともに恐ろしと思ひし事の報いなめり。」（柏木）

続く文章は議論を招く。「この世にてかく思ひかねくことにむかはりぬれば、後の世の罪も少し軽みなんやとおぼす（この世でこれほど辛い体験をするなら、後の世の罪が少しは軽減されるのではないか）」。とすれば、源氏は深刻に悩んでいたわけではない。「安易な利己的解釈」に落ち着いている。少なくとも、「報い」が現実の不幸を呼び起こす恐れはない。むしろ、報いを得たことによって安心しているのではないかというのである。

確かに、作者は「源氏の行為は認容すべきもの」と考え、源氏も因果応報など考えていなかったと（例えば、折口信夫のように）見ることもできるだろうが、やはり源氏の受けた衝撃は大きかった。実際的な災禍という報いではなくて、自らの過去を内省する心において、父に対して自らが犯した過ちを、今度は自らが、立場を逆にして、受け取らざるを得ない。そこに「宿世」が語られる。正確には、「作者は源氏がそのような受けとめかたをするしかないように周到な展開を試みていたと思われる」（日向、前掲書、一五五頁）。物語の方法として言えば、この物語の作者は、宿世という「めぐる時間」を際立たせるために、親の苦悩を子が繰り返す構図を用意した。それが最も自然な話の運びであり、当時の貴族社会が最も「宿世」を深く感じる場面であったことになる。

宿世は「前の世」で定められた自己の運命である。しかし、その「前の世」は、自分の魂が過去世においで為したことを意味しない。その点において「三世因果の理法」とは決定的に異なる。輪廻のように魂が転生するのではなく、親の生き方を繰り返す（繰り返さざるを得ない）。その場面で「宿世」を思い知る。あるいは、そこに、自らの犯した過去の過ちが現在の困難の原因であるという認識が含まれていたとしても、物語が促すのは、その反省ではなく、むしろ、父の生き方を繰り返さざるを得ないことに対する詠嘆なのである。父と母の関係性を自らもまた世代を超えて踏襲し、あるいは、不義密通という裏切りが世代を超えて繰り返されてしまう。

そうした「世から世へとうけつぐ」親子の連鎖が『源氏物語』に流れる「めぐる時間」であった。確かに、現在が過去によって決められているという時間の構図は輪廻と共通する。しかし、自らの魂の過去が重要なのではなく、まして「三世因果の理法」を目指すわけでもなく、いわんや「無我説（輪廻なきことが真実）」からは遠くかけ離れていた。輪廻の思想は平安貴族の暮らしの中で、咀嚼され読み換えられ、「輪廻とは異なるめぐる時間」となって現われたのである。

＊輪廻に近い物語としては『浜松中納言物語』がある。主人公の夢に亡き父が現われ、今は唐国の王子に生れ変わっていると告げる。転生する本人が転生の記憶をもっている点など興味深い。

### 3 『霊異記』の「めぐる時間」——先祖の因果を受け継ぎ、あの世と行き来する

さて、源氏物語のそうした成熟した「めぐる時間」が成り立つ前、より素朴な形で多様な「めぐる時間」を混在させた話が記録されていた。数多くの説話文学、とりわけ、わが国初の仏教説話集として知られる『霊異記』（『日本現報善悪霊異記』）である。弘仁十三年（八二二年）前後に成立したとされるから、『源氏物語』から、およそ二世紀、遡る。編者である薬師寺の僧景戒が「私度僧（自度僧）」であったこ

＊転生 ── 280

とは重要である。『霊異記』の仏教は、律令国家が目指した国家仏教ではなく、民衆の中で語られていた仏教であった。

＊『霊異記』下巻第三十八縁は、景戒（編者）個人の記録を語る。息子の死の予兆として狐が鳴いたことなどを記し、「陰陽の術」「天台の智慧」を得ていないため「災いを免れる道」をいまだ知らないと語る。また、景戒は身体の小さい人物であり「ある種のコンプレックスを感じていた」との指摘や、トリックスター的な「少子部栖軽」が天皇と雷の仲介者として古代シャーマンの役を果たし、道化的な意味も持っていたという指摘（柳田国男「小さき子譚」）も興味深い。

### 道場法師系説話――「前世の因果」ではない「先祖の因果」

さて、『霊異記』の中に「道場法師系説話」と呼ばれる一連の説話がある。巻を超えて人物の連関がある珍しい事例で、仏教的な色彩が弱い世俗説話とされる（上巻第一縁、上巻第二縁、上巻第三縁、中巻第四縁、中巻第二十七縁）。そこに二つの家系が出てくる。一つは、雷神の子孫、一つは、狐の子孫、その二つの系列が出会うことになる。

上巻第一縁は、トリックスター的な少子部《ちいさこべ》栖軽《すがる》が雷を捕えにゆく話。天皇は、捕えた雷を天に返し、後に、栖軽の墓柱に落ちてきた雷も許す。雷神は土着信仰の象徴であり、その雷を呼び出し、許すのであるから、天皇の王権が土着の信仰に対して優位に立ちつつあった時代の話と考えられている。しかしこのままでは雷神の子孫が続かない。子孫は、ひとつおいて第三縁で語られるのだが、その間に、狐の子孫の話が入る。

上巻第二縁は、「狐を妻として子を生ましむる縁」。娶った妻が男子を出産した。家の飼い犬も子犬を産んだ。その子犬に追われ、妻は恐ろしさの余りキツネの正体を現わしてしまう。しかし男は女にその後も家に通うことを求めた。異類婚姻譚として見れば、異類は神であって、異類と人間との婚姻が倫理的に悪と見做されることはなかった。第一縁の舞台が「都（宮中とその周辺）」であったのに対して、この第二縁は「野」の話である。

そして、上巻第三縁。第一縁とは別の雷が落ちてきて、雷の命乞いに応える。その報恩によって授かった子が、力の強い少年に育ち、京にのぼり、元興寺に住み、鬼退治や寺田の水を守る奉仕によって、強力で名高い道場法師となる。第一縁の雷が都における天皇との関わりにおいて現われたのに対して、この第三縁の雷は民衆の中に現われている（永藤、一九九六）。「久しい年代にわたって我々の国民に、最も人望の多かった「力を天の神に授かった物語」、及び日本の風土に育成したところの、雷を怖れてこれを神の子と仰ぎ崇めた信仰が、あの頃もなお盛んに行われていた結果に他ならぬのである」（柳田、一九九八）。

この話の最後に見える教訓が興味深い。こじつけたように、過去世（「先の世」）の業報であるという（「当に知るべし、誠に先の世に強く能き縁を修めて感る所の力なり」）。これをもって、雷神に関わる民間伝承が仏教の因果応報の論理によって読み替えられたとする見解もあるが、むしろ、読み替えの「ほころび」が素朴に顔を見せた箇所と理解する方が自然である。源氏物語のように完全に咀嚼して読み替えた（因果応報の論理の方を改変してしまった）のではなく、仏教的な教訓によって民間伝承を包み込むことを意図しながら、実際には、接続が粗く、齟齬をきたす。布教の工夫として土着信仰を積極的に取り入れる試みが、実際には、二つの異なる世界観（コスモロジー）の素朴な並列になっている。ということは、仏教的な因果応報の思想とは異なる、それ以前の「めぐる時間」が素朴な形で姿を見せていた。それが続く子孫の話である。

狐の子孫と、道場法師の子孫が、中巻第四縁で出会う（「力女力比べを試みる縁」）。往来の商人から物を奪って暮らす身体の大きい力女がいた。先の狐の四代目の子孫である。他方、身体の小さな力女がおり、道場法師の孫である。身体の小さな力女が訪ねてゆくと、身体の大きい力女が、船の荷を奪おうとする。そこで身体の小さな道場法師の孫は、身体の大きな狐の孫を懲らしめ、市から追い出し、人びとは平和を喜んだというのである。

その最後にも教訓が語られている。「夫れ力人の𢈘《すじ》、世を継ぎて絶えず。誠に知る、先の世に大なる力の因を植ゑ今に此の力を得たり、と」。「力人の𢈘」とは一族の血筋。「先の世」の「因」によって、現在の「此の力」を得たというのであるが、その「先の世」が何であるかは語られない。雷の子孫が狐の子孫を懲らしめ平和が訪れたという、その限りでは、当時の民衆も馴染みであった話の筋が、実はすべて「先の世」からの因果応報の理によると、取って付けたように、締め括られるのである。

あるいは、景戒にとっては、話は逆であって、「因果応報」を伝えるために、一族における先祖と子孫の連続物語が最も都合よいと判断し、周到な配列のもとに話を積み重ね、時々に「先の世」からの因果の理を提示するという作戦であったのかもしれない。「目に見えない時間の鎖を透視図法によって目に見えるものとするために」（永藤、一九九六、三四頁）、世代の連続の話を利用したことになる。

魂が転生するのではない。家族の中で「先祖の因果」が子孫に影響を及ぼす。そうした漠然とした生活実感に「因果応報」の関係を重ねる。ということは、当時の人々にとって、親から子へ、子から孫へと受け継がれる血統は、最も身近で確かな実感であったことになる。家族の不幸、一族の栄枯盛衰、血筋の中の連続性。しかし当時の民間信仰（コスモロジー）はそれを確かな「連続性」としては理解していなかった。あるいは、体系的に理解する手立てを持たなかった（持つ必要がなかった）。

＊因果は往復しない。「因」は「果」になるが、「果」は「因」に戻らない。この点から言えば、仏教は、可逆的に入れ替わる地平に、不可逆性の論理を持ち込んだことになる。輪廻の世界は、過去によって現在が決まる一方向的な論理である。説話の世界は、可逆的（入れ替わる）地平に、不可逆性の論理が入り込んでゆく過渡期を語っている。

仏教は、人々に、体系的な「連続性」を確信させた。確かに『霊異記』の教訓はその話の内容と嚙み合わないのだが、しかし人々は、漠然とした生活実感を、ひとつの「連続性・一貫性」として確認するモデルをそこに見た。それは正確な「因果応報」の論理ではなく、まして輪廻の思想ではなかったのだが、そこで示された「連続性・一貫性」が、雑多な生活実感を整理する際の、例えば平安女流文学の、手掛かりとなった。

しかし、その「連続性・一貫性」は、同時代の空海が理解した「輪廻なきことが真相」から見れば、二段階に、異なっていた。まず、「輪廻なきこと」ではなく「輪廻」の「連続性・一貫性」を受け取ったのであり、しかも輪廻の思想とはまるで異なる、一族の内の連続性として理解されていた。『霊異記』の時代の人々は、「前世の因果」ではない「先祖の因果」として過去が現在に影響を与える「めぐる時間」を理解した。その「めぐる時間」が二世紀の後、源氏物語の「宿世」の感覚として展開されたことになる。

## 冥界――あの世とこの世を行き来する可逆的な「めぐる時間」

ところで、『霊異記』に冥界の説話が多いことは知られている。冥界の探訪は転生ではない。新たに生れかわるのではなく、冥界にゆき、同じ個人に戻ってくる。つまりあの世とこの世を行き来する。往復する(行き来し、反復する)のであるから一方向的ではない。可逆的な出来事である。

代表的な冥界探訪譚として知られる上巻第三十縁は、死んで三日後に蘇り「あちらの世界」の体験を語る。「使二人あり(中略)。伴に副ひて往く程に、二つの駅度《うまやわた》る許《ばかり》なり」。一駅間は三〇里(約二〇km)であるから、冥界までおよそ四〇km。歩く圏内であって、いずれ往路と同じ道を帰ってくることになる。続いて「河」が報告される。「路の中《なかば》に大河有り、椅《はし》を度《わた》し、金を以て塗れ厳《かざ》れり。その椅より行きて彼方に至れば、はなはだオモシロキ国有り」。冥界との境に「大河」がある。別の話では「坂」があり、『古事記』の「黄泉《よもつ》ひら坂」との関連が指摘されている(下巻第二十二縁、第二十三縁)。ところがその「橋」が黄金に輝いており、さらに、その先が「オモシロキ国」と語られる。この極楽的雰囲気は、別の箇所では「金《こがね》の楼閣《たかどの》」とも語られる(中巻第七縁)。

しかしその先で、地獄の責め苦を受ける亡き妻に遭い、亡き父の苦しむ姿を見ることになるのであるから、極楽の景色と地獄の審判とが同居している。当時の人々は、他界を二つに分けるという発想を持たず、言い換えれば、地獄に対する浄土という二元的思考から自由であったことになる。

さらに、『古事記』の異界探訪譚（「イザナキ・イザナミ神話の黄泉国訪問」、「大国主神の根の国訪問」など）と比べてみる時、『霊異記』の冥界は素朴である。『古事記』では、異界を訪れた者が、それ以前と以後で、大きく変化する。その存在全体が新しくなり、別の存在へと再生する。『古事記』の「異界」にはそうした機能が設定されていたのに対して、『霊異記』では、冥界を訪問してもそのような劇的変化は生じない。人々は冥界に特別な機能など与えていなかった。「あちらの世界」に行き、そして「こちらの世界」に戻ってくる。その出来事を取りたてて大袈裟に扱うことのない感覚は、人々が「あちらの世界」からやってきて、また「あちらの世界」に去ってゆき、そしてまたやってくる、行き来する（繰り返す・可逆的な）地平と重なっている。

もちろんそうした「行き来」には様々な混乱が伴い、不思議（「霊異」）が起こる。例えば、「こちらの世界」に戻ってきた時、火葬によって元の肉体が消失していた話がある（中巻第二十五縁）。

＊この話は「火葬」の風習を受け入れ始めた時期の困惑を反映する。当時、「もがり」の風習があり、生死が不分明な一定の時期、再生を願って招魂の儀礼を行っていた（下巻第二十二縁、第二十三縁）。「死にて七日を経て、甦きて告げて言はく」（下巻第二十二縁）ともあるから、死んだ後、再生することはとりたてて奇異なことではなかった。

牛に生まれかわる話も多い。その多くは、この世における欲望の行き着く先として、来世で牛となって使われる。子の物を盗む（上巻・第十）、寺の物を借りたまま返さずにいる（中巻・第九、第三十二）、非道な金貸しによって人々を苦しめた（下巻・第二十六）など、「悪行」の行く末を、この世に戻ってきて話をする。

＊『霊異記』において動物は自ら善行を営むことができない。動物が畜生道から解き放たれるには、人間によって、追善供養をしてもらう必要がある。

細かく見ればその一つ一つが独自の世界観の表れであるのだが、ここで重要なのは、それら冥界の話が「あの世」と「この世」を行き来する可逆的な感覚から成り立っているという点である。『霊異記』に流れる時間は多層的である。一方では、『源氏物語』につながる「連続性・一貫性」の「めぐる時間」を語り、他方では、時間が一方向に進むのではない、可逆的に反復する「めぐる時間」も描いていた。この後者の感覚は、歴史上のある特定の時期に対応するだけではない。むしろ「アルカイックな」と呼ぶほかない「古層」に属する感覚なのである。

## 4 「アルカイックな古層」の「めぐる時間」――反復する（入れ替わる・可逆的な）感覚

さて、今日の時間研究によると、人類は「円環する時間」以前に、何らかの不思議な時間感覚を経験していた。そもそも「時間」などという観念が成立していなかった人々の心の中に時間の感覚が芽生え始める出来事。さしあたり「振り子のように入れ替わり反復する時間」と考えておく。時間は、一方向に進むわけではないが、しかし輪廻の思想のような円環的な体系を持つわけでもない。いわば、二つの極の間を、振り子のように、反復する。

英国文化人類学のE・リーチに小さな文章がある（「時間の象徴的表象に関する二つのエッセイ」リーチ、

一九九〇）。かつて平野仁啓氏（『続・古代日本人の精神構造』）が語り、真木悠介氏（『時間の比較社会学』）が紹介したこの論考は、この位相における「めぐる時間」を考える上で極めて重要である。

リーチによれば、時間に関する最も原初的なイメージは「循環する円」ではなかった。直線的ではないが円環的でもない。「入れ替わる」、「行ったり来たりする going back and forth」。リーチは（「他に適切な言葉が無いために」と断りながら）、「振り子 pendulum」という言葉を使う。振り子はインターバルを持ち、チク・タク・チク・タクと繰り返される。先へ先へと進むわけではないが、同じ円をめぐるわけでもない。行ったり来たり、入れ替わる。「昼・夜・昼・夜……」の生活実感、「寒・暖・寒・暖……」と入れ替わり訪れる季節の変化と重なりながら、そうした「振り子」の感覚が、時間感覚の「古層」をなしている。

重要なのは、その背後に「一貫したもの」が想定されていないという点である。リーチは「非一貫性 discontinuity」という。昼と夜という連続して訪れる変化の背後に一貫した「一日」が想定されない。ということは、「昼」と「夜」とが断続的に入れ替わる変化は体験されても、その両者が、一貫した「一日」という単位の中で理解されることはない。

永藤靖氏は古代日本人の時間意識を考察するなかで、「昼」と「夜」とを別個な世界と理解する時間感覚は、私たち近代人には理解しがたいと言う。「昼から夜へ、夜から昼へと移ろい流れていくという、いかんともしがたい近代人の時間意識を放棄しない限り、両者の間にある異質性はわからない。両者はまったく隔絶した、独立した別個な世界として存在しているのである」（永藤、一九七九、四〇頁）

例えば、一本の老松があり、私たちにとっては、昼であれ夜であれ、同じ松の木であるのだが、古代人にはそう映らない。同じ老松も、夜になれば、不気味な世界の「荒ぶる神」となる。昼の世界とはまったく別個の世界が、夜には存在する。同じ一日の中の連続した変化ではない、まったく別々の世界が、断続的に入れ替わって体験されていた。

昼と夜がまとまって「一日」となる以前、時間は「振り子」のように入れ替わっていた。その感覚が時間に関する最も原初的な経験であった。では「原初的」とはいつのことか。永藤は「古代日本人」と語るのだが、それが特定の時代と理解される恐れがあるなら、適切ではない。小論は「アルカイックな古層」と呼ぶ（益田、一九八三）。それは歴史上の一時代ではなくて、ひとつの理念型として、日本列島の人々の生活実感の「古層」を指す。むろん小論の文脈では、仏教伝来以前ということになるのだが、しかし遠い昔に消え去った感覚ではなくて、今も私たちの心の深層に存在しているという意味における「古層」である。

さて、重要なのは、そうした「アルカイックな古層」を円環的イメージに回収してはならないという点である。確かに「直線的時間」の対極に「めぐる時間」を考えているのだが、しかし「めぐる時間」のすべてが円環的であるわけではない。アルカイックな古層において、時間は「円環」としては体験されない。異なるものが、互いに、入れ替わっていただけである。再びリーチの言葉を借りれば、「ひとつながりになったものを〈サイクル〉として記述する時、私たちは知らないうちに、当事者たちの思考にはまったく存在していなかった幾何学的な表現法を、導入してしまうのである」（Leach, 1961, p. 126、リーチ、二一二頁）。

そう思ってみれば、輪廻の思想は、まさに「入れ替わり」の出来事に、「サイクル」という幾何学的イメージを与えたことになる。そしてそれによって、一つの統一的な世界像を提供した。しかしそれは「当事者たちの思考にはまったく存在していなかった」世界観（コスモロジー）である。輪廻の信仰が人々の生活感情として根付いていた古代インドの状況とは異なり、日本列島の人々にとって輪廻の思想は、生活感情から自然発生的に展開したわけではなかった。外来の思想として移入されたこの思想は、既に完成された形で（進歩した文化の一環として）上から、与えられたのである。

では一体、輪廻の思想が移入される以前、人びとは、具体的にはいかなる世界（コスモロジー）を生きていたのか。注目したいのは、民俗学が教えるところの、土着の民間信仰における「タマ（魂）」の観念である（中村、一九八九など）。日本民俗学に倣えば、タマは不滅であり、この世とあの世を往き来する。人間だけに付着するわけではない。万物に出入りする。そこで「タマ」の信仰は人間を自然の一環と見る。生命循環の思想、アニミズムの世界になる。また、現実世界との結びつきが強く、彼岸性は弱い。

重要なのは、このタマが「転生する主体」とは異なるという点である。一つの連続した霊魂が転生するのではない。タマは突然やってくる。突然やって来て、突然いなくなり、また突然やって来る。「付着する」と「遊離する」が繰り返され、「いる」と「いない」がバラバラに生じる。過去世─現世─来世の連続性はなく、一貫した「個人格」（柳田国男）を持つわけでもない。

「我々の古代人は、近代に於て考へられた様に、たましひは、肉体内に常在して居るものだとは思って居なかった様である。少なくとも肉体は、たましひの一時的仮の宿りだと考へて居たのは事実だと言へる。即、たましひの居る場所から、或期間だけ、仮に人間の体内に入り来るもの、として居た」（折口、一九六七、一九九頁）。

タマは本来、海・山・天界などにいる。ある時期だけ、仮の宿りとして、人間の肉体に宿る。その保管者によって人間の所に運ばれてくるのだという。しかも多くの場合、石・瓢箪・椀のような「うつぼ状のもの」に入っており、このタマを包むものも同じくタマと呼ばれる。タマの発動が「タマシイ」である。「その宿った瞬間から、そのたましひの持つだけの威力を、宿られた人が持つ事になる。又、これが、その身体から遊離し去ると、それに伴ふ威力も落してしまふ事になる。」（同）

タマは、通常、人の肉体に留まり、外に出ることはない。しかし時に肉体から遊離することがある。肉体からタマが完全に遊離すると死んでしまうから、遊離しそうなタマを肉体に呼び戻す「たましずめ」や「たまむすび」を執り行う。あるいは、タマを肉体に招き入れ、衰えたタマを鼓舞する「たまふり」が必要になる。すべて、タマを肉体に固着させ、生命を保証するために必要な儀礼である。

＊人の一生は、タマが、新生児を訪れることによって開始される。その際、タマを新生児に付着させるのは「ウブガミ」である。新生児の肉体にタマが定着するのは容易ではない。子どもの夜泣き、病気などはすべてタマの遊離による。成長し完全に付着した霊魂は「イキミタマ」と呼ばれる。死後、肉体を離れたタマは、死霊と呼ばれる。柳田国男によれば、死霊は、後継者（子孫）によって祀られることによって浄化されてゆき、やがて「個人格」を持たない「祖霊」になる。浄化の段階によって、「死霊」、「新精霊（にいじょうろう）」、「精霊（しょうろう）」、「ミタマ」、「祖霊」、「祖神」と分類される（柳田「祖先の話」、一九九八）。

このようにタマを肉体に留めておくことが大切なのだが、面白いことに、タマが「付着する」のも「遊離する」のも、同じ原理と理解されていた。益田勝実氏によれば「かえる」という同じ言葉が、「生まれる」場合にも「死ぬ」場合にも使われる。小鳥が卵から「かえる（孵る）」と言い、鳥の誕生を「かえった」と言う。他方、気絶してタマがあの世へ行くことを「死にかえる」という。タマが〈あちらからこちらに〉来ても、〈こちらからあちらへ〉行っても、「かえる」と言う。そして、カラ（体）からタマ（霊）が去ると「ナキガラ（タマなきカラ）」になる。再びタマ（霊）が新しいカラに戻ってくると「ヨミガエル」（ヨミ（黄泉）から還った）と言う。つまり「生きかえる」と「死にかえる」は、タマがこの世とあの世を往き来する同じ出来事の中で理解されていたことになる。

なお、この文脈で益田は「循環」というのだが、先のリーチに倣えば、ここに「円環イメージ」を重ねるのは得策ではない。むしろ「タマ」はこの世とあの世を、双方向的に行き来する。「循環する」と理解されるためには、その過程全体が視野に入っていなければならない。「全体」が理解されて初めて「連続性・一貫性」が確認される。それに対して、「タマ」の感覚で言えば、突然やってきて、突然離れ、しかし再びやってくる。「連続性・一貫性」の感覚は弱かったことになる。

確かに、こうした民俗学の見解がそのまま日本列島の人々の「古層」であると断定することはできない。小論は「タマ」の観念を一つの手掛かりとして、仏教伝来以前の人々の時間感覚に思いを馳せてみたにすぎない。あるいは、その感覚が習俗と結びつく仕方で社会の深層に潜伏し続け、私たちの心の奥深くにも潜んでいることを予感するにすぎない。

しかし、そうであったとしても、「アルカイックな古層」における「めぐる時間」が円環ではなかった点は重要である。それは可逆的（入れ替わり・繰り返され・反復する）感覚と結びついていた。その感覚が、輪廻思想を受容するに際して（おそらく仏教思想の受容に関しても）大きな影響を与えてきたことになる。

## 結びにかえて

近代社会の「直線的な時間」とは異なる「めぐる時間」。その「めぐる時間」をすべて「円環的」に理解してはならない。あるいは、「輪廻」という言葉と結びつけてはならない。小論は「輪廻とは異なるめぐる時間」を想定し、その多様な姿を薄く切り分けようと試みてきた。

①アルカイックな古層における「めぐる時間」は可逆的であった（戻ってくる・繰り返される・入れ替わる・反復する）。魂が「付着する」こともあれば「遊離する」こともあり、それが入れ替わる。循環というひとつの連続ではなく、振り子のように、反復していた。

②『霊異記』における「めぐる時間」は、そうした古層が、仏教的な輪廻の思想と入り混じる。この世とあの世には行き来があり、現在と過去とがゆるやかにつながっていた。そこでは、可逆的な反復する時間が描かれることもあれば、他方で、過去が現在を規定するという一方向的な「連続性・一貫性」が描かれることもあった。

③『源氏物語』には独自の「めぐる時間」が語られていた。子が親と同型の人間関係を繰り返してしまう。過去世が現世を規定する「業」は背後に潜み、親の生き方が子の生き方を規定する「宿世」が語られていた。

そして、当然ながら、こうした「輪廻とは異なるめぐる時間」は、以下の三つの視点からも区別される。

④まず、輪廻の思想から区別される。輪廻は「めぐる時間」であるが、すべての「めぐる時間」が輪廻であったわけではない。むろん、仏教の側から見れば、「輪廻とは異なるめぐる時間」はすべて輪廻の変形となるのだが、しかしそれらを「円環イメージ」に回収してはならない。

⑤同様に、仏教本来の無我説から見る時、それらの「時間」はすべて克服されることになる。無我説から見れば、「輪廻とは異なるめぐる時間」は、「輪廻というめぐる時間」と共に、「我（霊魂）」を前提にしている。しかし「我」は存在しない。ならば輪廻もない。時間も、その真相においては、存在しない。少なくとも、「タマ」の実在は否定され、「連続性・一貫性」も否定されることになる。

⑥そしてもちろん、近代以降の「直線的時間」とも区別される。

以上の区別を確認した上で、しかし私たちの心には、どうやらそれらがすべて重層的に積み重なっているようである。そのどれか一つではなく、すべてが混在し、その時々に強調点を換えながら、常にそのすべてが働いているように思われるのである。

# 14　円環的ライフサイクル——転生研究のための素描

私は「転生を語らない人々」の中で育った。そう気がついたのは「転生を語る人々」と親しくなってからである。とりわけ、ブータンという、転生を前提にした社会を生きる人々と親しくつきあうようになってからのことである。

転生を生きる地平。この世に生を受ける「以前」があり、その延長として今回の人生が開始される。白紙状態では生まれてこない。それ「以前」からの課題をもってこの世に来る。両親から「遺伝子情報」を受け継ぐだけではない、「家庭環境」の影響だけでもない、もうひとつ「魂の継続」という視点が含まれる。その人自身の連続性が「現世（今回の人生・今生・今世）」を超えて考えられている。

人類は繰り返しそうした魂の継続を考えてきた。名称は様々、一筋縄ではないどころか、その内実は極めて多様なのだが、ともかく現世を超えた何らかの「連続・継続」を人類が考え続けてきたことは確かである。それが事実かどうかを吟味したいのではない。まして自分の前世を知りたいわけではない。そうではなくて、その地平においては、人生の出来事がどのように理解されるのか。そしてその視点から、逆に「転生を語らない人々」の理解を検討する。図式的に言えば、「円環的・循環的ライフサイクル」の視点から「直線的・一方向的ライフサイクル」を再検討してみたいということである。

「直線的・一方向的ライフサイクル」は、受精をもって開始され、死をもって終了する。死後も誕生前もその守備範囲には含まれない。それに対して「円環的・循環的ライフサイクル」は何らか「戻る」、あるいは、「再びやってくる」。ということは、現世を超えたその前後も守備範囲に含まれる。現世をそのうちに含んだ大きなサイクルなのである。

「転生を語らない人々」の中で育った私にとって「円環的ライフサイクル」は自明の前提ではなかった。しかしなぜか惹かれた。そこには何か大切な智慧が含まれているのではないか（正直に言えば、こうした思想に惹かれる自分を滑稽に感じ、冷ややかな視線を送る周囲の目を恐れながら、それでも逃れることができずにいる）。

## 1　人智学との出会い――シュタイナーの思想

思想として最初に「転生」と出会ったのは「人智学 Antroposophie」である。それまで「輪廻」や「生まれ変わり」に関心はなかった。「幼稚園（シュタイナー幼稚園）の教師になる」話を聴いているうちに、その背景に「転生」の思想が潜んでいると気づいた時には驚いたが、見なかったことにして、軽く通り過ぎるつもりだった。ところが、読み進むうちに、説明の仕方が面白く感じられてきた。

例えば、子どもを「全体」として見るためには、その「誕生前」に目を向けよという。子どもは「そこ」からきた。霊的（精神的）存在として「霊界（精神世界）」にいた。その認識がなければ子どもの全体を見ることができない。そしてその次元を見過ごす時、物質的な次元でのみ子どもを見てしまう。

シュタイナーは人間の多次元的な構造を独自な用語で解き明かす（物質体・エーテル体・アストラル体・

Ich)。その組み合わせによってライフサイクルの全体プロセスを、誕生前から死後まで含めて、解き明かしてみせるのである。

「発達心理学」と「死後の魂の話」を重ねるだけではない。それを同じ「発達」と呼び、しかも同じ構成要素の組み合わせの変容として解き明かすのであるから違和感は消えなかった。それでも、徐々に全体の構図が見えてくる。そして一度その中に入ってしまうと、確かに筋が通っている。これまで漠然と感じていた疑問にひとつの答えを示している。あるいは、そうした疑問に居場所が与えられているというそのことに、共感を覚えたのかもしれなかった。

さらに興味深く感じたのは、その議論の論理的な組み立て方である。奇妙なのだが、その論理は極めて常識的であり、徹底した因果関係である。すべての出来事には原因がある。現在の出来事は過去の「結果」であり、現在の行為は将来の状況の「原因」になる。その論理から見る時、ひとつの人生が何らの原因もなしに発生するとは考えられない。現在の出来事を生じさせる「原因」としての時間的な過去が想定される。誕生以前の別の「人生」。しかしその人生も、それ以前の「生」を原因として生じたから、時間的な過去が、綿々と続いてゆく。他方、現在の行為が将来の原因になる。ということは、この人生を超えた先が想定され、私たちの現在の行いが、次の人生を決めてゆくことになる。

そうした論理の中で、過去の生・現在の生・将来の生を一貫する「主体」が想定される。シュタイナーは「Ich」と呼ぶ。ドイツ語で普通に使われる一人称主格である。日常的な文法上の主語であるこの言葉によって、転生する「霊的主体」を言い当てるのである。

仏教思想はこの点に関して極めて慎重であり、「輪廻する主体」をめぐって大論争を続けてきたから、このように明快には語らない。もし輪廻する「我（アートマン）」を認めるならば「無我」の原理に反する。そこで仏教思想は、例えば「アラヤ識」に注目し解決を図ろうとするのだが（唯識思想）、庶民向けには「業（カルマ）」という言葉をもって対応したことになる（後述）。

シュタイナーも「カルマ」に言及はしたが、自らの説明原理とはしなかった。あくまで転生する「霊的主体」としての「Ich」を論じ、その自己責任を説いた。すべての行いの結果は自分が引き受ける。もし現世で果たされなければ来世で「支払う」。他人に任せることはできない。超越者の采配でもなければ、単なる偶然でもない。すべて「自ら」に原因があるという徹底した「個人」の論理なのである。

シュタイナー教育とは、そうした「個人・Ich」が目覚め、今回の人生のおける課題を自覚し、その務めを果たしてゆくための手助けである（本書3章）。

## 2　ユング『自伝』のアプローチ

人智学の「ライフサイクル論」を読み続けながら、それとは別の「語り」を聴いてみたいと思った。別の視点を重ねることによって、シュタイナーの話を相対化し、冷静に考えてみたいと思ったのである。そしてユングに出会った。正確には、別の文脈で親しんでいたユングが「カルマ」に関心を持っていることを知って驚いた。ユングは『チベット死者の書』に「心理学的解説」を書いていたのである。

チベット仏教ニンマ派の経典『バルドゥ・トェ・ドル』。死の瞬間から次の生として誕生するまでの間に魂が辿る四十九日間の話であり、「中有（バルドゥ）」における死者に正しい解説の方向を示す経典である。ある時期のユングは座右の書としていた。

＊転生 —— 298

＊この経典についてのドキュメンタリー番組がある（DVD『NHKスペシャル・チベット死者の書』）。閑散とした冬の山村の老人の死とその後の四十九日間の法要の記録。遠い異国の珍しい風習として私も見た。ところが後にブータンを訪ねるようになり、親しくなった知り合いから、彼の母親の葬儀の話を聴いて驚いた。この書の通りなのである。同じ時代の同じ生活圏内の友人（携帯電話を使い、グローバル時代におけるブータン経済の話をする彼）が、今現在の葬送儀礼として、この経典を使っている。とすれば、現実味が違う。この友人も「あの」世界の住人だったのか。「あの」世界を現実のこととして生きている人なのか。

ユングはこの書を、終わりから読むことを提案する。死んでから再び生まれ変わるまでの時系列に沿った展開を、逆向きにして、最後の章から最初に向けて遡ってゆく。ということは、この書を「死後」の話ではなく、「誕生前」の出来事として読む。誕生前の「中有」における体験と読む。そうすると「個性化」プロセスと重なるというのである。

重要なのは、時間的に遡るという点である。その点だけ見ればフロイトの手法と同型である。しかし話が幼児期では止まらず、出生体験も通し越し、誕生以前にまで遡ってゆく。そしてユングはその違いを「個人的無意識」と「普遍的無意識」との違いと重ね合わせる。フロイトが個人的無意識にしか言及しなかったのは、記憶の遡及を幼児期で止めてしまった故である。もしフロイトがそれ以前にまで目を向けていたら普遍的な無意識を発見していたに違いないというのである。

つまり、〈時間的に「より過去」へと遡ること〉と〈無意識を「より深層」へと降りてゆくこと〉が重なる。意識は、過去の記憶を掘り起こすことによって、無意識の深層へと分け入り、それがそのまま、自らを無意識エネルギーへと明け渡してゆくプロセスになる。ユングでいえば「個性化」プロセスを進めてゆくことになる（西平、一九九七）。

＊転生 ── 300

こうしてユングによれば『死者の書』は意識変容のガイドブックとなる。『死者の書』は、終わりから逆に遡ってゆくならば、意識が深層に向かうプロセスの導きとして読むことができるというのである。

しかしユングは人生の話と死後の話をひとつの流れの中に連続させることはしなかった。つまり『死者の書』を死後の体験としてではなく、この人生の中で体験される意識変容の出来事と重ねて読むことによって、「転生を語らない人々」にも、この経典に馴染む手掛かりを示そうとしたのである。

＊トランスパーソナル理論のケン・ウィルバーがその壮大なライフサイクル論『アートマン・プロジェクト』の中で試みたのは、『死者の書』を人生プロセスの延長として語ることである。つまり、同じ一つの時間的流れの中で「人生の話」と「死後の話」を一貫した論理のもとに提示する。死の直後に訪れる精神のクライマックスを、ウィルバーは「アートマン即ブラフマン（梵我一如）」と呼び、そこから滑り出てしまう必然（死後から再生へのプロセス）と、再びそれを求め続ける必然（誕生から死に向かうプロセス）を解き明かす。そのどちらもが「アートマン」の完璧な姿を回復する企て（アートマン・プロジェクト）であるというのである（ウィルバー、一九八六、西平、一九九七）。

## 3　仏教思想

さて、仏教思想の「輪廻」にはずいぶん梃子《てこ》摺《ず》った。そもそも〈輪廻の否定が仏教の教え〉と見る立場と〈輪廻も仏教の教え〉と見る立場が対立し、しかもその対立をめぐって膨大な議論が積み重ねられてきたため、そもそも何をもって「仏教」と呼ぶのか、その地点にまで連れ戻される仕方で、混乱してしまったのである。

それでも、骨組みだけ取り出してみれば、輪廻の思想は「過去・現在・未来の三世に渡る因果応報の理法」である（「三世両重の因果」）。ここでも因果関係が中心をなしている。現在の行為は死後に結果をもたらす。死後には、生前の善悪に相応した六道（地獄・餓鬼・畜生・修羅・人間・天上）がある。次の生が終わるとさらに次の生を受け、その転生は解脱が実現されるまで繰り返される。智慧の力で因果のつながりを断ち、すべての業が滅した時、解脱が実現し、輪廻転生から解放される。

この連続性の根拠が「業（カルマ）」である。元来は単に「行為・行い」を意味したこの言葉は、「行為は必ず結果をもたらす」という文脈で理解され直し、善悪の行為が「カルマ」を残し、その「カルマ」が原因となって後の結果を招くと理解される。

「貯金」の譬えが理解を助ける。善のカルマを積むとは貯金すること。今は使わずに将来必要が生じた時に使うことができる。それに対して、悪のカルマは借金である。今は支払わずにすむが、いずれその返済が重くのしかかる。

ちなみに、輪廻の思想に「ある種の合理性」を認めたマックス・ウェーバーも「銀行口座」の譬えを用い、現世の行為は、銀行口座の勘定のように（eine Art von Kontokorrent）、来世の霊魂の運命に影響を与えるが、決定は固定的ではなく、賃借勘定が終われば精算されるという。そして現実社会における「善・悪」と「幸・不幸」の不一致という問題に対して極めて合理的な解決を提供していると評価している（Weber, 1972, S. 118–119）。

では、仏教思想はどう語るのか。まず「自業自得」がある。自分の業の結果はあくまで自分が受ける。他者が引き受けてはくれない（大乗仏教になるとこの原則が崩れ、「廻向」の思想が生まれることは後述）。

業が途中で消えることはない。当人がその結果を引き受けるまで消えない。しかも、善の結果と悪の結果が相殺されることはない。人は善もなせば悪もなす。もし善の結果と悪の結果が差し引きされるならば、貯金によって借金が帳消しになるのだが、そうはならない。人はいったん生じた業について、善は結果としての「楽」を、悪業はその結果としての「苦」を、それぞれの業が尽きるまで、引き受けなければならない。

しかしなぜ仏教思想はここまで「業」を重視するのか。二つの点が指摘されている（平岡、二〇一六）。ひとつは、「縁起」という仏教教理である。縁起の思想は、すべてのものが何かを縁として生じるとみる。時間軸で言えば、すべてのものは因果関係によって成り立つ。単独で生じることはない。「花が咲く」ためにはそれ以前のプロセスが必要である。「種」という原因（「因」）があり、そこに雨が降るなど間接的な原因（「縁」）が加わり、因と縁が相まって、初めて花が咲く。人生で生じる出来事も同様、独立して生じるわけではなく、過去からの因と縁によって初めて生じる。逆に今度は、この現在の出来事が将来の原因になる。将来は決まっているわけではなく、現在の行いによって将来を変えることができる。このように「縁起」の教理から因果関係が重視され、人生における因果関係が「業」として強調されたと考えられる。

もう一点、重要なのは、人々の素朴な問いである。何故ある人は苦労もせずに楽をし、何故ある人は苦労ばかり続けるのか。暮らしの中の不公平感、人生の不平等感（ウェーバーが言う「善・悪」と「幸・不幸」の不一致）。人々は納得する説明を求めた。その際、インドの人々は（仏教成立以前から）生まれ変わりの「語り」を共有していたから、仏教は教えを説くに際して、この生まれ変わりの感覚を利用した。人生が一回限りであれば説明のつかないことも、それ以前の原因があれば少しは説明がつく。過去世において為した当人の業が今世の状況をもたらした。仏教はそうした「語り」を自らの教理に取り入れることによって、人々に教えを説いたのである。

それはひとつの「語り（ナラティヴ）」である。しかしそれが人々の納得を助ける。理不尽なこの人生を、それでも何とか受け入れるための、「自らを納得させる」ために提供された「語り」。そこに業思想と結びついた輪廻の思想が要請されてきたことになる。

## 輪廻の主体

しかしこの思想は大変な議論を招いた。とりわけ「輪廻の主体」の問題。仏教が「無我」を説くのであれば、何が連続するのか。無我説と輪廻説は両立しうるのか。有名な「ミリンダ王」が賢者ナーガセーナを問い詰める。輪廻する前の「我」と輪廻した後の「我」は同じか違うか。

賢者は牛乳の比喩を使う。乳が発酵すると「酪（乳酸飲料）」となり、酪から「酥（クリーム）」が生じ、酥から「醍醐（ヨーグルト）」が生じ、「乳腐（チーズ）」が生じる。形も違えば味も違うが、しかし同じ牛乳である。とすれば、同じでもないが違うわけでもない。輪廻する「我」も同様である。「不一不異」、変化しながら相続する。「常住論（同じ）」でもなく「断滅論（異なる）」でもない。

後には「中有」も論争となる。現世と来世の中間的な期間。死んだ後、すぐに次の新たな生に移行するわけではなく、一度「中有」に移行し、その後に新たな生を開始する。しかしすべての部派がこの説を主張したわけではなく、議論は錯綜した。中有に滞在する期間も、七日間、四十九日間など、諸説ある。「中有」における姿についても、次に生まれ変わる姿を取るという説もあれば（次にイヌに生まれ変わる場合、中有では既にイヌの姿を取っている）、チベット仏教のように、人からイヌに生まれ変わる場合、死後二十一日までは人の姿、二十一日を過ぎるとイヌの姿に変ずると教える流れもある。

中有においては、香を食して生きる。したがって香を絶やしてはならない。そして（先に見た通り）、中有から次の生に移行するとき、男女の合体がイメージされ、女に愛着を覚え、男を憎むならば、次の生は男として誕生することになる。

**大乗仏教の「廻向」**

ところで、ブッダの死後四百年が過ぎた頃から、それまでとは異なる思想が生じた。大乗仏教である。自らの解脱を求めるだけではなく、他の生き物すべての救いを求めるこの思想潮流は、業思想にも大きな変化をもたらした。「功徳（貯金）」を他者に分け与えるという発想である。

修行を積んだ菩薩は、自らの功徳を、困難を抱えた衆生に分け与える（自らの貯金を借金に苦しむ者のために使う）。「廻向」と呼ばれる新しい考え方である。それまでの仏教思想は、借金の肩代わりを認めなかった。業は「自業自得」、当人がその結果を引き受けるまで、いつまでも消えなかった。それに対して、「廻向」においては、菩薩の功徳をいただくことによって、悪因の報いが帳消しになる。

＊ブータンではこうした菩薩として「生まれる（生まれ変わる）」ことを「ヤシシィ」と言い、凡人の「誕生

＊転生 ── 304

（ケワ）」と区別する。日本語や英語ではどちらも「誕生」と表現する出来事を、異なる言葉によって、明確に区別するということである。ちなみにブータンの言語（ゾンカ語）では、「誕生」と「再生」の区別はない。人が「生まれる」とはすべて「再生する」と理解される（西平、二〇一七）。

ではなぜ「廻向」の発想が生じたのか。ここに「時間的縁起」と対をなす「空間的縁起」が登場する。空間的縁起の発想は、自業自得の「自己」の独立に対して、他からの影響関係を強く見るのである。

時間軸に沿って自己を見る場合、自己に一貫した「原因・結果」が強調される。過去が現在の原因となり、現在が将来の原因となる。それに対して、空間軸に沿って自己を見る場合、出来事は他者との関係性の中で生じる。自己だけが独立しているわけではない（本書314頁）。自らの過去だけが現在の原因ではなく、他者との関係もその原因になる。他者との影響関係の中で現在の出来事が生じる。とすれば、自業自得に留まる必要はない。他者から影響を受け、他者から善因をいただくことも可能になり、逆に、他者に善因を与えることも可能になる。

善を積むとは貯金すること、将来が安心であった。ところがそれを他の人のために使う。自分のために使うのではなく、困窮している人のために振り向ける（廻向する）。悪行を積んだ悪人に対しても、阿弥陀仏の膨大な功徳が廻向される。

そして、その流れの延長に「代受苦」という発想が生じてくる。他者の苦しみを代わって受ける。苦難を耐え忍ぶこととは、他者に代わって苦しみを受けること、それ自身が、菩薩行のひとつとなる。例えば日蓮は、自らの経験する受苦について、一方では、自らの犯してきた罪業の故に今の苦しみがあるといい（「罪業苦」）、しかしその対極には、苦難を耐え忍ぶことがそのまま菩薩行であるという（「代受苦」）。他者に代わって苦しみを身に受けることが、菩薩としての自らの使命を果たすことになる。

＊この代受苦から、今日「代受苦者」という理解が生まれつつある。本来私が受けていたかもしれない痛みや苦しみを代わりに受けてくれている人。いわば「身代わり」である。とすれば、それは新約聖書が語る「十字架」である。キリストは「代受苦者」であり、私たちはその「廻向」をいただくという理解になる。

ところで、輪廻の思想が「差別」を容認するという問題をどう考えたらよいか。正確には、業報思想が差別の現状をそのまま肯定する論理として機能してしまうという問題。

業の論理に従うと、現世の苦難は、前世の悪業の結果である。今日苦しむのは過去世において悪行を働いた報いである。しかしその「語り」が、今苦しんでいる人に向けられるとなれば、それは残酷である。相手を踏みつけ、一切の解決を閉ざす、一方的な決めつけである。

この場合、業の論理そのものが問題なのではなく、その「語り」が誰に向けられているかという点が問題になる。言い換えれば、業の論理を一般化することに伴う危険である。業の思想は、初めから、人々の理解を助けるための教えであり、その「語り」は慎重な配慮の中で（一定の限定をもって）、理解されるべきことが想定されていた。

その「語り」は、自らの人生を理解する場合に意味を持つが、他の人に押し付けることはできない。自らの苦を受け容れる「語り」として、自分で自分を納得させる時には有効に働くが、それを一般化して他の人に押し付ける時、暴力となる。とりわけ、それが「宿業」として、宿命論の文脈で語られる時、解決の道をすべて封じる無慈悲な決めつけとなってしまう。

その思想は、少なくとも、現在の行いによって将来が代わるという、未来志向の論理の中で理解される必要がある。将来の自分を決めるのは今の自分である。努力次第で将来が代わる。しかも廻向がある。他の人の功徳をいただくことができ、他者に代わって自ら苦を引き受けることができる。そうした広がりの中で、自らの運命を受け容れる「語り」として働く時に、最も有効であるように思われる。

## 4　プラトンと源氏物語

ところで人類は「輪廻」の思想以外にも様々な「転生」の語りを生み出してきた。例えば、プラトン『国家』。政治学の古典としても、教育論の古典としても知られたこのテクストの最終章は「魂の継続」の報告である。

死んだ後、魂は、過ぎし生涯の悪行に応じて刑罰を受け、善行に応じて報いを受ける。その後、次に生まれ変わってゆくのだが、その時、魂は次の生涯を選択する。前回の人生の報いを果たし終えた後、あらためて次の人生を開始するに際して、自らの運命を選び取る。その時、その選択が「前世における習慣によって左右される」。決定されているわけではないが、前世の習慣によって強く影響されてしまうというのである（本書2章）。

先の仏教思想における輪廻にはこうした「選ぶ」機会がなかった。この点はプラトンに特徴的である。しかし白紙状態から自由に選択するわけではない。あるいは、自由に選び取ったつもりでも、実は「それ以前」の経験に影響されている。縛られているわけではないのだが影響されるというのである。

ところで、もうひとつ、時代も場所も遠く隔たった源氏物語の「宿世《すくせ》」を思い出す。「宿世」にも「選ぶ」機会はない。むしろ、あらかじめ決められているという宿命論的な観念であるのだが、しかしそこには絶望の暗さがない（本書13章—2）。

「宿世」は、現在が過去によってあらかじめ決められていると理解する。しかし物語に登場する人物たちがこの不可知な力に抵抗することはない。原因を追究することもない。むしろ、しばしば不思議を詠嘆している。知られるはずのない宿縁を問うという仕方で、いかんともしがたい宿命に惹かれてゆく我が身を眺めている。

もしくは、自らの過失を「宿業の結果」と語ることもある。宿世が抗いようのない仕方で我が身に生じる。しかしその時も、宿世の「報い」が現実の不幸を招く恐れはない。それどころか、報いを得たことによって、本人が安心してしまうようにも語られる。

さらに「現報」という考え方も特徴的である。現世の内で因果関係が完結してしまうのである。仏教の「業思想」が、過去世・現世・来世を見たのに対して、源氏物語の「宿世」は現世の中で完結し、しかもこの世における善行によって転換可能である。「現報」によって宿善が開かれ、善を為せば善なる報いを受ける。「宿世」は、現世における「私」が体験し得る範囲の因果関係を語るのである。

＊こうした「宿世」の因果理解は儒教の因果論に近い。儒教の場合も、結果を受ける場が、現世に限られている。日本における輪廻思想の変質は課題であるが、儒教的理解との混交も注目される。

その上で注目したいのは、「世から世へとうけつぐ」という言葉である。親の生き方を子どもが繰り返す。父親と同じ過ちを息子が繰り返し、苦悩が世代を超えて反復される。そうした宿命的な事実が「宿世」と語られ、「世から世へとうけつぐ」と語られる。

その多くは女と男の関係における、抗いようのない、道を超えた結びつきである。「元型」という言葉を使うなら、生涯のある場面における「元型エネルギー」の典型的な現われ方である。元型を「運命的にやってくる一連の体験」と理解してみれば、もはや選択の余地はない、運命的にやってくる抵抗し難い力に乗っ取られてしまう（本書12章）。

そうした運命的な力が世代を超えて（ジェネレイショナル・サイクルの中で）連鎖する。「過ち」の世代連鎖、宿命の世代連鎖。それが「宿世」と語られ、その不思議が詠嘆される。あるいは、物語の方法としていえば、その物語の作者は、宿世という「繰り返される不思議」を際立たせるために、親の苦悩を子が繰り返す構成を、周到に用意したことになる。

確かにそれは正確には「転生」ではない。生まれ変わるのではなく、親の「業」が子において繰り返されるだけである。しかし平安貴族を中心とした日本文化は、仏教思想とともに伝来してきた「輪廻」の思想を、そのような形に練り直し、受け容れたということである。

## 5　九鬼周造「形而上学的時間」

ところで、円環的ライフサイクルは、その内側に「円環的時間」の難問を孕んでいる。例えば、時間の無限性という困難な問題。

注目したいのは九鬼周造である。九鬼は「東洋的時間」に関する論文の中で「回帰的時間」を検討するのだが、その「回帰的」は「輪廻的」と言い替えられ、しかも「永劫回帰」と重なり合う。

＊仏教の「輪廻」とニーチェの「永劫回帰」との異同、ならびに、ニーチェの観念と九鬼の理解との異同についても、今は問わない。さしあたり、九鬼の複数の論文を総合的に重ね合わせ、その話の概略を見る（九鬼、一九八一）。

輪廻転生（永劫回帰）の時間においては、時間は円環をなし、終わることがない。生きとし生けるすべてのものは時間の渦の中で無限に回帰する。生まれ変わり死に変わりしながら、繰り返し戻ってくる。円環的時間には初めもなく終わりもない。両端のない時間は「円を描きつつ常に自己に回帰する時間」として表象される。

九鬼は「同じもの」として戻ってくるという点を強調する。生まれ変わりは、多くの場合、別の生への移動と理解されるのだが、それは直線的な時間を前提にした理解である。円環的時間においては、時間が「自己に回帰する」。とすれば、生まれ変わるとは結局は自己に回帰すること。「同じもの」に戻ることになる。

ニーチェを受けた九鬼はその点を強調する。時間は無限であり、物質は有限である。有限の物質を組み合わせたものが世界であるならば、その組み合わせには限りがある。ならば現在の世界とまったく同じ世界が過去に存在した可能性がある。逆に、将来にもまったく同じ組み合わせが成り立つ可能性がある。しかし、そうなると「因果律が同一性へと帰着する」。あるいは、「同一なる物が多数存在する」ことになってしまう。その困難を問うのである。

＊転生 ── 310

先の源氏物語が「繰り返す」という時、それは、異なる者が同じ過ちを繰り返すという意味であり、「類似・並行・同型」ではあっても「同一」ではなかった。あるいは、仏教における輪廻も、例えば「牛乳の比喩」のごとく、形も違えば味も違うが同じ牛乳であり、変化しながら相続した。

九鬼はその点を、「回帰」における「同一性」として問い詰める。そして「自己でありながら自己ではない」という特殊な存在様態に至りつく。転生するとは、自己同一性を失うことである。にもかかわらず、自分に回帰する。その出来事を九鬼は、自己同一性を失うことによって初めて自己に回帰すると読む。そして、回帰によって初めて「同一性」を確認することのできる存在の仕方を「自己」という存在の特殊な様態と理解するのである。

「自己」は、無数の生を繰り返すという条件の下でのみ、その同一性を確認する。無限に回帰することの中でのみ、その特殊な「個別性・自存性・一性」を確認することができるような存在である。

注目したいのはその先である。九鬼はこうした「自己」のあり方を根拠にして「解脱」を理解し直す。輪廻の繰り返しがそのまま解脱である。煩悩による輪廻を意志することがそのまま解脱に通じるというのである。

解脱は輪廻から離れ去ることではない。むしろ、輪廻それ自体を求め・欲し・意志し続け、あえて輪廻の渦の底へと沈もうとすることが、解脱である。煩悩による輪廻が、実はそれ自体として、解脱と別の生ではない。九鬼はそうした思想的可能性を示そうとするのである。

＊九鬼はこの理解が仏教とは異質であるという。仏教における輪廻は「苦」であり、その苦の解決を求めた思想である。そうした仏教の発想を「主知主義的解脱」と規定したのに対して、九鬼は「主意主義的解脱」を対

置し、日本の武士道、カントの「善意志」を挙げる。「意志」による解脱、しかもそれが特別な「超人」にのみ当てはまるのではなく、すべての衆生の解脱の可能性であることを示そうとした。

そして「シシュフォス」に言及する。無意味な労苦をひたすら繰り返すシシュフォスは不幸なのか。同じことを繰り返す、それでよいではないか。「無意味」を承知しつつ、なお繰り返す。不満足を永遠に繰り返すことができるのであれば、それも幸福ではないか。繰り返される輪廻はなぜ不幸なのか。永遠に同一の事を繰り返さねばならぬことはなぜ無意味と言われるのか。それは無意味ではない。繰り返すことを自ら意志するならば、それは無意味ではない。不可能を確認したうえで、にもかかわらず、意志し続けることは、決して無意味ではない。意志し続けるというそのこと自身が、既に絶対の価値を持っている。

＊九鬼はこう語る。「目的の幻滅を予め目撃し、意図の実現されざることを明かに意識し、しかも、意志することを意志すること自らのために無窮に永久に繰返すことは決して無意味のことではない。理想と現実との間に越ゆべからざる溝渠の横はることを自覚し、充されざることが祈願の本質なることを了得し、しかも善への憧憬に絶えざる喘ぎを持続することは、それ自信に絶対の価値をもつている」（九鬼『全集・第三巻』一九六頁）。

苦悩が永遠に繰り返される。しかしその繰り返しを意志し続ける。それを九鬼は解脱という。同じことの繰り返しを無意味と言うのは皮相な理解にすぎない。眼を内に向けるならば、その繰り返しを意志し続けることの内にこそ「法喜」があり「福祉」がある（「眼を内に向ける者には、流転はまさしく流転なるが故に法喜を蔵し、徒労はまさしく徒労なるが故に福祉を齎すのである」同書、一九七頁)。

むろんニーチェの運命愛を踏まえている。しかし単に「恐れず輪廻に立ち向かう」意志の発揮ではない。その時間論が語るのは、そうした運命愛の存在論的な根拠である。潜在的な意志の永遠の繰り返しの中に同一律の根拠がある。永遠の反復がなければ、真の同一性が成り立たない。そうした形而上学的原理を九鬼は提示した。

## 6　転生を生きる人々——ブータンとの出会い

ところで、こうした思想研究と並行ながら、私の転生理解は、ブータンと出会うことによって新たなステージに移った。転生を基盤とした社会という視点が加わり、転生を生きる人々の日常的な生活実感に焦点が絞られてきたのである。

ブータンの社会の根底には、転生の人生観が流れている。教義の話ではない。知的な理解でもない。その共同体で生きるためには当然のこととして皆に共有されている「常識 common sense」。それは、その共同体の内部に生きる者にとっては、あまりに当然すぎるから、意識されない。あるいは、立ちどまって問い直すと説明できなかったり、整合性に欠けたりするのだが、日々の会話の中では当然のように前提となっているコスモロジー。コモンセンスとして共有されている転生の感覚。

それは、おそらく宗教上の信仰というより、母語の文法に近い。例えば、ゾンカ語それ自体が、既に円環的ライフサイクルを前提にして成り立っており、ゾンカ語という言語共同体に属する限り(意識するしないにかかわらず)そのコスモロジーを共有する。そうした意味において、ブータンの人々は「輪廻を信じている」のではなくて、「輪廻を生きている」のではないか。

ここで再び「時間的輪廻」と「空間的輪廻」の区別が重要になる。前者は「私」の時間を延長する。人生は一回限りではない、人は以前にも別の姿で生きていた、これからも別の姿に生まれ変わる。「私の人生」が前後に限りなく延長される。時間軸における「カルマの連鎖 karmic loop」。それに対して「空間的輪廻」は、そうした「私」の個体性を崩してしまう。もしくは、私の「身内」の感覚を拡大してしまう。空間軸においてイメージされる「カルマのつながり karmic connection」。

例えば、ブータンの人たちは、「この虫が過去世ではあなたの母親であったかもしれない」と言う。目の前に飛んできたこの蠅《はえ》にも過去世がある。ある過去世では人間の女性として生きていたかもしれない。他方、この私も様々な姿で生まれ変わってきた。とすれば、どこかの時代、私がその女性の息子であったかもしれない、その可能性がないとは言えない。

そう思ってみれば「身内」が一挙に広がる。現世の身内だけではない、過去世の身内の可能性は無限に広がる。過去世をたどり来世を予感すれば、生きとし生けるすべてのものが、生まれ変わる中で、どこかで身内となる。「カルマのつながり」の中で、互いに結ばれていることになる。

その感覚がブータン社会の根底に共有されているのではないか。その感覚がブータン社会の倫理の土台をなしているのではないか。そして、もしかすると、その土台が急激な近代化の嵐の中で揺らぎ始めている。もしくは、これだけの急激な社会変化の中で何らの影響も受けずにすむとは考えにくい。

そう思うのだが、しかし他方で、この感覚はそう簡単には変化しないようにも見える。表面的には揺れていても、根っこは変わらない。学校で教えられなくても、文化として習俗として、既に共有されている。例えば、毎年のチェチュ祭の中で、死後の話が展開される。死んだ後、私たちはいかなる体験をすることになるか。そのプロセスが、きらびやかな衣装に身を包み優雅な音楽に乗った若者たちの舞踏（旋回ダンス）によって、年に一度の晴れ着を着て集まった町の人たち全員に、共有される。「転生を生きている感覚」はその最も深い位相で簡単には変わることがないようにも思われるのである。

＊私が「輪廻を語らない人々」の下で育ったことに気がつかなかったのと同じく、ブータンの普通の人々は自分が「輪廻を語る人々」の中にいることを自覚しない。「転生を信じている」というより「転生を生きている」のである。それは「科学 vs. 信仰」という対立とは異なる、より暮らしに密着した位相である。

しかしブータンの人たちは、本当のところ、どんな風に考えているのか。とりわけ若者たちはどうなのか。彼らは学校で近代科学を学んでいる。そして近代科学が「輪廻」を受け入れないことを知っている。つまり彼らは、生まれ変わりの信仰を内側から（emic に）体験するだけでなく、それを外から（etic に）観察する視点を持っている。「科学的とは言えないのだけど、ブータンの人々は生まれ変わりを信じている」。そう語る世代なのである。

そうした彼らがしばしば語ってくれるのは、特別な僧（リンポチェ）が代々生まれ変わるという話である。例えば、ダライ・ラマのような「化身ラマ」の不思議な話。しかし私が聴きたいのはそうした特別な人の話ではなくて、「あなた自身」は自分の転生をどう考えているのか、自分の人生も生まれ変わりと感じているのか、いわば、当事者の生活実感のような「本音」なのである。

ブータンの人たちは、自分の前世については、関心を持たない。自分の前世が何であったか、それは重要ではないと言う。あるいは、それは「知りえないこと」と理解しているのである。そうした中で、ある知人の話は印象に残った。息子が重病になった時のこと。村には医者がいなかったから「占い師astrologer」に見てもらったところ、この子の前世は「象」であったと告げられたというのである。そのことを息子に話したかと尋ねると、もちろん話したと言う。では、その息子はどう感じたのか。自分の前世が象であると（立派な社会人になっている）今も「信じて」いるのか。自分の前世が象であるという認識は、彼の自己認識にどのような影響を与えているのか。

つまり、私が知りたいのは、こうした地平を生きる人々の日常的な「私」の感覚である。生まれ変わる時間の中で「過去世においては別の姿で生きていたと感じながら生きる私」の感覚（自我感覚）。もしかすると、「私の過去世が象」なのではなくて、ひとつの魂が、ある時は象として現れ、ある時は私として現れ、いずれまた違った姿で現れてくる、そうした数ある場面のうちの一つが「私」である、と感じているのではないか。

もしそうであれば、「私」の時間が延長するのではなくて、むしろその「私」の凝縮性が弱まり、ゆるやかな広がりになる。近代的な「個」の意識のように固く独立していない。つながりの中にある（相互透入的な）「個」の感覚。あるいは、魂の一場面としての「わたし」（西平、二〇一七）。

ブータンの人たちの「個」が弱いというわけではないのだが、しかしどこか心の根底において、独立した「個」の意識を越えた「つながり」が広がっているのではないか。あるいは、その「つながり」の感覚が共同体の中で共有され、社会倫理の土台となっているのではないかと思われるのである。

## 7　転生を生きる感覚から見たライフサイクル

さて、こうした回り道を経て、あらためて私は「転生を生きる感覚」を愛おしく感じる。一方では、私とは異なる感覚を生きる人々への敬意であり、他方では、自らの内にある何らか似た感覚に対する親和性である。少なくとも「転生を生きる」人々と共にいる時、自分もその感覚を共有しているように感じ、そこに何らの違和感もない。そうした場面においては、転生を信じるか信じないかという問いは不適切であるように感じられるのである。しかし「転生を生きる感覚」を持つと言いきることもできない。私にできるのは、せいぜい「転生を生きる感覚」の断片を列挙することくらいである。その感覚から見る時、「ライフサイクル」はどう見えるのか。以下、「円環的ライフサイクル」と総称して少しばかり論点を（今後の研究のための申し送りとして）書き残しておく。

一、人生を見るタイムスパン

円環的ライフサイクルは、人生を見るタイムスパンが長い。「現世（今回の人生）」がすべてではない。それ以前があり、それ以後がある。正確にはその「初め」と「終わり」の理解によって「サイクル」も違ってくるから丁寧に見る必要があるのだが、少なくとも「現世」で完結しない。

さて、タイムスパンを長くとる場合と、短くとる場合では、ものの見方が違う。短期的な結果を重視する場合と、長い目でその成熟を期待する場合では、評価の基準が違ってくる（本書3章）。「転生」のタイムスパンで「子どもの教育」を見る場合、その最終目的が大学受験にはなりえない。経済的に恵まれた暮らしと言っても足りない。何らかその後に続く「課題」が視野に入る。現世において満足しても、来世にいかなる課題を残すのか。そこまで視野が広がってしまうのである。

あるいは、深層心理学を思い出してみる。深層心理学は「無意識」を想定することによって、無意識に特有のエネルギーの流れを解き明かした。例えば、意識レベルでは忘れた過去のつらい体験（逆境体験）が、無意識レベルでは潜在的なエネルギーとして残っており、いずれ表に出る機会を待っている。もしくは、そうしたエネルギーのために（自分では気づかないまま）、同じ体験を何度も繰り返してしまう。意識のレベルだけでは説明のつかないこうした出来事を、「無意識」を想定することによって、いくらかでも納得しやすいものとする。円環的ライフサイクルはこの「無意識」をさらに長いタイムスパンの中で理解する。個人の生育史の中（現世）で生じる無意識的エネルギーだけではない。過去世から受け継いできたエネルギーを想定し、来世に持ち越すエネルギーを想定する。

深層心理学が「意識」だけでは説明がつかない出来事を「無意識エネルギー」を想定することによって解き明かしたように、円環的ライフサイクルは「現世」だけでは説明のつかない出来事を「何らかのエネルギー」を想定することによって理解しようとするのである。

二、死と誕生

死や誕生の意味も違ってくる。死は何ら怖れることはない。次のステージに移行することである。その先のプロセスは多様に語られる。円環的ライフサイクルにおいては再び「やってくる」。人智学は「人間から人間へ」の生まれ変わりを説くのに対して、仏教思想は「人間以外の生」への生まれ変わりを説く。いずれも現代の科学が要求する「エビデンス」は持たないから「語り（ナラティヴ）」と理解するしかないのだが、しかし単なる「作りごと」でもない。少なくとも、個人による創作ではない。それを、人々に共有された普遍的無意識の表われと考えることはできないか。例えば、長い修行の末に深い瞑想に入った行者の内で体験される無意識エネルギーが、意識に映り、言葉として語りだされる。日常意識を越えた位相で生じる、人生の典型的な状況における共通した無意識エネルギーに関する智慧。

そうした智慧に倣えば、誕生の理解も変化する。円環的ライフサイクルにおいては、しばしば、子どもが親を選んでやってくると語られる。人は課題をもって生まれてくる。現世で果たすべき課題とともにやってくる。前世における行為の結果に応じた負債と語られる場合もあれば、人生を修行の場と理解し、魂を磨き浄化してゆくための貴重な機会と語られる場合もある。

いずれにせよ「それ以前」からの影響を視野に入れている。人生を決める要因として「それ以前」を考慮に入れる。現代の発達科学が遺伝と環境という二つの因子を重視するのに対して、円環的ライフサイクルは、もう一つ別の因子を見る。当人自身の、魂の位相における「それ以前」。人は、生まれてきた時に、既にある種の「傾向性」を持っている。それは、それ以前の（自らの）「生」の結果であると同時に、今回の人生の「課題」でもある。そしてその課題を果たしてゆく現世の一つ一つの行いが、次の生に影響を与えてゆくと理解するのである。

三、自我感覚

円環的ライフサイクルが「自我感覚」に及ぼす影響は複雑である。話を単純にするために「時間的輪廻」と「空間的輪廻」を区別してみれば、前者は「私」の時間を延長するという仕方で「自我」の個体性（独自性・一貫性・一性）を強め、後者は「私」の境界を崩し「自我」の個体性を弱める。

時間軸に即していえば、人生は一回限りではなく、「私」は以前にも別の姿で生きていた。これからも別の姿に生まれ変わる。つまり「私」の人生が前後に限りなく延長される。むろんその「私」の同一性をめぐって多くの議論が積み重なり、九鬼のように「無限の繰り返しによってのみ初めて成り立つ同一性」という特殊な存在の仕方が提起されたりするのだが、いずれにせよ、「私」の連続性・一貫性・同一性に注目している。

それに対して、空間軸に即していえば、転生の感覚は「私」の独立をゆるめる。過去世を視野に含める時、「私」は別の生でもあり得た。例えば、過去世において「私」が別の生物であったとすれば、人間と他の生物との境が薄くなる。あるいは、現世の母親は一人に限られるが、過去世ごとに母親がいたとすれば、「母との関係」も複数になる。いずれも、一回限りのこの「私」の独自性をゆるめ、複数の「わたし」、あるいは無限の「わたし」に開かれてゆく。

その場合、「私」が複数になるのではなく、庶民の感覚でいえば、「魂」が「わたし」になっている。「私の過去世が蝶であった」のではなくて、ひとつの魂が、ある時は蝶として現れ、ある時は私として現れ、いずれまた違った姿で現れてくる。そうした、数ある場面のうちの一つとしての「わたし」。

人智学はこの「魂」を「Ich」と名付け、その転生を説く。同時に日常的自我意識との関連を解き明かし、日常的自我意識が自らの内なる「Ich」に目覚めることを期待する。いわば、現世の「私」の根底に転生する「魂」を認め、「私」と「魂」が二重写しになった自己感覚を説く。

それに対して、仏教思想は「魂」を固定することはせず、「カルマ」という潜在的エネルギーを想定して、現世の「私」を超えた関係性を解き明かす。「私」は過去世において別の人格でもあった。別の生物でもありえた。「縁起」の理念と重ねてみれば、そもそも「私」だけが独立して存在することはあり得ない。他との関係性の中に初めて存在する。むしろ、他との関係性の網の目の交点が、ゆるやかな「わたし」をなしているにすぎない。空間軸においてイメージされる「カルマのつながり karmic connection」の中に溶け込んでいる「わたし」の感覚。

この「つながり」を「身内」と感じる時、身内が一挙に広がる。現世の身内だけではない、過去世の身内の可能性は無限に広い。過去世をたどり来世を予感すれば、生きとし生けるすべてのものが、生まれ変わる中で、どこかで身内となる。「カルマのつながり」の中で、互いに結ばれていることになる。独立した「個」の意識を越えた「つながり」の感覚。つながりの中にある（相互透入的な）「わたし」の感覚。その感覚が「転生を語る人々」の共同体には共有されているように思われるのである。

＊チベット仏教を「国教」とするブータンの場合、近代国家としてのアイデンティティを守る課題と、こうした転生の共同体感覚との間に、ズレが生じる。転生の位相で見ればブータン国民であることはさほど重要ではなくなるからである。近代国家ブータンはそのズレに苦慮すると同時に、その二重性を根拠とした「新たなオルタナティヴ」を追求していることになる。

## コラム7　ライフステージとしての「煉獄」

中世カトリック社会には「煉獄 Purgatory」があった。死者の国である。しかし天国ではなく地獄でもない。最終決定が下されるまでの期間、魂は煉獄に留まり、生前の罪を償った。火によって浄化され、天国に入る道が開かれる。煉獄は救いの可能性を残したのである（この観念の成立についてはル・ゴフ『煉獄の誕生』、十三世紀民衆の煉獄イメージはダンテ『神曲・煉獄編』。なお、救いの可能性を残すという点において日本の「地獄」は煉獄に近い）。

注目したいのは、生者の「祈り」が煉獄の魂を助けるという点である。生者の祈りによって死者の負債が和らぐ。煉獄の死者たちは肉体を持たないから自分のために祈ることができない。煉獄の魂は生者たちに祈ってもらうしかない。しかもこの「祈り（とりなしの祈り）」が有効であるのは、魂が煉獄にいる期間だけである。地獄に至ると生者の祈りも届かない。生者の助けが届くのはこの煉獄の期間に限られていた。

そのかわりこの期間においては、確かに「生者と死者の回路」が存在した。生者（後継世代）は死者（先行世代）を助け、死者は生者によって助けてもらう。「生者と死者との大きな共同体」である。

ところが生者もいずれ死を迎える。その時、今度は次の世代に支えてもらう。次の世代の「とりなしの祈り」を期待する。順に次の世代から「後方支援」を期待するサイクルなのである。

むろん当時から批判も多かった。そもそも「煉獄」は聖典（旧約・新約聖書）に根拠を持たない。そして堕落したカトリック教会は「とりなしの祈り」に代わり「贖宥状（免罪符）」を売り出した（それに対する批判がルターの宗教改革の引き金となる）。歴史的に見れば、その思想は、教会権力による民衆操作のための格好の手段であり、

「死者」への情念を利用して生者の暮らしを縛り付ける巧妙な民衆操作であった。

しかしその思想は、死者との回路を考えるうえで、ひとつの手掛かりになる。例えば、「輪廻」のサイクルとは異なる。煉獄の思想は「戻ってくる」のではない。先行世代を支える「ジェネレイショナル・サイクル」である。しかし儒教のサイクルとも違う。死者の魂を現世に「迎え入れる」のではない。死者に後方から「援助を送り続ける」。そして生者もいずれ次の世代から「援助を受ける」ことを期待する（本書コラム２「儒教の中のジェネレイショナル・ケア」）。

死後を含めた（誕生前を含めた）ライフサイクル研究が求められている（西平、一九九七、二〇一五など）。

# 15　教育人間学のリゾーム——リサーチバイオグラフィ（3）

専門は何か。そう問われるたびに困惑する。「教育人間学、死生学、哲学」、あるいは「心理・教育・宗教」などと書くのだが、いずれもその場しのぎ。一体これまで何をしてきたのか。その歩みに源流があるなら、ぜひ知りたい。試しにUrquelleと呼んでみる。「Ur-（原-）」はゲーテの「原植物」の「原」。実際には確認（発見・実定）できないのだが、それを設定するとその後の展開が説明しやすいという理念。これまでの歩みを簡略に振り返りながら「源泉Urquelle」を探してみたい。

## ハイデガー『存在と時間』、あるいは、思想研究の作法

研究の出発点を（さしあたり）「卒論」とする。哲学科に在籍していた私は『存在と時間』で書いた（「現象学と解釈学―『存在と時間』における現象学と解釈学」）。およそ人間研究の方法論に関心をもっていたのだろう。「存在論的差異」には惹かれたが、存在論には関心が向かなかった（存在論の美しさに目覚めたのは、後年、東洋哲学に出会ってからのことである）。修論も『存在と時間』で書いた（「現存在の〈自己認識〉」）。結局は、哲学研究室の文献学的厳密さに馴染むことができず逃げ出してしまうのだが、その「厳密さ」を、いわば身体感覚の位相において仕込んでいただいた経験が、実は、決定的に大きな意味を持ってい

たと気がついたのは、数十年後のことである。とはいえ最初に出会った『存在と時間』がその後の土台となったことは間違いない。十分理解できたわけでもないのだが、むしろそれ故にこそ、無意識的な「枠組み」となったようである。

### エリクソン、あるいは、ライフサイクル研究

（紆余曲折の後）教育学研究科に移り、あらためて修論を書き、博論を書いた。エリック・エリクソンの思想研究。エリクソンを土俵に借りてそれまで考えてきた問題を整理してみたいと思ったのである。そして最後になって「方法論」、「発達論」、「自我論」という三本柱の構成が見えてきた（この三つの問題系がその後、姿を変えて、様々に繰り返されることになる）。

今思うと、この時すでに「矛盾を内に秘めた二重性」が気になっていた（本書でいえば「特殊な両立」、西田哲学への関心とつながる）。例えば、アイデンティティそれ自身の内側に「ズレ」がある。〈本人の自己宣言〉と〈他者による承認〉とのズレ。「同一性」と訳されポストモダンから冷笑された「アイデンティティ」を「同一性」から奪い返し、しかしポストモダンに依拠することなく、エリクソンの言葉の内側から、「差異化し続けるアイデンティティ」として読み直そうと試みたことになる。

エリクソンを起点とした「ライフサイクル研究」は継続中である（鈴木・西平、二〇一四）。例えば、「ナラティヴ」の視点から整理する仕事。語る機会があり、聞いてくれる相手がいて初めて「人生」が成り立つ。あるいは「ナラティヴセラピー」のように、オルタナティヴなストーリーを創りだすことによって、人生に異なる光を当てようとする（「語られた人生」を変えようとする）。東洋哲学でいえば、唯識

思想が「遍計所執性《へんげしょしゅうしょう》」と語ったこと。ナラティヴ問題の方法論的検討を深めた先端に、千年以上前から続く東洋思想が待ち構えている。そうした関連に光を当ててみたい。

あるいは、「自伝研究」をテクスト理論から読み直す仕事。自伝は開示なのか、隠蔽なのか。隠されているから告白し、告白されるから内面が「暴露される対象」として特権化する。自伝によって「内面」が成立したという議論。あるいは、「私の内部に立ち返る」ための特権的な通路をもった人物を「私」と呼ぶという議論。そうした地平から「ライフサイクル研究」を考え直してみたいと思っているのである（本書コラム1「人生研究の諸相」）。

### 井筒俊彦「東洋哲学」、あるいは、「構築―脱構築―再構築」のダイナミズム

院生の頃、井筒俊彦『意識と本質』と巡り合った。なぜ惹かれるのか分からないまま、研究とは別のところで、自分のために読んでいた。井筒の「東洋哲学」には常に「修行者」の視点が含まれる。そもそも東洋の伝統思想が常に「行」と結びついていた。「行」を通して意識の深層が拓かれ、意識の深層が拓かれることによって認識が深まり、認識が深まることによって存在の深い位相が体験されてゆく。そうしたプロセスの中で構築された哲学を、井筒は「東洋哲学」と呼ぶ。そしてそれを現代哲学への応答として示した。過去の遺産ではない。現代哲学の最先端と嚙み合う仕方で解き明かした。流行の最先端を行く現代フランスの特殊な用語が、遥か昔の東洋の言葉と重なり合うのは不思議だった。

東洋の伝統思想は「脱」から話を始める。日常意識の「分節（区切りの枠組み）」から離れてゆく方向。例えば、禅は坐禅という「行」を通して分節を消し「無心」を目指す。身心変容を伴う「行」を通して

日常意識の区切り（分節態）を離れ、「分節への囚われ」から自由になる。そして、区切りのない位相（無分節）を追求する。

しかし「脱」ベクトルの終点が最終目的ではない。むしろその「後」に生じてくる出来事に期待する。区切りのなくなった地平に新たな「区切り」が生じてくる。しかしこの新たな「区切り」はそれまでの「区切り」とは異なる。それ以前の「区切り」のように固定されず、しなやかである。状況に応じて自在に変わり、相互に浸透し合っている。

つまり「脱分節」だけが重要なのではない。むしろ「脱分節」の後に生じる新たな出来事を大切にする。無分節の中から「新たな分節」が生じてくる出来事。「脱構築 de-construction」の後に生じてくる「再構築 re-construction」。どうやら私の心はこの「再構築」に反応してしまう。「構築―脱構築―再構築」のダイナミズムに惹かれてしまうのである（本書8章）。

＊結んで開いて ―― 328

### 魂のライフサイクル、あるいは、魂の探求

東洋哲学は憧れではあったが近寄りがたかった。のみならず、私はある時期アカデミズムから離れ、雑多な旅をした。多くのフィールドを体験し多くの素晴らしい「暮らしの中の魂の探求者」に出会った。そうした方々と響き合う中で「魂のライフサイクル」という視点が生まれた。ライフサイクル論を延長したところに成り立つ「円環的ライフサイクル」の問題。現代の発達研究と伝統的な輪廻思想とを対話させてみたいと思ったのである（西平、一九九七）。

その出発点に「ユング心理学」があったことは間違いない。とりわけ「個性化」の問題。しかし話を

ユング心理学に限定するのは躊躇《ためら》われたから、それを相対化する視点を組み合わせ、ユングの深層心理学、ウィルバーのトランスパーソナル理論、シュタイナーの人智学という三角形を考えた。心理学に納まりきらない内的体験、魂の変容プロセス。例えば、自分を手放してゆくというテーマ。自己を「自己ならざるもの」に譲り渡してゆく。しかし宗教ではない。宗教が「神の恩寵」と語ってきた出来事を人間の側の内的変容として解き明かす。「神」を主語にすることなく（何らの超越的主体も設定することなく）、人間の側の「魂」の変容として理解しようと試みたのである。

当然、「魂の理解」という大問題に直面した。「魂」は「対象 object」ではない。「私がそれである魂」は「対象」にならない。では、「私が当のそれである魂」を知るとはどういうことか。実は、「私たちがその一部に過ぎない全体」を理解するということではないか。私たちの方が魂の中にいる。魂について学ぶとは謙虚になること。私が魂を持つのではない。魂の中に私がいるということをそのつど学び直すこと。

もうひとつ痛感したのは、「魂の探求者」はどこにでもいるが、出会うことは難しいという点である。その方々は目立つことなく淡々と自分の勤めを果たしておられる。声を大きくしない。現実社会と近いところで、しかし異質なリズムを保ちながら（おそらく内面には多くの葛藤を抱えながら）、抑えた言葉で静かに語るだけである。そうした方々に出会うセンス（セレンディピティ）を磨くことは、もしかすると、それ自身が、大切な魂の探求である（西平、二〇一〇）。

なお、こうした方々に出会うひとつの機会が、私にとってはシュタイナー教育であった。ということは、私は「子どもの教育」を目指したのではなく、「暮らしの中で魂の探求を続けておられる方々」に出会うためにシュタイナー教育と関わり続けてきたことになる。

とはいえ、教育を問い直すための多くの刺激を、この学校からいただいたことは確かである。例えば、「言葉」を学ぶという出来事。そこに含まれる逆説の問題。この学校は「言葉がすべてである」と思い誤ることを警戒する。言葉は大切であるが、すべてではない。あるいは、知識は大切であるが、知識がすべてではない。そのことをこの学校は、子どもたちに体験的に（情報としてではなく身体感覚の位相において）伝えようとしている。

そうした「逆説」を秘めた仕掛けがこの学校にはたくさん用意されている。もちろんその思想の特異な精神世界（霊界）も魅力なのだが、それよりも私は、ひとりの子どもの全体を輝かせるための「工夫や仕掛け」に惹かれる（本書3章）。

### スピリチュアリティ、あるいは、……

このカタカナには悩まされた。何度も整理を試み、しかし結局まとめることができなかった。

スピリチュアリティは、ある場面では「聖なるものに触れる体験」と語られる。より高次の力と出会い、大いなるいのちとつながる感覚。別の場面では「内面に向かう道」と語られる。世俗の価値に流されず、世間のしがらみに縛られない。さらには、「離れてゆく」と語られる。自分を中心に相手を利用する自己中心主義から離れ、人間を中心に地球を利用する人間中心主義から離れ、意識を中心に自分の心や体を利用してきた意識中心主義から離れる。つまり近代の原理（自我中心・人間中心・意識中心）に対する異議申し立てである。ところがスピリチュアリティは「魔性」を内に秘めている。スピリチュアリティは「場」のデモーニッシュな力でもある。

こうした広がりをいかに整理したらよいか。宗教の地下水脈を辿ってゆくには、キリスト教・イスラム教・仏教のほか、世界各地の多様な諸宗教の伝統を見る必要が出てくる。健康に関する事柄として見てゆくと、スピリチュアルケアを初めとして、臨床医学や臨床心理学、さらには、ヨーガ・気功・アーユルベーダなどとの関係が必要になる。関連して、地球環境の問題も視野に入ると、「エコ・スピリチュアリティ」が課題になる。

しかもその課題と並行する形で「社会現象としてのスピリチュアリティ」を確認しておく必要がある。日本でいえば「精神世界」と呼ばれた領域、あるいは、「トランスパーソナル」「ホリスティック」「ソマティック」など、多様なカタカナとともに展開されている研究分野。そうした領域の知識社会学的な整理をすることがないまま断片的な作業を積み重ねることは危険である。そう言われるとますます一歩が踏み出せなくなる。

他方で、個人的には「パーソナリティとスピリチュアリティ」の問題が気になっていた。個人的体験としてのスピリチュアリティ。しかしそこでも多様な議論が錯綜していたから、さしあたり、五つの位相を設定した。(1)宗教性（従来ならば宗教が担当してきた領域）、(2)全体性（スピリチュアリティは常に全体である）、(3)実存性（意識の表層ではなく実存的な深みに関わる）、(4)絶対受動性（自我や主体が放棄され何らか「あちら側」からのはたらきを受ける）、(5)絶対主体性（あらためて社会の中で「主体」となる）。

しかし存在論的な土台がなくては話が浅くなる。そこで現代日本の三人の思想家に手掛かりを求めた。井筒俊彦の東洋哲学（「分節」と「無分節」の枠組みを用いてスピリチュアリティを整理する試み）。宮本久雄のハヤトロギア（「非実体性」「脱自性」）を鍵概念としたスピリチュアリティ理解、本書コラム4）。そして、門脇佳吉の身と修行の形而上学（スピリチュアリティを「道の活き」と「身体における現成」として整理する試み、本書コラム5）。

およそこうした構想のもとに作業を（断続的に）続けたのだが、あまりの課題の多さに収拾がつかなくなってしまった。その後、「スピリチュアリティ」というカタカナから離れ、別のテーマと向き合うことになったのだが、そのつど、この作業の中で書き溜めた断片を思い出していた。

さて、「スピリチュアリティ」と呼んできたのだが、本当は名がない。生成し続けるはたらきには「区切り」がない。区切りがないから呼びようがない。言葉を越えた沈黙の位相。しかし沈黙から言葉が現れ出る、その瞬間を素早く捉える。「もののみえたる光、いまだ心に消えざる中に、いひとむべし」。

透明な生成するはたらきは対象化して見ることができない。対象にしたとたん、それは違う存在になる。風に似ている。風を捕まえることは出来ない。手の内に捕らえたと思った瞬間、もはやそれは風ではない。「それ」を所有することはできない。支配することも、操作することもできない。むしろ、その存在の仕方に相応しい仕方でそれと向き合っていると、見ている私の方が変わってしまう。あるいは、私の側が変わらないかぎり、その真の姿に触れることは出来ない。スピリチュアリティと正しく向き合うとき、人は、スピリチュアルにならざるをえない（本書6章）。

**世阿弥、あるいは、稽古の視点**

欧米の思想を学びながら私はずっと「母語」ということを考えていた。「母語」である日本語で哲学したことがあったか。いつも「借り物」の言葉で考えているのではないか。そこで日本語で書かれた思想を学びたいと思った。しかし何から始めたらよいか。迷っているうちに、井筒「東洋哲学」の延長上に、世阿弥の『伝書』と出会った。

「東洋哲学」の枠組みは（何度も見た通り）「分節」から離れるベクトルを出発点とする。ということは「分節」は自明の前提である。しかしその「分節」も実は何らかのプロセスを経て成り立ったのではないか。例えば、幼児は始めから「分節（言語・マナー・価値観）」をもっては生まれてこない。生まれ落ちた文化の「分節」を習得することによって初めて「分節」を身に付ける。ところが東洋哲学はその習得を語らない。いわば「子ども」を視界から締め出し、大人から話を開始していたのである。

ところが世阿弥は、例外的に、子どもを視野に入れて稽古を語る。「わざ（分節）」の習得プロセスを語りつつ、しかもその先に「わざ」から離れた「無心の舞」を理想とする。つまり、作為の方向と作為から離れる方向を視野に入れ、その反転を語ったのである。私はその「反転」に秘密を予感した。「無作為の作為」と「作為の無作為」の交叉反転。そうした世阿弥の言説を「東洋哲学」の理論枠組みに即して解き明かしてみたいと思ったのである（本書8章・9章）。

今思えば、私は必要以上に世阿弥の中に入りすぎた。しかしその時は膨大な先行研究の中に埋もれてゆく感覚が幸せだった。母語の厚みが心地よく、日本語の持つ奥行きが誇らしく感じられた（西平、二〇〇九）。

## 無心、あるいは、「無心と心の系譜学」のために

世阿弥と格闘する中で「無心」という言葉が気になった。惹かれるのだが納得できない。実際、思想史の中でこの言葉は、実に多様な意味で使われてきた。その混乱が面白く感じられたのである。そこで「無心の系譜学」を試みた。

「系譜学 Genealogy」は「正史（唯一の正しい歴史）」を求めない。「正しい無心」を求めるのではなく、無心という言葉のもとに寄せ集まってきた雑多な出来事を、ひとつひとつ、記述してゆく。この言葉の「源流」は確定されない。一般には禅の言葉と思われているが、禅だけの言葉ではない。仏教由来かと思えば、老荘思想のうちに既に登場する。中国起源かと思えば、日本の古語にも登場する。しかも古語の「無心」は「心ない」という軽蔑語なのである。「情けのない、風流を解さない」、いわば「もののあわれ」を解さぬこと。そこから「厚かましい」という意味が生じ、現代にも残る「金銭を無心する」という用語法が派生する。ところが、その同じ言葉が、別の場面では「完璧なパフォーマンス」と結びつき、「日本的霊性」を代表する言葉として欧米世界に紹介される。

とてもひとつの筋には納まらない。雑多な文脈がいつしかひとつの言葉の内に流れ着いていた。「正しい無心」を決めるのではない。異なる時代の異なる思想の中で、多様な仕方で使われてきたこの言葉の生きた変遷を展望してみたかったのである。

「無心」の歴史は「心」の歴史である。「無心」は「心」に裏側から光を当て、「心」の理解を根底から覆す可能性を秘めている。本当はその両者を見据えた総合的な検討を願いつつ、あまりの複雑さに道半ばで話を留めざるを得なかったのである（「魂」の視点との関連は、こうしたキーワードに「普遍性」を持た

せて異なる思想伝統を重ね合わせる妥当性を含めて、さらにその先の課題ということになる)。

いかにしたら無心になれるか、そう考えているうちは無心になれない。無心を願っているうちは無心になれない。としたら、いかに「願う」か、いかに自分と向き合うか。日本語で哲学する試みであった(西平、二〇一四)。

### 修養、あるいは、「修」を中心とした「育・養・習・教」の思想史

「稽古」の訳語としていたself cultivationが「修養」と訳されている場面に出くわした時、新たな展開が始まった。稽古と修養はどう違うのか。禅は修行といい、芸道は稽古といい、儒学は修身といい、道教は養生という。何らか人間の成長・形成に関わることは間違いないのだが、その全体を見渡す構図がない。

これらの用語は時代によって意味内容が異なるから余計な誤解が生じる。まして「修身」「鍛錬」「教練」など暗い思い出に彩られた言葉の場合、歴史的な負債を背負っているから、安易に使えない。その結果それらの言葉が担当していた問題領域も論じにくくなる。

思想史の中に「修」という文字は様々に登場する。世阿弥は「稽古」を「修業」と言い替え、江戸儒学は「修己」「修身」を語り、その朱子学に対する批判を展開した。ところが明治の「修養論」が花咲いた時には、江戸儒学の豊かな議論とは連続しない。唐木順三が「素読派」と「教養派」を区別し、「素読派」はその幼少時に四書五経の素読を経験したと語る時、そこにはまるで異なる雑多な流れが混在していた。

こうした問題を「修」の思想史として整理することはできないか。そう思って調べてゆくうちに江戸期の魅力に惹かれた。中心に朱子学がある。「修己治人（己を修める者が民を治める）」。それに対する批判があり、反批判が起こり、修養をめぐる議論が展開する。しかもその朱子の修養論が禅から（屈折した形で）影響を受けている。徳川儒者たちは純粋な孔子を求め、禅モデルを排除しようと躍起になる。その議論が面白い。その流れと「芸道・武道」の稽古はいかなる関係にあったのか。そしてそれらの思想が明治期の修養論とはいかなる関係（断絶）であったのか。

どうやら江戸期の人々は、身分を問わず、共通の徳目を持っていた。「親に孝行」、「主人に忠義」、「家業に精を出し」、「分を守る」。そうした徳目に向かうことが「修」とされていた。その感覚が、明治国家の中で礼儀となり修身となり忠君愛国へと展開する（変質する）。そしてそれらの感覚が、現代の「自己実現」や「自己啓発」とも、（異質でありつつ）どこかでつながる。自己と向き合い、心を養う。名利を越えて内面に沈潜する。総じて人格の修養。

それらは、欲望を自制し、己を律することなのか、社会的成功（功名・現世利益）とはどうつながるのか、文化や「わざ」を身に付けるのか、宗教的な背景を持つのか、健康とつながるのか、「楽」や「喜」は排除するのか。「修」を中心にした「育・養・習・教」の広がりを見たいと思っているのである。

ケア、あるいは、スピリチュアル・ケア、ジェネレイショナル・ケア

「ケア」という言葉も悩ましかった。使い勝手がいいから、いつでもどこでも使われる。本当はそれぞれ異なる意味であるはずなのだが、同じ言葉が使われる。では一体、「ケア」という言葉がなかった

時代、人々はどんな言葉でこれらの事態を表現したのか。例えば、江戸期の農民たちは、「ケア」という言葉の代りに、どんな言葉を使っていたのか。それともこの営みはあくまで現代に特殊な出来事であって、江戸期の農村共同体には存在していなかったのか。そうした問いから出発して数人の知り合いに依頼して論文集を編んだことがある（西平、二〇一三）。

その時、私はごく自然にケアを批判的に検討した。ケアが介入として機能する危険、ケアが「見返り」となる可能性、ケアと感情労働の関連。ケアに伴う困難を考察し、きれいごとではすまされないケアの実際を確認した。同時に、そのように検討する中で、自らの内にはたらく「ひねくれ」を感じていた。

他方、まったく別の文脈から、私は「スピリチュアル・ケア」に関わった。そしてこの場合は、「ケアする側がスピリチュアルになる」という課題を考えた。ケアという営みの中で「我執性」から離れてゆく。我執性から離れた後にケアを始めるのではなく、ケアそのものを我執性から離れる営みと考えようとした。あるいは、「無心」の思想と重ねて「無心のケア」も考えた。ケアする側が無心になって行うケア、あるいは、ケアする中でケアする人が無心になってゆく営みとしての「スピリチュアル・ケア」。ところが、そのように考えている時は、なぜか批判的視点が消えていた。意識的に棲み分けたのではないのだが、気がついた時には、批判的視点がなかった。そして「ひねくれた」自分ではなく、「すなお」になろうとする自分を感じた。

どうやら私の中には常にその二面が働いている。批判的視点が強くなりすぎると対象を傷つけてしまう。共感的理解が強くなりすぎると対象との距離が取れなくなる。その二面がうまく働けば、互いが互いを調整し合い、程よいことになるのだろうが、実際には難しい。このあたりが「特殊な両立」へのこだわりとなっているように思われる（本書6章・7章）。

なお、「ジェネレイショナル・ケア」もまたまったく別の文脈から生じてきた。「教育」という言葉があまりに「学校」に縛られている今日、より拡がりのある言葉が欲しかったのである。「ジェネレイショナルサイクル」の中でなされる「子育て（後続世代へのケア）」、「介護（先行世代へのケア）」。さらに、「自分自身のケア」も重要な視点となった。単に「他者」に関わるだけではない、自己存在のひとつのあり方としての「ケア」。ケアの総合的な研究が課題となっているのである（本書4章、5章、西平、二〇一八）。

## 誕生、あるいは、「不生」の地平

死と誕生は、研究以前から、気になっていた。『存在と時間』では納得できず、エリクソンでも納得できず、「魂のライフサイクル」では空振りに終わった課題。一度正面から向き合ってみたいと思いつつ、およそ三〇年、草稿断片だけが埃をかぶっていた。

例えば、「自分が生れてこないこともありえた」という思い。学生たちも同様の体験を語った。「自分が生まれてこない自分の家族」を想像したり、「自分がいなくても世界が今と変わらずに回っている」と考えたり。あるいは、母親の流産の経験を聞いた時、「その子が生まれなかったおかげで自分に生まれる機会が来た、そう考えるとその子の死を心の底から悲しめない」と報告した学生もいた。そうした学生たちの言葉を手掛かりに、精神分析、文学、哲学を横断しながら、「誕生」をめぐる問題を考えてみたいと思った。
私たちは、皆、胎児であった。「流れて」しまう可能性があった。「中絶される」危険もあった。あるいは、「私」が存在することになるかどうか何も決まっていなかった頃。父と母とが出会う前、父も母もまだ生まれていなかった頃（「父母未生以前《ふぼみしょういぜん》」）。在るかもしれない、無いかもしれない、そのどちらもが同じ重さのまま溶け合っていた透明な時間。江戸期の僧、盤珪《ばんけい》禅師は「不生《ふしょう》」と呼んだ。

不生は「不死」ではない。死なないのではない。生まれてこないのだから、死ぬことはない。「未《み》生《しょう》」とも違う。「未生」は「私がいまだ生まれる前」、実は「私」を前提にしている。「私がまだいない」ということは、実は「私」の存在が話の前提になっている。それに対して「不生」はその「私」が生じない。「私」が中心ではない。「私」の視点から世界を見ることがない。あるいは、「私」によって世界に区切りを入れてしまうことがない、透き通った地平。

それは生まれてこなかった魂たちの地平でもある。正確には、生きている者も、先に逝った者も、そして生まれてこなかった者たちも、同じ資格で見つめ合うことができる地平。「生まれてきた者・生きている者」だけが特権的になることのない地平である（「転生」の地平と「不生」の地平との関連はさらに大きな思想地平の中で検討されるべき今後の課題である）。

そうした地平への思いが、私の中では、〈語られなかった言葉〉への思いと重なっていた。「語られた言葉」は、多くの〈語られなかった言葉〉に支えられている。〈語られずに消えていった言葉〉を「語られた言葉」と同じだけ愛おしく感じる地平。同様に、〈生まれてこなかった者〉を「生まれてきた者」と同じ切なさを持って感じることのできる地平。それを願ったのである（西平、二〇一五）。

西田哲学、あるいは、「論理（通常の論理から見たら「非論理」）」

さて、雑多な仕事を続けながら、自分がいつも同じ言葉の前で立ち止まっていることに気が付いた。例えば、「矛盾・対立・反転」。安易に「統合・止揚・均衡」などと言いたくない。切迫したギリギリの動態を、正面から受け止めてみたい。その思いが西田哲学の「絶対矛盾的自己同一」に向かわせた。

晩年の西田は華厳哲学の「事事無礙」に言及した。「無礙」とは「互いに礙（さまたげ）合わない」こと。「融通無碍」にも近いが、「無礙」は「独立（対立）」を含んでいる。合体してしまわない。別々である。言い換えれば、「全体」の中に「個」を塗り込めることなく、「個」は独立を持ちつつ、しかし互いに礙（さまたげ）合わない。対立した二つの区別を越える（一体になる）のではない。むしろ〈対立〉と〈一体〉との区別を越えてしまう。対立でもなく、一体でもない、「個」の特殊なあり方。

あるいは、「同 vs. 異」の二項関係の背面に、常に「非（否定）」の働きを見る。同じでもなく異なるのでもない。同も異も否定する、ということは、「同 vs. 異」の二項対立を離れる。二項対立の地平を越えてしまえば、同でもよい、異でもよい。「肯定 vs. 否定」の二者択一を超えてしまうから、肯定も否定も排除しない。そのかわり、肯定にも否定にも、どちらにも囚われない。

こうした「論理（通常の論理から見たら「非論理」）」が、人間理解にはしばしば見られる。ユング心理学は「対立物への転化」を語った。万物はいずれ反対物に転化する（入れ替わる・逆のものに移ってしまう）。あるいは、「レジリエンス」や「アンビギュイティ・トレランス」。両義性を持ちこたえるためには「しなやかさ（あいまいさ・いいかげんさ）」が必要になる。

もしくは、「バイロジック（異なる二つの論理の結びつき）」。高いヴォルテージの中でメタレベルに移りゆき、レベルが高まることによって正と負を区別できなくなる。両極の葛藤の尖端において、反転し、逆対応し、補完し合う。

メルロ＝ポンティは「キアスム」と呼ぶ。受動と能動が円環的な関係を保つ転換可能性。図と地が逆転しあう反転図形。常に交互に反転する可能性を持っている（メルロ＝ポンティの言葉でいえば、能動と受動のあいだの裂開ないし隔差は、構造的に反転しあいながら、共通の織地たる「肉」の同一性を切迫的に現前させている）。

あるいは、「表に現れた二元性の背後にある同一性 the one reality beyond the opposites」。表面的には二項対立的に見えるのだが、奥では混ざり合い、入れ替わり、一体になっている。そうした「深層におけるつながり」に気がつくと、平面的な区切りが厚みをもって見えてくる。平面上の対立、しかし通底している。その通底を西田は「無のはたらき」と見る。「無」のはたらきによって対立が消える。正確には、一体も消えてしまうから、一体でもなく独立でもない。「相互透入」、「相即互転」、「相依相待」。こうした「論理（通常の論理から見たら「非論理」）」をもって、人間理解の地平を読み直したいと思っているのである（西平、二〇一五、二〇一六）。

### ブータン、あるいは、研究の試金石

さて、最後に「ブータン」は奇妙なのだが、この十年、毎年通っている。研究の必要から訪ねたわけではなかったのだが、結果として、これまでの研究の試金石となっている。

現在のブータン社会の変化は急激である。一九六〇年の「開国」まで「中世社会」を続けていたブー

タンは、徐々に「近代」を受け入れた。しかし一度入り込んだ「近代」は社会を大きく変え、若者たちは「アイデンティティ・クライシス」に直面する。例えば、公用語は「ゾンカ語」と「英語」。しかしゾンカ語は二〇世紀半ばまで一地方の「話ことば」に過ぎなかったから、公用語としては弱すぎる。しかし学校教育は小学校からすべて英語。今の若者たちは日記も英語で書く。ということはこのまま進むとすべて英語になり、英語になれば南の大国「インド」と区別がなくなり、国家としてのアイデンティティが危うくなる。

生活語の問題もある。生活語は地方によって異なる。生活語（地方語）があり、ゾンカ語があり、英語がある。実は近年、地方から都会に出てきた若者たちの中に「母語」を持たない者が増えているという。どの言語も少しは話すのだが、考えを整理し表現する土台となる「母語」がない。むろん言語に限らない。マナーや生活習慣でも同じ状態。断片的な情報だけ雑多に身に付けた代わりにホームグラウンドがない。まさに「アイデンティティ・クライシス」である。

さらにブータンはチベット仏教を国教とする。その信仰世界は深く「輪廻・転生」のコスモロジーを育んできた。「円環的ライフサイクル」を実際に生きる人たちである。ところが若者たちは学校で西洋近代の科学を学ぶから、「輪廻・転生」から距離を取る視点を持ちうる。つまり、輪廻のコスモロジーを「当事者として・内側から・emic に」体験する視点と、「距離を取って・外側から・etic に」語る視点を併せ持つ。まさに「ナラティヴ」問題を介した「円環的ライフサイクル」研究の現場なのである。

注目したいのは、そのコスモロジーにおける「私の感覚 a sense of 'I'」である。おそらく近代的な自我感覚と比べて「私」の凝集性がゆるい。もしくは「輪廻・転生」の中では、この独立した「私」が生まれ変わるのではなくて、魂が今は「私」となっている。「魂」が何度も生まれ変わる、その一場面としての「わたし」の感覚。

そう思ってみれば、「円環的ライフサイクル」と「アイデンティティ」と「異文化（他者）理解」の交点。そこに「言語」の問題が入り、「近代」を問い直す視点が加わり、「幸福」の問題が入り込む。私がこれまで断片的に考えようとしてきたことが、すべてまとめて問い直されてしまうフィールドなのである（西平、二〇一六、二〇一七）。

## おわりに

確かにチグハグである。相互の関連が見えない。その通りなのだが、単にそれだけでもない。どうやら私は一つの仕事に区切りがつくとそのたびに「流体的な位相」に連れ戻されてしまうのである。例えば、世阿弥に一区切りつくと、世阿弥は一側面にすぎないと感じてしまう。本当はもっとしなやかな「全体」を見ていた。文章になる前はもっと輝いていた。そう思うと、封印されていた雑多な可能性が一斉に騒ぎ出す。

図23の場合、根底に一貫した〈流体の位相〉がある。形となって現れたA、B、Cは、別個に見えるが、根底には同じ地下水が流れている。その地下水それ自体を提示することはできない。しかし同じ流れが、時々に形を変えて（固体となって）現れ出る。

それに対して、図24は、そのつど同じ所に戻ってゆく。同じ流体に戻ってゆき、あらためて、異なる形をとって現れる。子どもたちの粘土遊びに似ている。一つのオブジェが終わると、また叩いて練って、

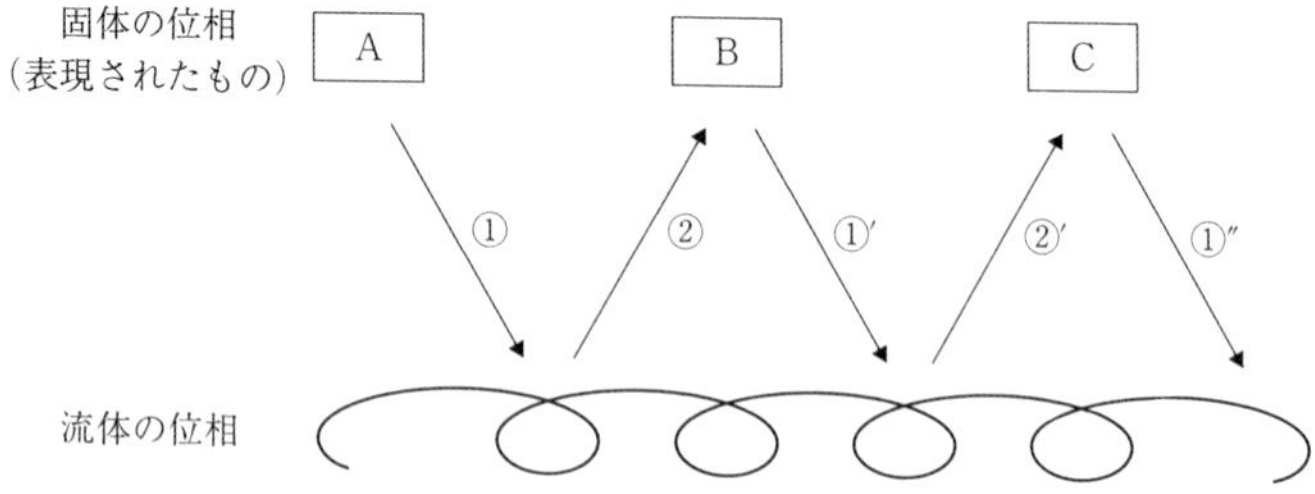


図23

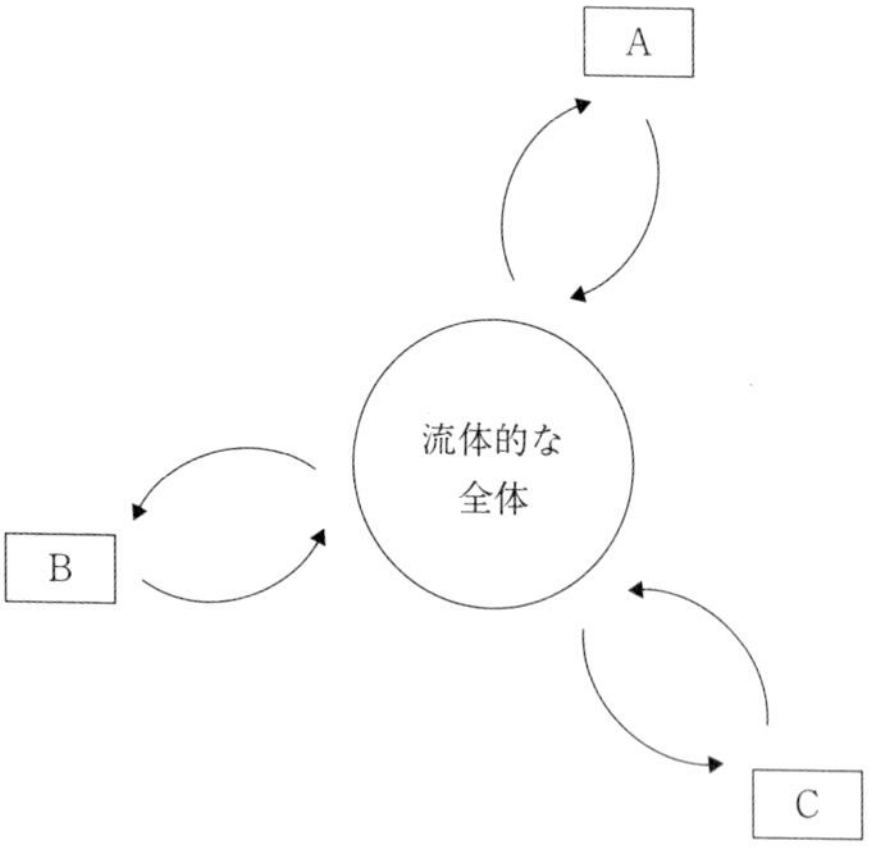


図24

くにゃくにゃにして、そこからまた新しい形を作り上げて、また壊して練って……と繰り返す。発展ではない。同じことを、形を変えて、反復する。形になったオブジェ（A・B・C）相互の関連は弱く、そのつど同じ所に戻り、再び出発してゆく。

その代わり、図24の場合は、「流体的な全体」がそのつど、全体として、表われている。くにゃくにゃになった粘土の一部がAになり、他の部分がBになるのではない。そのたびごとに「全体」が姿を変えて作品になる。同様に「流体的な全体」が一つの形に固まり（Aになり）、そしてまた「流体」に戻り、再びその「全体」が形を変え（Bになり）、また「流体的な全体」に戻る。「流体的な全体」は、それ自体としては決して姿を見せないが、実はA・B・Cのすべてがその「全体」そのものの顕れである（華厳哲学が「挙体性起」と呼ぶ出来事である）。正確には、そうした動的なプロセスが「全体」そのものの生きた姿である。

むろんそれを「源泉」と呼ぶには無理があるのだろうが、今の私はこうした「原 - 出来事」を思い浮かべている。

# 参考文献


アガンベン、G（二〇〇三）高桑和巳訳『ホモ・サケル——主権権力と剝き出しの生』以文社（Agamben, G.（1995）*Homo sacer: Il potere sovrano e la nuda vita*, Einaudi.）

アガンベン、G（二〇〇九）高桑和巳訳『思考の潜勢力——論文と講演』月曜社（Agamben, G.（2005）*La potenza del pensiero: Saggi e conferenze*, Vicenza: Neri Pozza.）

家永三郎（一九九八）「日本道徳思想史」『家永三郎集3　道徳思想論』岩波書店

出雲路修（一九八九）「説話」長尾雅人ほか編『岩波講座東洋思想16　日本思想2』岩波書店

井筒俊彦（一九八三）『意識と本質——精神的東洋を索めて』岩波書店

井筒俊彦（一九八五）『意味の深みへ——東洋哲学の水位』岩波書店

井筒俊彦（一九八六）『井筒俊彦対談集——叡智の台座』岩波書店

井筒俊彦（一九八九）『コスモスとアンチコスモス——東洋哲学のために』岩波書店

井筒俊彦（一九九三）『意識の形而上学——「大乗起信論」の哲学』中央公論社

井上洋治（一九九二）『日本とイエスの顔（第2版）』日本基督教団出版局

今井重孝（二〇一〇）「三つのシュタイナー学校卒業生調査の主要結果について」『教育人間科学紀要』一号、青山学院大学

今道友信（二〇〇二）『ダンテ「神曲」講義』みすず書房

ウィルバー、K（一九八六）吉福伸逸・菅靖彦・プラブッダ訳『アートマン・プロジェクト——精神発達のトランスパーソナル理論』春秋社

ウィンク、W（二〇〇六）志村真訳『イエスと非暴力——第三の道』新教出版社

ヴァレリー、P（一九八〇—一九八三）寺田透ほか訳『ヴァレリー全集——カイエ篇』（全9巻）筑摩書房

エリクソン、E・H（一九七一）鑪幹八郎訳『洞察と責任——精神分析の臨床と倫理』誠信書房（Erikson, E. H.（1964）*Insight and Responsibility: Lectures on the Ethical Implications of Psychoanalytic Insight*, Norton.）

エリクソン、E・H（一九七三―一九七四）星野美賀子訳『ガンディーの真理――戦闘的非暴力の起原1・2』みすず書房（Erikson, E. H. (1969) *Gandhi's Truth: On the Origins of Militant Nonviolence*, Norton.）
エリクソン、E・Hほか（一九九七）朝長正徳・朝長梨枝子訳『老年期――生き生きしたかかわりあい』みすず書房（Erikson, E. H., Erikson, J. M., Kivnick, H. Q. (1986) *Vital Involvement in Old Age: The Experience of Old Age in Our Time*, Norton.）
エリクソン、E・H（二〇〇二―二〇〇三）西平直訳『青年ルター1・2』みすず書房（Erikson, E. H. (1958) *Young Man Luther: A Study in Psychoanalysis and History*, Norton.）
エルダー、G・H（一九九一）本田時雄ほか訳『大恐慌の子どもたち――社会変動と人間発達（新装版）』明石書店
大田堯（一九九〇）『教育とは何か』岩波新書
押田成人（一九八三）『遠いまなざし』地湧社
折口信夫（一九六七）「原始信仰」『折口信夫全集20』中央公論社
門脇佳吉（一九九〇）『道の形而上学――芭蕉・道元・イエス』岩波書店
門脇佳吉（一九九四）『身の形而上学――道元と聖書における「智慧に満ちた全身」論』岩波書店
カブ、J・B・Jr.（一九八五）延原時行訳『対話を越えて――キリスト教と仏教の相互変革の展望』行路社
神谷美恵子（一九六六）『生きがいについて』みすず書房
河合隼雄（一九九五）『ユング心理学と仏教』岩波書店
空海、川崎庸之校注（一九七五）「秘密曼荼羅十住心論」川崎庸之『空海』（日本思想大系5）岩波書店
空海、福永光司訳（一九七七）「三教指帰」福永光司責任編集『最澄・空海』（日本の名著3）中央公論社
九鬼周造（一九八一）「形而上学的時間」『九鬼周造全集3』岩波書店
九鬼周造（一九八一）「東洋における時間の観念と時間の反復」『九鬼周造全集1』岩波書店
九鬼周造（一九八一）「日本芸術における『無限』の表現」『九鬼周造全集1』岩波書店
九鬼周造（一九九一）『九鬼周造随筆集』岩波文庫
鯨岡峻（二〇〇四）「次世代育成の諸問題」『教育学研究』七一巻三号
景戒、出雲路修校注、佐竹昭広ほか編（一九九六）『日本現報善悪霊異記』（『日本霊異記』新日本古典文学大系30）岩波書店
ゲルナー、B（一九七五）岡本英明訳『教育人間学入

門』理想社
坂部恵（二〇〇七）「人称《ペルソナ》的世界の論理学のための素描」『坂部恵集3』岩波書店
島薗進・西平直編（二〇〇一）『宗教心理の探究』東京大学出版会
清水博（一九九三）「生命科学から見た生命」河合隼雄ほか編『岩波講座宗教と科学6　生命と科学』岩波書店
末木文美士（一九九四）「因果応報」今野達ほか編『岩波講座日本文学と仏教2　因果』岩波書店
鈴木大拙（一九三九）『無心といふこと』大東出版社（『鈴木大拙全集7』岩波書店、一九六八年）
鈴木大拙（一九四七）『仏教の大意』法蔵館（『鈴木大拙全集7』岩波書店、一九六八年）
鈴木大拙（二〇〇〇）『鈴木大拙全集1　盤珪の不生禅』岩波書店
鈴木大拙・フロム、Eほか（一九六〇）小堀宗柏ほか訳『禅と精神分析』東京創元社
鈴木忠（二〇〇八）『生涯発達のダイナミクス――知の多様性　生きかたの可塑性』東京大学出版会
鈴木忠・西平直（二〇一四）『生涯発達とライフサイクル』東京大学出版会
皇紀夫、矢野智司編（一九九九）『日本の教育人間学』玉川大学出版部
スワンソン・P（二〇〇四）「禅批判の諸相」『思想』九六〇号
高田淳（一九八八）『易のはなし』岩波新書
田中毎実（二〇一一）『大学教育の臨床的研究――臨床的人間形成論　第1部』東信堂
ティク・ナット・ハン（一九九五）ウェッブ・オブ・ライフ訳『マインドフルの奇跡――今ここにほほえむ』壮神社
ティク・ナット・ハン（一九九九）棚橋一晃訳『仏の教えビーイング・ピース――ほほえみが人を生かす』中公文庫
富坂キリスト教センター編（二〇〇五）『現代社会における霊性と倫理――宗教の根底にあるもの』行路社
中野卓編著（一九七七）『口述の生活史――或る女の愛と呪いの日本近代』御茶の水書房
永藤靖（一九七九）『古代日本文学と時間意識』未來社
永藤靖（一九九六）『日本霊異記の新研究』新典社
中村生雄（一九八九）「たましい」長尾雅人ほか編『岩波講座東洋思想16　日本思想2』岩波書店
西田幾多郎（二〇〇三）『西田幾多郎全集8』岩波書店
西平直（一九九三）『エリクソンの人間学』東京大学出版会

西平直（一九九七）『魂のライフサイクル――ユング・ウィルバー・シュタイナー』東京大学出版会（増補新版、二〇一〇年）
西平直（一九九九）「知の枠組みとしての〈精神世界〉――共感的理解と批判的検討」『教育学研究』六六巻四号
西平直（二〇〇五）『教育人間学のために』東京大学出版会
西平直（二〇〇八―二〇〇九）「連載・巡礼としてのシュタイナー教育」（第一回―第四回）『真夜中』創刊号―四号、リトルモア
西平直（二〇〇九）『世阿弥の稽古哲学』東京大学出版会
西平直（二〇〇九）「発達と超越の交叉反転としての『超越性』――世阿弥『伝書』を手がかりとして」『教育哲学研究』一〇〇号記念特別号
西平直編（二〇一三）『講座ケア　新たな人間―社会像に向けて3　ケアと人間――心理・教育・宗教』ミネルヴァ書房
西平直（二〇一四）『無心のダイナミズム――しなやかさの系譜』岩波現代全書
西平直（二〇一五）『誕生のインファンティア――生まれてきた不思議・死んでゆく不思議・生まれてこなかった不思議』みすず書房
西平直（二〇一五）「西田哲学と「事事無礙」――井筒俊彦の華厳哲学理解を介して」『思想』一〇九九号
西平直（二〇一六）「道元「水、水を見る」――井筒俊彦の『正法眼蔵』理解の一断面」天野文雄編『禅からみた日本中世の文化と社会』ぺりかん社
西平直（二〇一六）「現代ブータンの新しい世代――ある青年の挑戦」杉本均編『ブータン王国の教育変容――近代化と「幸福」のゆくえ』岩波書店
西平直（二〇一六―二〇一七）「西田哲学と『大乗起信論』――井筒俊彦『意識の形而上学』を介して」（上・中・下）『思想』一一〇八号、一一一〇号、一一一三号
西平直（二〇一七）「転生のコスモロジー――現代ブータンの若者たち」『図書』二〇一七年九月号
西平直（二〇一八）「ケア論から見たスピリチュアルケア」『スピリチュアルケア研究』二号
西平直（二〇一九）『稽古の思想』春秋社
ヌーバー、U（一九九七）岡沢静谷訳『〈傷つきやすい子ども〉という神話――トラウマを超えて』岩波書店
野口晴哉（一九八六）『愉気法1』全生社
林道義（一九八七）『ユング心理学の方法』みすず書房
バルト、R（一九七九）花輪光訳『物語の構造分析』み

すず書房
ヒック、J（一九八六）間瀬啓允訳『神は多くの名を持つ』岩波書店
日向一雅（一九八三）『源氏物語の主題――「家」の遺志と宿世の物語の構造』桜楓社
平岡聡（二〇一六）『〈業〉とは何か――行為と道徳の仏教思想史』筑摩選書
平野仁啓（一九七六）『続・古代日本人の精神構造』未來社
フォール、B（二〇〇四）金子奈央訳「禅オリエンタリズムの興起――鈴木大拙と西田幾多郎」（上・下）『思想』九六〇号、九六一号
深澤英隆（二〇〇六）『啓蒙と霊性――近代宗教言説の生成と変容』岩波書店
プラトン（一九七六）藤沢令夫訳『国家』岩波書店
ブルフ、Ch.編著（二〇〇一）高橋勝監訳『教育人間学入門』玉川大学出版部
堀尾輝久（一九七九）「現代における子どもの発達と教育学の課題」大田堯ほか編『岩波講座子どもの発達と教育1　子どもの発達と現代社会』岩波書店
堀尾輝久（一九九一）『人間形成と教育――発達教育学への道』岩波書店
ボルノー、O（二〇〇九）岡本英明監訳『練習の精神――教授法上の基本的経験への再考』北樹出版（Bollnow, O. F. (1978) *Vom Geist des Übens: Eine Rückbesinnung auf elementare didaktische Erfahrungen*, Verlag Rolf Kugler.）
本田濟（一九九七）『易』朝日選書
真木悠介（一九八一）『時間の比較社会学』岩波書店
益田勝実（一九八三）「古代人の心情」相良亨ほか編『講座日本思想1　自然』東京大学出版会
増渕幸男・森田尚人編（二〇〇一）『現代教育学の地平――ポストモダニズムを超えて』南窓社
間瀬啓允編（二〇〇八）『宗教多元主義を学ぶ人のために』世界思想社
宮本久雄（二〇〇〇）『他者の原トポス――存在と他者をめぐるヘブライ・教父・中世の思索から』創文社
宮本久雄（二〇〇二）『存在の季節――ハヤトロギア（ヘブライ的存在論）の誕生』知泉書館
ミラー、A（一九八五）山下公子訳『禁じられた知――精神分析と子どもの真実』新曜社
紫式部、柳井滋ほか校注、佐竹昭広ほか編（一九九七）『源氏物語』（新日本古典文学大系）岩波書店
モーム、S（二〇〇七）中野好夫訳『人間の絆』（上・下）新潮文庫
森昭（一九六一）『教育人間学――人間生成としての教

育』黎明書房
森昭（一九七七）「人間形成原論――遺稿」『森昭著作集6』黎明書房
矢野智司・西平直（二〇一七）『教職教養講座3　臨床教育学』協同出版
柳田国男（一九九八）「先祖の話」『柳田国男全集15』筑摩書房
柳田国男（一九九八）「雷神信仰の変遷―母の神と子の神」『柳田国男全集15』筑摩書房
山口栄一（二〇〇六）『イノベーション――破壊と共鳴』NTT出版
山口栄一（二〇一六）『イノベーションはなぜ途絶えたか――科学立国日本の危機』ちくま新書
山田晶（一九八六）『アウグスティヌス講話』新地書房
湯浅泰雄（一九八九）『ユングと東洋』（上・下）人文書院
ユング、C・G（一九八二）林道義訳「母親元型」『元型論――無意識の構造』紀伊國屋書店（Jung, C.G., Die Psychologischen Aspekte des Mutterarchetyps, GW. 9-1.）
ユング、C・G（一九八二）野田倬訳『自我と無意識の関係』人文書院
ユング、C・G（一九八三）湯浅泰雄・黒木幹夫訳「易と現代」『東洋的瞑想の心理学』創元社（Jung, C. G., Vorwort zum I Ging, GW. 11. 英語版は Forword to the "I Ging", CW. 11.）
ユング、C・G（一九八五）野村美紀子訳『変容の象徴――精神分裂病の前駆症状』筑摩書房（Jung, C.G., Symbole der Wandlung, GW. 5.）
ユング、C・G（一九九三）林道義・磯上恵子訳「心の本質についての理論的考察」『ユング研究』六＋七号（Jung, C. G., Theoretische Überlegungen zum Wesen des Psychischen, GW. 8.）
リーチ、E（一九九〇）青木保・井上兼行訳「時間の象徴的表象に関する二つのエッセイ」『人類学再考』思索社（Leach, E. R.（1961）"Symbolic Representation of Time", in *Rethinking Anthropology*.）
ル・ゴフ、J（一九八八）渡辺香根夫・内田洋訳『煉獄の誕生』法政大学出版局
レリス、M（二〇一七）岡谷公二・谷昌親ほか訳『ゲームの規則』（全4巻）平凡社
ロフタス、E・F、ケッチャム、K（二〇〇〇）仲真紀子訳『抑圧された記憶の神話――偽りの性的虐待の記憶をめぐって』誠信書房
和辻哲郎（一九六二）「続日本精神史研究」『和辻哲郎全集4』岩波書店

Erikson, E. H. (1980) "On the Generational Cycle", *International Journal of Psychoanalysis*, Vol. 61.

Erikson, E. H. (1981) "On Generativity and Identity", *Harvard Educational Review*, Vol. 51, No. 2.

Erikson, E. H. (1986) "The human life cycle", in: *International Encyclopedia of Social Sciences*.

Izutsu, T. (1980) "The Nexus of Ontological Events: A Buddhist View of Reality", *Eranos-Jahrbuch*, Vol. 49, p. 364.

Izutsu, T. (1982) The Philosophical Problem of Articulation (1974), in: T. Izutsu, *Toward a Philosophy of Zen Buddhism*, Prajna Press, Boulder.

Izutsu, T. (1984) "Die Entdinglichung und Wiederverdinglichung der 'Dinge', im Zen-Buddhismus", in: *Japanische Beitäge zur Phänomenologie*, Verlag Alber, S. 35.

Izutsu, T. (2008) The Structure of Selfhood in Zen Buddhism (1969), in: T. Izutsu, *The Structure of Oriental Philosophy*, Vol. 1, Keio University Press, Tokyo.

Nakagawa, Y. (2000) *Education for Awakening: An Eastern Approach to Holistic Education*, Foundation for Educational Renewal.

Roth, H. (1965) *Pädagogische Anthropologie*, Bd. 1 und 2.

Weber, M. (1972) Hinduismus und Buddhismus, in; *Gesammelte Aufsätze zur Religionssoziologie*.

# 初出一覧

1章「教育人間学の作法――『教育人間学にはディシプリンがない』をめぐって」田中毎実編『教育人間学――臨床と超越』（東京大学出版会、二〇一二年）一三五―一六三頁

2章「ライフサイクルの二重性――逆説・反転・循環」武川正吾・西平直編『シリーズ死生学3　ライフサイクルと死』（東京大学出版会、二〇〇八年）一三三―一五一頁

3章「ライフサイクルと臨床教育学」矢野智司・西平直編『教職教養講座3　臨床教育学』（協同出版、二〇一七年）三七―六二頁

4章「ジェネレイショナル・ケア」西平直編『講座ケア　新たな人間―社会像に向けて3　ケアと人間――心理・教育・宗教』（ミネルヴァ書房、二〇一三年）一三二―一三七頁

5章「ジェネレイショナル・ケアの危機と『不生』のゼロポイント――教育・臨床・哲学のフィールド」（『理想』六九四号、理想社、二〇一五年）二―一二頁

6章「教育とスピリチュアリティ――その関係をいかに語るか」鎌田東二企画・編『講座スピリチュアル学5　スピリチュアリティと教育』（ビイング・ネット・プレス、二〇一五年）一八―三九頁

7章「発達における超越の視点」堀尾輝久編『教育の思想――戦後教育学の再検討』（東京大学出版会、近刊）

8章「東洋思想と人間形成――井筒俊彦の理論地平から」（『教育哲学研究』八四号、二〇〇一年）一九―三七頁

9章 'Bewusstsein ohne Bewusstsein（Mushin）: Die Zen-Philosophie aus erziehungswissenschaftlicher Sicht', *Pädagogische Rundschau*, 1, 2017, S. 33-50

10章 'Preparation' for Creative Inspiration: From the teaching of Japanese classical 'Keiko; exercise and expertise', *Journal of Integrated Creative Studies*（電

子ジャーナル）International Center for Integrated Creative Studies, Kyoto University, March, 2017

**11章**「無心、信仰、スピリチュアリティ――『抵抗の拠点としての無心』に向けて」（『宗教研究』三六三号、日本宗教学会、二〇一〇年）四一―六四頁

**12章**「元型・イマージュ・変容――『魂の学としての心理学』のために」池上良正ほか編『岩波講座宗教10　宗教のゆくえ』（岩波書店、二〇〇四年）一三五―一五九頁

**13章**「めぐる時間・めぐる人生――『輪廻とは異なるめぐる時間』の諸相」苅部直ほか編集委員『岩波講座日本の思想5　身と心――人間像の転変』（岩波書店、二〇一三年）一四九―一七五頁

**14章**　書下ろし

**15章**「源流Urquelleを求めて」（『人間性心理学研究』三五―一号、二〇一七年）一〇一―一〇七頁

コラム（4「自己無化」、5「修行」）は「宗教哲学――概念と方法」飯田隆ほか編集委員『岩波講座哲学13　宗教』（岩波書店、二〇〇八年）二三三―二五二頁。

他のコラムは書下ろし。

再録に際してそれぞれ修正を施した。

# あとがき

私の人生に、神は、どのような計画を用意しておられるのか。高校生の時、友人と議論したことがある。友人はその問いを認めなかった。神の視点に立つことなどできない。願望の投影にすぎない。私はもどかしかった。神が問題なのではない。「神」という言葉を借りた時にいつもとは違って見えてくるその地平を語りたかった。自分の人生には何が用意されているのか、そう想像した時に、人生が違ってみえてくる。その感覚は「神」という言葉を使わなくても共有されるのではないか。

別の時期には「人生の帳尻」が気になった。長い目で見ると、人の人生は、帳尻が合うようにできている。その一生で担当すべき「涙の総量」が決まっている。早い時期に涙を流す人もいれば、人生の晩年に担当する人もいる。もしある人がそのノルマから免れた場合は、周囲の誰かが肩代わりをする。あるいは、次の世代が「つけ」を支払う。そしておそらくその延長上に「来世」がくる。現世で涙を流しておけば、次の生で報われる。そういう仕方でバランスを取ろうとする。

「塞翁が馬」は似ているが少し違う。福と思っていたことが禍をもたらし、禍と恐れたことが福をもたらす。とすれば何が福で何が禍なのか決められない。涙と笑いが入れ替わり反転し同居する。人によって人生を見る見方が違う。人生を語る文法が違う。あるいは、年とともに見方が変わってゆく。そんな当たり前のことが、私は子どもの頃から不思議で仕方なかった。

東京大学出版会の後藤健介氏には今回もお世話になった。打ち合わせの喫茶店に一緒に来てくれた娘さんも、いつの日か、こうした不思議に立ち止まるのだろうか。露の干ぬ間、地上の旅を共にしてくださる方々への中間報告である。

（二〇一九年二月）

**著者略歴**
1957 年，甲府市生まれ．信州大学，東京都立大学，東京大学でドイツ哲学と教育哲学を学び，立教大学，東京大学に勤務の後，2007 年より京都大学大学院教育学研究科教授．専門は，教育人間学，死生学，哲学．

**主要著書**
『エリクソンの人間学』（1993 年，東京大学出版会），『魂のライフサイクル』（1997 年，東京大学出版会，増補新版，2010 年），『教育人間学のために』（2005 年，東京大学出版会），『世阿弥の稽古哲学』（2009 年，東京大学出版会），『無心のダイナミズム』（2014 年，岩波現代全書），『誕生のインファンティア』（2015 年，みすず書房），『稽古の思想』（2019 年，春秋社）
翻訳 エリクソン『青年ルター』1・2（2002-03 年，みすず書房），エリクソン『アイデンティティとライフサイクル』（共訳，2011 年，誠信書房）

ライフサイクルの哲学

2019 年 4 月 2 日　初　版

［検印廃止］

著　者　西平《にしひら》　直《ただし》

発行所　一般財団法人　東京大学出版会

代表者　吉見俊哉

153-0041 東京都目黒区駒場 4-5-29
http://www.utp.or.jp/
電話　03-6407-1069　Fax　03-6407-1991
振替　00160-6-59964

組　版　有限会社プログレス
印刷所　株式会社ヒライ
製本所　牧製本印刷株式会社


ISBN 978-4-13-051344-9　Printed in Japan

西平 直 著　魂のライフサイクル［増補新版］　四六判・二八〇〇円

西平 直 著　世阿弥の稽古哲学　四六判・三二〇〇円

西平 直 著　教育人間学のために　四六判・二六〇〇円

西平 直 著　エリクソンの人間学　A5判・五四〇〇円

鈴木 忠・西平 直 著　生涯発達とライフサイクル　四六判・三二〇〇円

島薗進・竹内整一・小佐野重利 編集代表

## 死生学（全5巻）

島薗 進・竹内整一 編　死生学とは何か　A5判・二八〇〇円

熊野純彦・下田正弘 編　死と他界が照らす生　A5判・二八〇〇円

武川正吾・西平 直 編　ライフサイクルと死　A5判・二八〇〇円

小佐野重利・木下直之 編　死と死後をめぐるイメージと文化　A5判・二八〇〇円

高橋 都・一ノ瀬正樹 編　医と法をめぐる生死の境界　A5判・二八〇〇円

ここに表示された価格は本体価格です．御購入の
際には消費税が加算されますので御了承下さい．